电力行业"十四五"规划教材

建筑低碳经济概论

主　编　杨淑芝　袁　涛
副主编　戴　同　王晓博
　　　　杨博超　黄　俊
参　编　陈海琴　雷穆鑫
主　审　宋喜玲

中国电力出版社
CHINA ELECTRIC POWER PRESS

内 容 提 要

本书为电力行业"十四五"规划教材。全书分为7章，主要内容包括概述，建筑温室气体核算体系，建筑生命周期温室气体排放责任，建筑温室气体减排政策功能关联体系，建筑节能标准体系、建筑领域节能低碳技术体系、碳达峰碳中和驱动下的绿色建筑，以及丰富的案例。每章均有知识目标、思政目标、知识拓展和思考题，可帮助读者全面了解低碳建筑经济的最前沿动态与发展趋势，同时注重理论与实践相结合，通过丰富的案例分析与技术介绍，更直观地理解低碳经济的核心理念与实施路径，实用性更强。

本书可作为高职院校建筑工程管理、工程造价、资产评估与管理、建筑电气工程技术及建筑类相关专业的教材，也可供相关技术人员参考。

图书在版编目（CIP）数据

建筑低碳经济概论/杨淑芝，袁涛主编；戴同等副主编. -- 北京：中国电力出版社，2025.6. --（全国电力行业"十四五"规划教材）. -- ISBN 978-7-5198-9904-2

Ⅰ. F407.9

中国国家版本馆 CIP 数据核字第 2025H7J242 号

出版发行：	中国电力出版社
地　　址：	北京市东城区北京站西街 19 号（邮政编码 100005）
网　　址：	http://www.cepp.sgcc.com.cn
责任编辑：	霍文婵（010 - 63412545）
责任校对：	黄　蓓　常燕昆
装帧设计：	郝晓燕
责任印制：	吴　迪
印　　刷：	固安县铭成印刷有限公司
版　　次：	2025 年 6 月第一版
印　　次：	2025 年 6 月北京第一次印刷
开　　本：	787 毫米×1092 毫米　16 开本
印　　张：	10.75
字　　数：	262 千字
定　　价：	49.80 元

版 权 专 有　侵 权 必 究

本书如有印装质量问题，我社营销中心负责退换

前　言

在全球化的背景下，气候变化和环境问题已成为全人类面临的共同挑战，实施能源消费、碳排放总量和强度"双控"迫在眉睫，低碳经济已成为当今社会发展的必然趋势。

本书旨在响应国家关于推动绿色低碳发展的号召，为相关领域的学生和专业人士提供全面、系统的知识和技能，以促进行业的绿色转型和可持续发展。

本书主要特色如下：

1. 提出知识目标，可以帮助读者理解建筑领域碳达峰碳中和的研究背景、路径及意义，掌握建筑温室气体减排的基本概念与核算体系。明确建筑生命周期温室气体排放责任，了解建筑节能标准体系和节能低碳技术体系。深入剖析建筑温室气体减排政策功能关联体系，为学习者提供政策与技术指导。全面了解低碳建筑经济的最前沿动态与发展趋势，掌握低碳建筑的设计、施工、运营与管理等关键环节。

2. 明确能力目标，培养学习者运用所学知识解决实际问题的能力，提高其在建筑领域节能减排的实践操作能力。通过案例分析与技术介绍，使学习者能够直观理解低碳经济的核心理念与实施路径，增强其创新和应用能力。通过理论与实践的结合，提升学习者在建筑节能和绿色建筑领域的专业技能和综合素质。

3. 课程思政融入全书。通过碳达峰碳中和研究背景及路径学习，树立学生的大国意识，增强其对国家战略的理解和认同。通过建筑温室气体减排背景、意义及基本概念的学习，提高学生的环保意识，立足本职树立节能减排、绿色发展的国际使命。激发学生的创新意识、鼓励科技创新、科技引领未来，培养学生的社会责任感和历史使命感。

在教育教学中，本书能够帮助学习者全面了解低碳建筑经济的最前沿动态与发展趋势，同时注重理论与实践的结合，通过丰富的案例分析与技术介绍，使读习者能够更直观地理解低碳经济的核心理念与实施路径，培养其运用所学知识解决实际问题的能力，为推动我国建筑行业的绿色转型与可持续发展贡献力量。

本书由杨淑芝、袁涛任主编，戴同、王晓博、杨博超、黄俊任副主编。全书编写分工如下：内蒙古建筑职业技术学院杨淑芝编写第 1 章，内蒙古商贸职业学院陈海琴、雷穆鑫共同编写第 2 章，江苏建筑职业技术学院袁涛编写第 3 章，内蒙古建筑职业技术学院戴同、王晓博共同编写第 4~6 章，内蒙古城市规划市政设计研究院有限公司杨博超、内蒙古自治区人民医院黄俊共同编写第 7 章和实战篇，杨淑芝和袁涛负责全书统稿。全书由内蒙古建筑职业技术学院宋喜玲审读，提出宝贵意见，在此表示感谢！

限于编者水平，书中难免有不足之处，请广大读者批评指正。

编者

2025 年 1 月

目 录

前言

理 论 篇

第1章 概述 ... 3
1.1 碳达峰碳中和概述 ... 3
1.2 从碳达峰走向碳中和的路径 ... 8
1.3 低碳经济的内涵 ... 13
1.4 低碳经济的基本特征 ... 16
1.5 建筑温室气体减排的意义及背景 ... 18
1.6 建筑温室气体减排的基本概念 ... 20
思考题 ... 29

第2章 建筑温室气体核算体系 ... 30
2.1 建筑温室气体的核算原则 ... 30
2.2 建筑温室气体核算清单 ... 31
2.3 建筑生命周期温室气体核算 ... 33
思考题 ... 42

第3章 建筑生命周期温室气体排放责任 ... 43
3.1 建筑生命周期主要利益相关方 ... 43
3.2 建筑生命周期温室气体排放来源 ... 47
3.3 建筑生命周期利益相关方温室气体排放责任 ... 48
思考题 ... 52

第4章 建筑温室气体减排政策功能关联体系 ... 53
4.1 建筑温室气体减排政策工具 ... 53
4.2 建筑温室气体减排政策功能及关联 ... 58
4.3 建筑温室气体减排利益相关方成本收益 ... 59
4.4 建筑温室气体减排法规和政策体系 ... 62
4.5 建筑温室气体减排政策评价指标 ... 68
4.6 我国现有建筑温室气体减排实施路径 ... 72
4.7 建筑温室气体减排建议 ... 74

思考题 · 75

第5章　建筑节能标准体系 · 76
　　5.1　我国建筑节能标准体系发展现状 · 76
　　5.2　我国建筑领域碳达峰碳中和标准体系构建 · 79
　　5.3　建筑领域碳达峰碳中和标准体系实施路径 · 80
　　5.4　建筑领域碳达峰碳中和标准体系 · 82
　　思考题 · 84

第6章　建筑领域节能低碳技术体系 · 86
　　6.1　我国建筑领域节能低碳技术发展现状 · 86
　　6.2　建筑节能低碳技术体系发展趋势分析 · 101
　　6.3　构建更高性能新建建筑技术体系 · 105
　　6.4　构建更绿色经济的既有居住建筑改造技术体系 · 110
　　6.5　构建更智慧高效的公共建筑运行维护技术体系 · 113
　　6.6　构建更清洁宜居的农村建筑节能技术体系 · 116
　　思考题 · 116

第7章　碳达峰碳中和驱动下的绿色建筑 · 118
　　7.1　建筑能源 · 119
　　7.2　低碳建筑对建筑业发展的影响 · 121
　　7.3　低碳建筑对人民生活的影响 · 122
　　7.4　绿色建筑发展成效 · 123
　　7.5　全生命周期的节能建筑路径 · 124
　　思考题 · 129

实　战　篇

案例集 · 133

习题集 · 147

模拟题 · 157

参考文献 · 165

理 论 篇

第1章 概　　述

知识目标

1. 了解碳达峰碳中和研究背景
2. 从碳达峰走向碳中和的路径
3. 建筑温室气体减排的背景及意义
4. 建筑温室气体减排的基本概念

能力目标

1. 了解建筑全过程的温室气体排放情况
2. 能够结合我国"双碳"政策，制定建筑领域的节能减排技术路径
3. 熟悉建筑温室气体减排政策分类并能够分析各自优缺点
4. 掌握建筑生命周期温室气体排放核算方法
5. 了解建筑温室气体减排的基本概念及意义

思政目标

1. 通过碳达峰碳中和研究背景及路径学习，使学生树立大国意识；
2. 通过建筑温室气体减排背景、意义及基本概念的学习，提高学生环保意识、立足本职树立节能减排、绿色发展的使命。

1.1 碳达峰碳中和概述

1.1.1 全球能源消费现状

工业革命以来，人类用能与碳排放飞速增长，引发了一系列与能源消耗相关的问题。在1800年以前，人类用能一直以生物质能与牲畜能为主，化石能源（主要为煤炭）使用占比不足20%。工业革命以后，机器大规模使用，化石能源由此登上人类历史舞台。近一百年

以来，伴随科技的飞速发展，居民生活质量有了显著提升，能源消耗也迅速增加。

工业化带领人类进入化石能源时代，随着工业化进程不断推进，化石能源大规模使用，造成了二氧化碳过度排放，全球升温、气候变暖，引发了严重的气候危机。根据牛津大学发布的数据，从 1950—1990 年，随着全球工业化进程不断推进，碳排放量从 50 亿 t 增长到了 210 亿 t。

针对全球气候变暖，世界气象组织（World Meteorological Organization，WMO）在《2023 年全球气候状况报告》中指出：温室气体水平、地表温度、海洋热量和酸化、海平面上升、南极海洋冰盖和冰川退缩等方面的纪录再次被打破，有些甚至是大幅度刷新。2023 年，平均到每天而言，全球近三分之一的海洋受到海洋热浪的侵袭，重要的生态系统和食物系统受到损害。2023 年的全球近地表平均温度比 1850—1900 年的平均水平高 1.45℃±0.12℃。2014—2023 年，全球平均温度比 1850—1900 年的平均水平高出 1.20℃±0.12℃。如果不控制温室气体排放，任由气温升高，人类可能面临前所未有的灾难。

随着温室效应不断加剧，全球气温不断升高，将给人类社会的发展带来极其恶劣的影响。《中国气候变化蓝皮书（2023）》显示，全球变暖趋势仍在持续，极端高温事件频发趋强。全球冰川消融加速，处于物质高亏损状态。1980—2022 年，中国沿海海平面上升速率为 3.5mm/年。2022 年，中国沿海海平面较 1993—2011 年平均值高 94mm，为 1980 年以来最高。《2023 年全球海洋环境变化研究报告》称，2023 年全球年平均海表温度、2 000m 以上海洋热含量、海洋层结、海洋温度的空间不均匀性均是有现代仪器记录的最高一年，同时，海洋变暖存在不可逆性。2023 年全球平均海表温度比 2022 年高 0.23℃。相对于 1981—2010 年的常年值，2023 年海表温度异常从 1 月的 0.35℃增加到 9 月的 0.67℃，使 2023 年 9 月成为有记录以来全球海温最高的月份。

自 20 世纪 60 年代以来，全球经济发展带动着能源需求持续增长。根据《BP 世界能源统计》，2019 年全球能源消费总量已经达到 199.2 亿 tce。

化石能源使用的飞速增长会迅速增加二氧化碳排放量，进而加剧温室效应。当平均温升达到 2℃以上时，气候变化就会对人类、经济和生态系统等产生相当大的影响，如生态系统的不可逆转换、极端天气的显著增加等。因此，能耗需求的持续增长不仅带来了持续的能源压力，也是导致全球变暖的最主要原因。

环境污染也与能源消耗有关。从燃煤造成的大雾，到阳光与汽车尾气形成的光化学烟雾，再到与化石燃料燃烧密切相关的 PM2.5，由能源系统导致的空气污染自工业革命起便一直存在。同时，各种类型能源的开采利用也是造成水体污染、生态破坏、重金属污染等的重要因素。

1.1.2　我国能源消费情况

我国作为能源消耗与碳排放大国，节能减排工作尤显重要。相对于发达国家，我国居民生活水平还存在较大提升空间，经济发展也有着较大增长需求。因此，我国绿色低碳发展路径存在较大的特殊性，需要结合我国实际情况开展研究。

从能源使用部门来看，一般将能源消耗分为工业用能、交通用能与建筑用能。其中，建筑用能占总用能量的 20%以上，建筑领域的节能减排工作对于全球的节能减排工作具有重要意义。我国正处在城镇化的快速发展时期,居民生活水平迅速提升,建筑总量持续增长,能源消耗量也不断增加。

随着经济发展和人们生活水平的提升,我国人民群众改善生活居住条件的需求也进一步凸显、城镇住宅和农村住宅的用能需求不断增长。对于城镇住宅,改善冬夏室内环境的需求不断提升,夏热冬冷地区供暖、空调、生活热水的用能需求快速增长;对于农村住宅,随着农村生活水平的提升,各项终端用能需求快速增长。同时,随着我国经济结构快速转型升级,服务业快速发展。公共服务建筑,如学校、医院、体育场馆等的规模将有所增加,大量新建高能耗强度的商业办公楼、商业综合体,将导致公共建筑用能需求大幅增长。

建筑节能对缓解我国资源、环境、碳排放压力,促进国民经济发展和社会全面进步具有极其重要的意义,是我国国民经济发展的一项长期战略任务,同时也是实现可持续发展的必然选择。开展建筑节能工作,是我国的能源及环境的严峻形势所决定的,也是我国节能减排的重点工作之一。

建筑节能工作包括政策法规体系设计、技术路径规划、标准规范制定、运行管理完善、财税金融激励和市场机制引导等内容,涉及住房城乡建设、发展改革、能源、财政、金融等诸多主管部门,以及房地产开发商、设备厂商、设计单位、施工单位、运行管理者、业主和使用者等诸多利益相关者。国内建筑领域所面临的能耗总量和强度快速上升的趋势将会给未来的全社会用能总量控制和碳排放碳达峰带来巨大挑战。

1.1.3　国家战略推动碳达峰、碳中和实现进程

进入工业化时代之后,随着工业生产、人类生活排放的温室气体越来越多,大气中温室气体的浓度越来越高,引发了一系列气候问题全球变暖最为典型。《联合国气候变化框架公约》明确了六种需要控制的温室气体,分别是二氧化碳(CO_2)、甲烷(CH_4)、氧化亚氮(N_2O)、氢氟碳化物(HFCs)、全氟化碳(CF_4)和六氟化硫(SF_6)。

在这些温室气体中,二氧化碳的占比最大,大约为60%。二氧化碳的来源非常广泛,汽车尾气排放就是其中之一。据研究,在交通行业的温室气体排放中,二氧化碳占比达到了99%。因此,"碳排放"指的就是二氧化碳排放,也是温室气体排放的总称与简称。

碳达峰是一个组织的二氧化碳排放量进入平台期的过程。平台期指的是二氧化碳排放量稳定在某个水平,年均增速接近于零,不会发生明显波动。碳中和指的是一个组织利用二氧化碳吸收技术抵消一年内二氧化碳的排放量,简单来说就是让二氧化碳排放量与二氧化碳吸收量实现对等。

实现碳中和的关键还是少排放,甚至零排放,在此基础上植树造林,抵消因为特殊原因产生的二氧化碳排放,或者利用先进技术将额外排放的二氧化碳吸收处理。

自碳达峰、碳中和目标提出之后,政府相继出台了很多支持政策,如"新能源""绿色技术创新""绿色金融""碳排放权交易"等。推动绿色低碳发展,推动社会经济发展方式发生深刻变革,向着绿色低碳的方向转型发展。

未来我国的碳中和将从以下六个方面着手推进:调整能源结构、加快推动产业结构转型、提升能源利用效率、加速低碳技术研发推广、健全低碳发展体制机制、增加生态碳汇。

我国提出的碳中和六个具体落实措施如下:

1. 调整能源结构

优化能源供应结构，逐步减少煤炭等化石燃料的使用比例，同时增加风能、太阳能、水能、核能等可再生能源的供应比例。加快发展非化石能源，特别是风电和光伏发电，通过扩大规模和提升技术水平降低成本，提高可再生能源的竞争力。

支持沿海潮汐能、西南水电等具有地域特色的清洁能源和可再生能源的发展，同时因地制宜地发展生物质能等新型能源。在保障能源安全的前提下，合理控制煤电建设规模和发展节奏，逐步降低煤电在能源结构中的比例。

2. 加快产业结构转型

推动传统产业向低碳、环保方向转型升级，通过技术改造和创新来降低能耗和排放。鼓励和支持绿色低碳产业的发展，特别是新能源、节能环保、新材料等战略性新兴产业。大力发展循环经济，促进资源循环利用和废弃物资源化利用，减少资源浪费和环境污染。

3. 提升能源利用效率

通过技术创新和管理改进，提高能源在生产、传输、分配和消费等各个环节的使用效率。持续推进工业、建筑、交通等重点领域的节能工作，采用先进的节能技术和设备，降低能耗和排放挖掘节能提效的减碳潜力，通过优化能源结构和提高能源利用效率来实现碳减排。

4. 加速低碳技术研发推广

投入研发资金，支持低碳技术的研发和创新，特别是碳捕集、利用与封存（CCUS）等关键技术。推广成熟的低碳技术，降低碳排放强度，提高能源利用效率。加强新能源和可再生能源的工艺技术和设备研发创新，提高项目的经济性、安全性和稳定性。

5. 健全低碳发展体制机制

建立和完善低碳发展的政策体系和管理机制，包括碳排放总量和强度"双控"制度、碳市场建设等。出台有利于绿色低碳发展的价格、财税、金融等政策，引导社会资本投入低碳领域，推动经济绿色低碳转型。加强政府监管和考核评估，确保各项政策措施得到有效落实。

6. 增加生态碳汇

通过植树造林、湿地保护等措施，增加生态系统的碳吸收能力，降低大气中的二氧化碳浓度。加强生态环境建设，统筹山林田草沙生态治理和资源开发利用，提高生态系统的稳定性和抵抗力。大规模开展国土绿化行动，增加生态资源总量，提升生态资源质量，为碳中和目标提供有力支撑。

综上所述，这些措施共同构成了我国碳中和战略的重要组成部分，通过系统性、综合性的手段推动我国经济社会全面绿色低碳转型。

同时各地方政府也制定了碳减排目标与行动计划。例如上海市计划在2025年实现碳达峰，比全国实现碳达峰的时间提前了五年；广东、江苏制定了2025年之前各行业的减排目标等。

1.1.4 我国"十四五"描绘"双碳"新蓝图

"十四五"时期我国进入社会主义现代化建设的新时期，在这个时期，我国要贯彻新的发展理念，构建新的发展格局，坚定不移地推动经济实现高质量发展。"2030 年实现碳达峰，2060 年实现碳中和"目标的提出，为我国转变经济发展模式，大力发展绿色低碳经济指明了方向，为全球应对气候变化贡献了中国力量。

在"双碳"目标下，我国要建立绿色、低碳、可以实现循环发展的经济体系，建立清洁、低碳、高效、安全的现代化能源生产与消费体系，探索可持续、具有较强包容性与韧性的经济增长模式。总而言之，从经济基础、思想认知、技术保障等方面看，我国完全可以在 2030 年之前实现碳达峰。"十四五"期间，我国经济发展的主要任务就是转变经济发展方式，大力发展绿色经济、低碳经济，将单位 GDP 能耗降低 13.5%，碳排放降低 18%，尽快实现碳达峰，为实现碳中和奠定良好的基础。

碳达峰、碳中和的实现是一项涵盖范围广，涉及能源、工业、交通、建筑、生产、消费、基础设施建设等众多领域，需要秉持系统性思维，做好全局统筹、长期布局的工作。因此，我国要将碳达峰、碳中和纳入生态文明建设，制定科学的行动方案，积极转变生活方式与生产方式，形成节约资源、保护环境的产业结构，探索一条生态优先、绿色低碳的高质量发展道路。为我国经济的低碳转型、绿色发展明确方向，也为 2060 年碳中和目标的实现创造良好的条件。碳达峰、碳中和行动路线的制定需要"自上而下"的政策引导，也需要"自下而上"的实践探索，如图 1-1 所示。在这个过程中，各地方政府、碳减排的重点行业要制定明确的碳达峰时间表。从总体看，中国实现碳中和要分三个阶段，第一个阶段的主要任务是控制碳强度，第二个阶段的主要任务是控制碳总量，第三个阶段的主要任务是实现碳中和。我国力争在 2030 年前实现碳达峰，在 2060 年前实现碳中和。在政策引导下，我国碳排放增长速度开始放缓，但依然面临着两个比较严峻的问题，即单位 GDP 能源强度和碳排放强度下降困难，煤炭消费经常反弹，国家通过清洁供暖等措施积极改善这种状况。

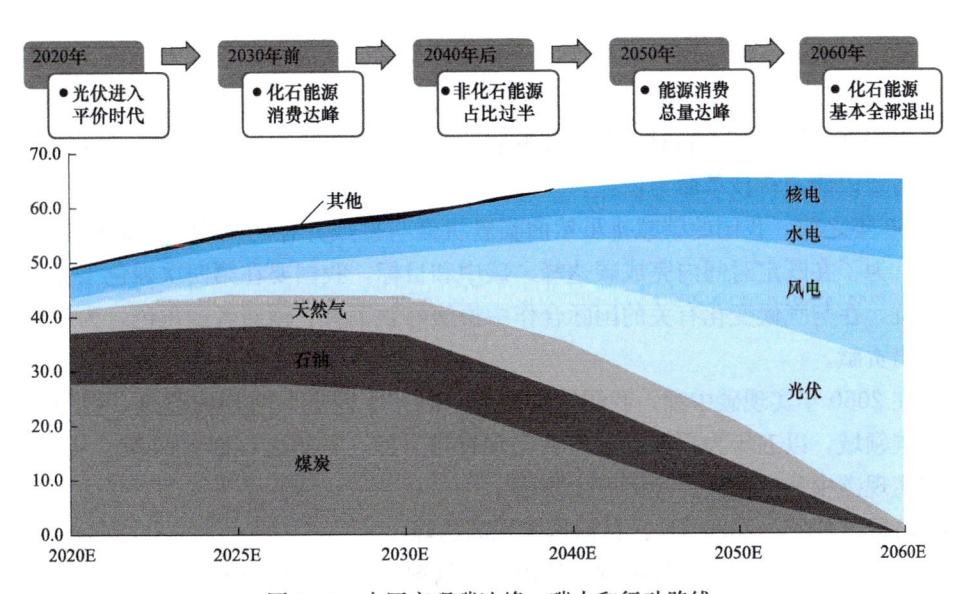

图 1-1　中国实现碳达峰、碳中和行动路线

对于我国来说，实现碳达峰、碳中和是一项巨大的考验，在减少碳排放、实现净零排放的同时，要保证经济实现高质量发展，避免因为节能减排影响经济增长。我国各地区因为技术水平、经济发展水平、资源禀赋等存在较大差异，需要根据当地的实际情况制定有针对性的行动方案，同时东西部要围绕资源开展深度合作，实现协同发展。

进入"十五五"时期之后，我国面临着发展模式转型的关键时期，加速绿色低碳转型的步伐，必须从制度层面进行深化改革，促进生态文明建设各项制度的有机融合，并进一步优化统筹协调机制。在此过程中，政府需发挥引领作用，精心规划顶层设计，出台更为前瞻性的战略指导，确保上下级之间的紧密联动，不断完善治理体系。同时，应积极研发和推广更多创新性的系统工具，从制度建设、政策引导、市场环境优化等多个维度，为经济社会全面绿色低碳发展搭建坚实的支撑平台，推动形成绿色、低碳、循环、可持续的发展新格局。

碳达峰、碳中和目标的实现需要各部门、各行业的共同努力，不仅要依靠减少化石能源消耗、利用可再生能源替代化石能源，还要依靠技术创新与市场激励，尤其要依靠技术领域的突破式创新。某些领域利用常规减排技术无法实现深度减排，相关技术不成熟，成本较高，在这种情况下就要通过碳定价机制推进技术研发与创新，实现产业化。在碳交易市场价格机制的作用下，企业可以通过碳交易降低减排成本，甚至还能获取收益，从而在技术研发领域积极布局。当然碳达峰、碳中和目标的完成不能仅依赖碳市场，还需要多种市场机制共同发挥作用。

1.2 从碳达峰走向碳中和的路径

1.2.1 我国从碳达峰走向碳中和的战略路径

面对越发严峻的气候问题，人类经过反复协商与探讨达成了一个基本共识，就是实现碳达峰与碳中和。从某种意义上看，碳达峰与碳中和是一项关乎人类社会长久发展的战略问题，在一定程度上体现了人们对能源科技发展的信心。因为碳中和目标无法只通过节能减排实现，还需要以能源科技革命为依托。

在2060年之前，我国的碳减排虽然面临着机遇与挑战并存的局面，但总体来看是机遇多于挑战。为了在既定时间内完成碳达峰、碳中和目标，我国要在第四次绿色工业革命中占据主导地位，在与气候变化有关的国际合作中扮演好领军者、创新者的角色，为应对气候变化做出突出贡献。

为了在2060年实现碳中和，我国统筹规划，以"十四五"时期为起点，引导投资转向零碳和负碳领域，以五年为周期制定二氧化碳减排目标，并辅之以减排政策。从整体来看，中国想要实现碳中和，大致要经历三个阶段。

第一阶段（2021—2030年）：目标是实现碳达峰。

在我国的能源结构中，煤炭占据主体地位的情况不会在短时间内发生改变。随着人们生产生活对电力的需求不断增长、工业化进程持续加快，电力行业和工业产业对煤炭资源的消耗以及碳排放将保持增长之势。另外，在交通领域，我国人均汽车保有量较低，截至2021

年3月，全国汽车保有量为2.87亿辆，其中私家车保有量为2.29亿辆，结合第七次人口普查的数据经过换算可知，目前我国人均汽车保有量仅为0.16辆。未来随着汽车保有量不断增加，交通行业对能源的需求将大幅增长，由此产生的碳排放也将不断增加。为了在2030年实现碳达峰，这一阶段的主要任务就是提高能源利用效率，在工业产业、电力行业用可再生能源代替传统的煤炭资源，用新能源汽车取代传统的燃油汽车，引导消费者低碳生活，减少二氧化碳排放。

第二阶段（2031—2045年）：目标是快速降低碳排放。

碳达峰目标实现之后，我国要在2060年之前实现碳中和。因此，在碳达峰目标实现之后的15年，我国必须快速降低碳排放。实现这一目标有两大基础：首先，随着可再生能源成本与储能成本不断下降，"可再生能源＋储能系统"有望替代化石能源，大幅减少化石能源的使用；其次，随着电动汽车的成本不断下降、交通行业的基础设施不断完善，电动汽车将逐渐替代传统燃油汽车。因此，在这个阶段，我国的主要任务就是扩大可再生能源的利用规模，大幅提高新能源汽车在市场中的占比，有效替代传统燃油汽车，让交通运输部门全面实现电动化，同时加大负碳排放技术的推广应用，促使第一产业实现节能减排。

第三阶段（2046—2060年）：目标是深度脱碳，实现碳中和。

在这个阶段，CCUS、BECCS等技术经过一段时间的发展已经基本成熟，可以大规模推广应用。同时，可再生能源、储能、氢能等技术也可以实现商业化应用。在这些技术的助力下，工业行业、电力行业、交通行业等可以完成低碳改造，大幅减少碳排放。对于无法控制的碳排放，可以借助CCUS、BECCS等技术以及碳汇交易实现碳中和。

由此可见，2030年实现碳达峰与2060年实现碳中和这两个目标一脉相承。碳达峰实现的时间越早，峰值越低，碳中和的实现难度就越小。从2030年实现碳达峰到2060年实现碳中和。在这30年间，我国的能源系统必将发生巨大变革。一方面，我国要大力推广可再生能源、碳捕集、利用与封存技术、生物能结合碳捕获与封存技术等有利于碳减排的能源与技术。用可再生能源大规模替代化石能源；另一方面，国家要做好统筹规划、科学施策面向不同的行业设计不同的碳减排方案，分阶段实施，保证各行各业如期完成碳减排目标。

1.2.2 "双碳"经济下的投资路线

碳达峰碳中和涉及工业、交通、能源、农业、建筑、消费等各行各业，而且实现路径非常多，包括能源替代、源头减量、回收利用、节能提效、工艺改造、碳捕集等。碳中和目标的实现覆盖了三大环节，涉及很多行业，见表1-1。

表1-1　　　　　　　　　　碳中和目标实现的三大环节

三大环节	具体措施
碳源头	实施能源结构改革，用低碳能源、零碳能源替代传统的化石能源
碳应用	碳源通过能量转换后在生产过程中应用，需要不断进行能源转换，这个阶段碳减排的重点应该放在提升能源效率、节约能量等方面，具体表现为推动制造业转型升级，产品设计以节能为导向
碳排放	生产过程及末端都会产生碳排放，可能是气态、固态或者液态，这个环节碳减排的主要措施就是对废气、废物进行净化处理

1. 碳源头：新旧替代趋势明显

(1) 能源供给——光伏、风电与核电。在碳达峰、碳中和背景下，清洁低碳的新能源替代传统的化石能源已经成为必然趋势，我国各个新能源领域都有望获得新一轮的政策支持，享受新一轮能源变革带来的红利。在此形势下，光伏、风电、核电等绿色能源及相关配套设施领域潜藏着不错的投资机遇。

(2) 能源传输——特高压、储能设备。绿色能源正处于加速推广状态，传输需求、储能需求会不断释放，特高压、储能设备等领域潜藏着不错的投资机遇。随着新能源不断取代旧能源，电力传输需求会越来越多，再加上未来几年我国要继续推进智能电网与特高压电网建设，使得特高压领域潜藏着巨大的投资空间。

除此之外，电能的高效利用与传递需要以储能技术为依托。首先储能可以解决火电调频响应速度慢的问题，提高机组运作效率，与风电、光伏发电等新能源配套使用，缓和电网波动，实现平滑控制，满足并网需求，提高能源利用效率；其次，储能可以帮助电网调频、调峰，解决网络堵塞问题，提高电能传输效率；最后，储能与分布式光伏相结合，可以实现电力自发自用，保证供电的可靠性，从而降低用电成本，减少电力生产过程中的碳排放。由此可见，在未来电力生产与传输的各个环节，储能需求都将得到大幅释放，投资潜力巨大。

(3) 传统能源——煤炭、石油、天然气行业龙头。随着传统能源需求不断下降，行业集中度可能会快速提升，煤炭、石油、天然气等行业的龙头企业可能会表现出明显的优势。为了实现碳中和，我国的能源结构将发生重大变革，传统能源需求将不断下降，低效落后的产能将逐渐被淘汰。随着行业集中度不断提升，具有资本、技术等多重优势的行业巨头将获得更好的发展。具体来看，柴油、汽油、天然气和液化石油气的碳排放在碳排放总量中的占比相对较大，这些行业的集中度或将率先提升。

2. 碳应用：转型升级，节能减排

(1) 交通运输应用——新能源车、新能源电池与充电桩。在碳中和背景下，包括新能源汽车、新能源电池、充电桩在内的交通运输行业的新能源。对于交通运输行业来说，用新能源汽车替代燃油汽车是碳减排的重要举措，也是必然举措。近年来，我国新能源汽车积分政策不断收紧，这一趋势将延续很长时间，以推动新能源汽车推广应用。《新能源汽车产业发展规划（2021—2035年）》明确表示：新能源汽车是我国从汽车大国迈向汽车强国的必由之路，是应对气候变化、推动绿色发展的战略举措。新能源汽车的快速发展将对上游的电池、电子元件及相关设备产生巨大需求，同时也将对充电桩等基础设施建设产生积极的推动作用，这些领域都将表现出不错的投资机遇。

(2) 材料应用——钢铁、有色及化工行业龙头。传统材料制造业的碳排放比较高，为了实现碳达峰、碳中和，该行业将不断释放需求，向着绿色、低碳的方向转型升级。在这种情况下，投资机构可以关注该领域的细分行业。随着新能源的产能不断提高，未来很长一段时间，钢铁、铜、锂、镍、钴等有色金属以及基础化工材料的需求将不断增长。同时，因为金属加工业、基础化工业和石油化工业等行业的碳排放量较高，在碳中和背景下，钢铁、有色、化工等行业的集中度也会不断提升，细分领域的龙头企业可能释放出巨大的投资价值。

（3）建筑应用——环保建材、装配式建筑。在碳达峰、碳中和的背景下，环保建材、装配式建筑将得到快速推广，市场占有率将快速提升。为实现碳减排，建筑行业将深入贯彻环保理念。从产品设计来看，低碳材料、可回收材料将成为市场"新宠"。从建筑细分领域看，建筑行业的碳排放主要源于两个方面：一是水泥、钢筋等建材生产过程中的碳排放；二是建造模式比较传统，生产效率较低，产生了较高的碳排放。

为了实现碳中和，建筑行业将发生重大变革。一方面，低碳环保建材将得到大范围推广应用，市场占有率将不断提升；另一方面，传统的建造方式将逐渐为装配式建筑等新型建造方式所替代，从而减少建筑建造过程中的材料消耗与能源消耗，减少生产过程中的碳排放。因此，在建筑领域，环保建材、装配式建筑将成为新的投资领域。

3. 碳排放：环保需求全覆盖

碳排放涉及各行各业，每个行业都将释放出巨大的环保需求。在工业、建筑、交通运输等行业中，工业的废物处理是碳减排的重要环节。目前、工业废物处理常用的方式有三种，即焚烧、填埋、回收，其中前两种方式应用频率较高。焚烧、填埋会产生大量的碳排放，因此这一环节需要借助环保设备实现减排。在这种情况下，垃圾焚烧、环卫电动化、环保设备、节能设备、资源再生等领域将产生大量的投资机会。

1.2.3 建筑部门碳中和技术发展目标与路径

目前，建筑部门的碳排放开始进入平台期，零碳解决方案逐渐成熟，可以率先进入去峰期实现近零排放。在 2030 年之前，建筑部门的碳减排主要依赖服务需求减量技术以及效率提升技术来实现。在这个阶段，建筑部门对包括建筑电气化、光伏建筑一体化等技术在内的调整能源结构与可再生能源利用的技术。对于建筑部门来说，优化能源结构是实现近零排放的主要途径。未来，建筑部门可以利用建筑负荷柔性化技术对建筑负荷曲线进行调节，减小对电网的冲击，为未来高比例可再生电力发展提供强有力的支持。

建筑部门在实现碳中和目标中扮演着至关重要的角色，其发展目标：

1. 全面执行绿色建筑标准

到 2025 年，城镇新建建筑将全面执行绿色建筑标准，这标志着我国建筑行业在节能降碳方面迈出了重要一步。推广绿色建材、绿色施工技术和工艺，以及节能型设备和产品，以降低建筑生命周期内的碳排放。

2. 提高建筑能效水平

通过优化建筑设计、充分利用自然采光和通风等手段，降低建筑能耗。大力推广超低能耗建筑和近零能耗建筑，以减少建筑运行过程中的碳排放。

3. 加强既有建筑节能改造

对既有建筑进行节能改造，提升能源效率，减少能源消耗和碳排放。特别是在公共建筑领域，推进制冷系统、照明系统、电梯等设备的更新升级，以及围护结构、机电系统的深度节能改造。

4. 提升可再生能源利用率

积极推动建筑领域可再生能源的应用，如太阳能光伏一体化、太阳能热水系统、空气源电动热泵技术等。

到2025年，城镇建筑可再生能源替代率力争达到8%，新建公共机构建筑、新建厂房屋顶光伏覆盖率力争达到50%。

建筑部门碳中和技术发展路径：

1. 推广绿色建造方式

大力发展装配式建筑，减少施工现场的材料浪费和能源消耗。推广绿色施工技术，如BIM技术的应用，以提高项目管理效率和建筑质量。

2. 加强技术研发与创新

支持超低能耗、近零能耗、低碳和零碳等建筑的新一代技术研发。持续推进超低能耗建筑构配件、高防火性能外墙保温系统、高效节能低碳设备系统，以及建筑运行调适等关键技术的研发。

3. 完善政策体系与市场机制

制定严格的建筑碳排放标准和节能降碳政策，引导建筑行业向绿色低碳方向发展。建立建筑碳排放监测体系，实时掌握排放情况，为政策制定提供数据支持。引入碳交易机制，激励建筑企业减少碳排放，推动市场化节能降碳机制的形成。

4. 推动公众参与与建筑节能教育

提高公众对建筑节能和碳中和的认识，鼓励居民参与建筑节能行动。加强建筑节能教育，提升建筑从业人员的碳中和意识和技能水平。

5. 加强国际合作与交流

引进先进的建筑碳中和技术和管理经验，与国际同行开展合作与交流。参与国际建筑碳中和标准和认证体系的制定，提升我国建筑行业的国际竞争力。

综上所述，建筑部门碳中和技术的发展目标与路径涵盖了绿色建筑标准的全面执行、建筑能效水平的提升、既有建筑节能改造的加强、可再生能源利用率的提升，以及绿色建造方式的推广等多个方面。通过技术创新、政策引导、公众参与和国际合作等手段，建筑行业将为实现碳中和目标作出积极贡献。

1.2.4　建筑低碳技术突破方向

发展节能节材技术与资源产品循环利用技术。积极研发新材料、新技术，推动现有节能技术与设备不断升级，提高能源的精细化管理水平以及能源利用效率，优化钢铁、水泥等基础材料的性能，推动它们实现绿色转型，减少钢铁、水泥、化工等产品的需求量，提高这些材料的利用率，积极推进电能替代、氢基工业、生物燃料等技术的研发与应用，包括氢能炼钢、电炉炼钢、生物化工制品工艺等，加速推进以二氧化碳为原料的化学品合成技术研发。

建筑材料行业为我国经济发展提供了重要的原材料支撑，在经济高速发展过程中作出了突出贡献。我国建筑材料生产与消费连续多年高居世界第一，是我国碳减排的重点行业之一。在碳中和背景下，建筑材料行业的碳减排不仅有利于推进生态文明建设，也有助于双循环新发展格局的构建，对我国如期或者提前实现碳达峰、碳减排有着积极的推动作用。

"十四五"时期，经济高质量发展、生态环境持续改善仍是社会经济发展的主旋律。在此形势下，在碳达峰目标的加持下，建材行业必须坚持高质量发展理念，面向碳达峰、碳中和目标的实现，立足于行业实际规划碳减排路径，制定碳减排措施，尽可能提前实现碳达峰目标。具体措施如下。

1. 调整优化建材产业产品结构

建材行业要对行业发展目标进行修订，新增能耗、限制排放、资源综合利用等约束性指标，从源头减少二氧化碳排放，淘汰落后产能，严格推行减量置换政策，消化过剩产能，坚决遏制违约新增产能，向终端化、轻型化、制品化方向发展。建材行业要鼓励行业内企业研发新产品、新技术、新装备，发展新业态，优化生产流程，开展柔性化、集约化生产，从而减少碳排放总量；同时鼓励行业领军企业对各类资源进行优化整合，提高产业链、价值链的附加值，推动其向着高品质方向发展。

2. 加强低碳技术在建材行业的研发与应用

建材行业要围绕碳减排探索技术性路径，优化生产工艺，致力于新型胶凝材料技术、低碳混凝土技术和吸碳技术的研发，同时加强对低碳建材的研发，例如低碳水泥等，将建材对废弃物的消纳能力充分发挥出来，提高行业利用废弃物的水平，在最大程度上实现工业副产品循环利用，节约资源，减少产品生产过程中的温室气体排放。同时，建材行业要推广应用窑炉协同处置垃圾（生活垃圾、污泥、废弃物等）技术，提高燃烧替代率，同时对碳捕集、利用与封存等技术进行推广。

3. 提升能源利用效率，加强全过程节能管理

建材行业要坚持"节能优先"的原则，对重点用能单位进行监管。明确能耗限额标准并严格执行，将在节能减排、提高能效方面表现优异的企业打造成行业标杆，带领其他企业达到能效利用标准；面向企业的能源使用建立专门的管理体系，利用信息化、数字化和智能化技术加强能耗管理；对水泥、平板玻璃、陶瓷等高能耗行业开展节能诊断，全面提高能源利用效率，探索碳减排路径，全面挖掘碳减排空间、提高碳减排质量。

4. 推进有条件的地区和产业率先达峰

建材行业可以对各细分产业与产业发展地区进行评估，鼓励经济发展水平高、在节能减排方面有天然优势的地区率先实现碳达峰。以建材行业碳减排的重点产业——水泥产业为例，我国水泥产业主要集中在广东、江苏、山东、安徽、浙江、河北等省份，这些省份要根据自身的实际情况研究制定碳达峰路径，减少水泥产量，控制新增产能，控制二氧化碳排放，改善环境质量。

5. 做好建筑材料行业进入碳市场的准备工作

建材行业要配合政府部门建设碳排放权交易市场，对建材行业各细分产业的碳排放限额做出明确规定，研究制定建筑材料各主要产业的碳排放标准；鼓励水泥和平板玻璃两大产业率先进入碳市场，制定企业参与碳交易的方案，开展碳交易模拟试算与运行测试；引导其他产业对碳排放情况进行全面调查，有序进入全国碳市场。

1.3 低碳经济的内涵

1.3.1 低碳经济的基本概念

低碳经济旨在最大限度地减少对煤炭、石油等高碳排放能源的依赖，构建一种以低能耗、低污染为核心的新型经济模式。从深层次理解，低碳经济巧妙融合了"低碳"与"经济"的双重考量，它是人类社会为应对气候变化挑战、推动经济社会可持续发展的战略选择。

"低碳"层面，意味着经济发展需最大程度减少乃至终止对碳基燃料的依赖，推动能源结构的深刻转型与经济结构的优化调整。

"经济"层面，强调在推进能源转型的同时，确保经济增长的稳定性和可持续性不受影响。低碳经济并非简单排斥发展与产出最大化，并非忽视长期经济增长的潜力，而是在追求绿色、低碳目标的同时，兼顾经济社会发展的全面性和协调性。这一理念贯穿于国民经济和社会发展的各个领域，涵盖了从生产到消费、从城市建设到乡村治理、从科技创新到生态保护的全方位变革。

低碳经济作为一种蕴含深远社会意义的前沿经济理念，其定义并未形成广泛共识，而是跨越了众多产业与管理范畴，展现出广泛的适用性和深远的影响力。当前，关于低碳经济较为权威的阐述源自英国环境领域的知名专家鲁宾斯德。他提出，低碳经济代表着一种新兴且蓬勃发展的经济模式，其精髓在于依托市场机制这一无形之手，通过精心设计的制度框架与政策工具的制定与创新，为能效提升技术、节能技术、可再生能源技术，以及温室气体减排技术的研发与应用铺设道路。这一系列举措旨在激发技术创新活力，加速技术成果转化，进而推动整个社会经济体系向高能效、低能耗、低排放的绿色转型迈进。这一转型不仅涉及能源结构的优化升级，还包括生产方式、消费习惯乃至整个社会治理模式的深刻变革，共同构成了低碳经济丰富而深刻的内涵。

1.3.2 低碳经济的多维度理解与阐释

关于低碳经济的理解呈现出多元化的趋势，本文将从三个维度对其进行详尽的梳理与归纳。

1. 理念变革视角下的低碳经济

从理念变革的全新视角来看，低碳经济被赋予了一种以低能耗、低污染、低排放为核心特征的新型经济模式。这一模式的出现，标志着人类社会在农业文明与工业文明之后，正步入一个全新的发展阶段。低碳经济不仅是对现代经济运行模式的深刻反思，更是一场涉及生产模式、生活方式、价值观念乃至国家权益的全球性能源与经济革命。碳排放量已成为衡量经济发展方式的新标尺，而碳减排的国际协议则进一步推动了低碳经济的兴起。实质上，低碳经济预示着经济发展方式、能源消费方式，以及人类生活方式的全面革新，将深刻重塑建立在化石燃料基础上的现代工业文明，引领我们迈向生态经济与生态文明的新时代。发展低碳经济，实质上是一种经济发展模式的选择，它要求我们在能源结构、产业结构以及技术创新等方面做出重大调整。中国环境与发展国际合作委员会在 2009 年发布的《中国发展低碳经济途径研究》报告中，明确指出低碳经济是一个全新的经济、技术和社会体系，它在生产与消费过程中能够显著节约能源、减少温室气体排放，同时保持经济和社会发展的强劲势头。这一界定不仅凸显了低碳经济的环保特性，更强调了其在促进经济社会发展中的积极作用。

2. 经济发展模式转换中的低碳经济

在经济发展模式的转换过程中，低碳经济作为发展经济学理论框架下的一个全新视角，被赋予了更为深远的意义。这一经济形态旨在实现碳排放量、生态环境代价和社会经济成本的最小化，其范畴广泛，涵盖了低碳发展、低碳产业、低碳技术，以及低碳生活等多个层面。低碳经济不仅标志着经济形态的一次深刻转变，更是增强地球生态系统自我调节能力、推动经济社会可持续发展的重要新经济模式。低碳经济，是在市场机制的基础上，通过构建健全的制度框架和制定有效的政策措施，推动能效技术、节能减排技术和可再生能源技术的研发与应用。其核心在于实现低污染、低消耗、低排放与高效能、高效率、高效益的绿色发展目标。低碳经济旨在通过减少自然资源的消耗，提升经济产出，进而改善生活标准和生活质量，同时促进人类经济社会的可持续发展。作为一种绿色经济发展模式，低碳经济以"三低三高"（低能耗、低污染、低排放和高效能、高效率、高效益）为基石，明确以低碳发展为方向，以节能减排为实施方式，以碳中和技术为具体方法。这一模式与可持续发展理念、资源节约型和环境友好型社会的要求高度契合，与当前大力推行的节能减排和循环经济紧密相关，共同构成了推动经济社会绿色转型的重要力量。在生态文明时代，随着"高碳、高熵、高代价"的工业文明逐渐走向衰落，全社会发展正面临着向"低碳、低熵、低代价"的生态文明转型的迫切需求。而发展低碳经济，正是实现这一转型、建设新型工业文明与生态文明的最佳结合点。因此，推动绿色产业发展、构建绿色能源结构、培育创新型经济的市场经济体制，成为发展低碳经济、实现经济社会绿色转型的重要途径。

3. 气候变化问题解决中的低碳经济

从气候变化问题解决的角度出发，低碳经济作为一种旨在将温室气体排放量，特别是二氧化碳这一主要温室气体排放量控制在最低限度的经济发展模式，显得尤为重要。推行低碳经济，是有效避免气候灾难性变化，确保人类可持续发展道路畅通无阻的关键举措之一。当前，保护气候已经迫在眉睫，我们面临的不再是是否应该采取行动的问题，而是如何行动，以及由谁来引领这一行动的挑战。实现低碳经济的目标，要求在人类行为方式上做出根本性转变，摒弃奢侈浪费的碳排放行为，转而追求低碳、环保的生活方式。在此背景下，采用低碳经济的战略应对气候变化，无疑具有深远的意义。通过低碳经济的发展模式，可以优化能源结构，提升能源利用效率，减少温室气体排放，同时促进经济的绿色转型和可持续发展。

1.3.3 低碳经济的实质

低碳经济作为未来经济发展的重要形态，不仅代表了全球经济结构的深刻转型，更是人类社会对可持续发展道路的共同追求。其实质在于能源的高效利用与清洁能源的深度开发，通过这一转型，实现绿色GDP的增长，从而摆脱传统高能耗、高排放的发展模式。低碳经济的核心，在于能源技术和减排技术的持续创新，以及产业结构和制度框架的深刻变革，同时，它呼唤着人类生存与发展观念的根本性转变。

为实现这一转型，依靠技术创新和政策措施的双重驱动，建立一种能够显著减少温室气体排放的经济发展模式，以有效缓解气候变化带来的挑战，并在此过程中派生出一系列全新的技术标准，引领全球经济的绿色化发展。

低碳经济不仅是对经济发展方式的革新，更是对能源消费方式和人类生活方式的全面重塑。它要求人们在生产、消费、交通、建筑等各个领域，都采取更加环保、低碳的方式，以实现经济社会的可持续发展。

低碳经济发展的长远目标，在于减缓气候变化带来的不利影响，同时促进人类的可持续发展。为实现这一目标，我们需要在全球范围内推动低碳产业的快速发展，以及低碳技术和低碳能源的深度开发与广泛应用。

低碳经济所涵盖的行业和领域极为广泛，几乎涉及所有的产业部门。其中，低碳产品的开发与推广、低碳技术的研发与应用、低碳能源的开发与利用，构成了低碳经济发展的核心内容。在技术领域，低碳经济更是涉及电力、交通、建筑、冶金、化工和石化等多个关键行业，要求人们在这些行业中不断探索和创新，开发出更加高效、环保的新技术，以有效控制温室气体的排放。

此外，低碳经济在可再生能源及新能源领域、煤的清洁高效利用领域、油气资源和煤层气的勘探开发领域，以及二氧化碳捕获与埋存等领域，进行深度的技术开发和广泛的应用推广。这些领域的突破，将为低碳经济的发展提供强有力的技术支撑，推动全球经济向更加绿色、低碳的方向转型。

1.4　低碳经济的基本特征

在全球气候变化和环境问题日益严峻的背景下，低碳经济受到了广泛关注和深入探讨。众多学者从各自的研究视角出发，对低碳经济给出了不同的解释和定义。然而，尽管表述各异，但低碳经济的核心含义是明确的，即追求较低（或更低）的温室气体（主要是二氧化碳）排放。这一理念不仅是对当前环境问题的积极回应，更是对未来可持续发展道路的深刻探索。

低碳经济的提出旨在维持生物圈的碳平衡，抑制全球气候变暖的趋势。为实现这一目标，人们需要深刻认识到人类活动对生态系统碳循环的影响，积极降低人为碳排量。具体来说，就是要通过减排二氧化碳、减少碳源、增加碳汇等多种手段，改善生态系统的自我调节能力，使其能够更好地应对气候变化带来的挑战。

低碳经济具有"三低"的基本特点，即节能减碳、减排增效、绿色生态。这三个特点相互关联、相互促进，共同构成了低碳经济的核心要素。

1. 节能减碳，探索低能耗发展之路

低碳经济是相对于无约束的碳密集能源生产方式和能源消费方式的高碳经济而言的。在高碳经济模式下，能源生产和消费往往以化石能源为主，导致温室气体排放量大增，加剧了全球气候变暖的趋势。而低碳经济则强调能源的高效利用和清洁能源的开发，通过降低单位能源消费量的碳排放量（即碳强度），实现经济的可持续发展。

实现节能减碳的目标措施。首先，要大力发展清洁能源技术，如太阳能、风能、水能等可再生能源的利用，减少对化石能源的依赖。其次，要加强能源管理，提高能源利用效率，降低能源消耗。此外，还需要推广节能技术和产品，鼓励企业和个人采取节能措施，减少能源消耗和碳排放。

在降低能源消费碳强度的过程中，碳捕捉、碳封存、碳蓄积等技术发挥着重要作用。这些技术通过捕捉、封存和蓄积二氧化碳等温室气体，有效降低能源消费过程中的碳排放量。

同时，这些技术为未来的碳交易和碳市场提供技术支持和保障。

值得注意的是，低碳经济的发展并不意味着要牺牲经济增长和人民生活水平。相反，通过优化能源结构、提升能源利用效率、推广节能技术和产品等措施，可以在保障经济增长的同时，实现碳排放量的有效控制。这种发展模式不仅有助于缓解全球气候变暖的趋势，更为实现经济社会的可持续发展提供了有力支撑。

2. 减排增效，构建低排放经济体系

低碳经济不仅关注能源生产和消费过程中的碳排放量，还强调经济增长与碳排放的"脱钩"。即实现经济与碳排放的错位增长，使经济增长不再依赖于碳排放量的增加。为了实现这一目标，需要构建低排放经济体系，推动经济结构的优化和升级。

未来能源发展的方向是清洁、高效、多元和可持续。在这一背景下，发展低碳经济的关键在于促进经济增长与由能源消费引发的碳排放"脱钩"。具体来说，就是要通过能源替代、发展低碳能源和无碳能源等措施，控制经济体的碳排放弹性，并最终实现经济增长的碳脱钩。

能源替代是实现减排增效的重要手段之一。通过发展清洁能源和可再生能源，替代传统的化石能源，可以有效降低碳排放量。同时，清洁能源和可再生能源的利用还可以促进能源结构的优化和升级，提高能源利用效率。

此外，发展低碳能源和无碳能源也是构建低排放经济体系的重要方向。低碳能源如天然气、核能等，其碳排放量相对较低，作为过渡能源使用。而无碳能源如太阳能、风能等可再生能源，具有无污染、可持续等优点，是未来能源发展的主要方向。

在构建低排放经济体系的过程中，加强政策引导和市场机制建设，通过制定和实施相关政策和法规，鼓励企业和个人采取低碳生产和生活方式。同时，还需要建立碳交易和碳市场等市场机制，通过价格杠杆引导企业和个人减少碳排放量。

3. 绿色生态，打造低污染生活环境

低碳经济不仅关注能源生产和消费过程中的碳排放量，还强调人类活动对生态环境的影响。随着人类活动的不断增加，环境污染问题日益严重，对生态环境造成了巨大压力。因此，发展低碳经济需要注重绿色生态理念的应用和实践。

全球应对气候变化正在引发能源领域的技术创新。低碳能源作为低碳经济的基本保证，其开发和利用对于实现低碳目标具有重要意义。同时，清洁生产作为低碳经济的关键环节，也需要得到足够重视。通过改进生产工艺、提高资源利用效率、减少废弃物排放等措施，可以实现生产过程的绿色化和低碳化。

为了实现绿色生态的目标，需要改变人们的高碳消费倾向和碳偏好。具体来说，就是要减少化石能源的消费量，降低碳足迹。这需要人们倡导低碳生活方式和消费模式，鼓励人们使用节能产品、减少能源消耗和碳排放。同时，还需要加强环境教育和宣传，提高公众的环保意识和参与度。

在打造低污染生活环境的过程中，需要加强生态环境保护和治理。通过加强环境监测和预警机制建设、推进生态修复和治理工程等措施，可以有效改善生态环境质量，为人民群众创造更加宜居、健康的生活环境。

1.5 建筑温室气体减排的意义及背景

1.5.1 温室气体减排的意义

全球气候系统变暖，气候变化导致干旱、洪涝、风暴、高温天气和沙尘暴等各种自然灾害发生，给人类带来了巨大损失。全球气候变暖的背景下，我国的气候和环境也发生了显著变化。

为减轻气候变化给人类造成的影响，1992年5月22日，联合国政府间谈判委员会就气候变化问题达成《联合国气候变化框架公约》。这是世界上第一个为全面控制二氧化碳等温室气体的排放，以应对全球气候变暖给人类经济和社会带来不利影响的国际公约，也是国际社会在对付全球气候变化问题上进行合作的一个基本框架。1994年3月21日，《联合国气候变化框架公约》正式生效。生效后，世界各国努力寻求应对气候变化的新战略。发展低碳经济成为各国应对气候变化问题、谋求自身发展的共识。低碳经济是指以低能耗、低污染、低排放最终实现减少温室气体排放为基础的经济发展模式。

气候变化成为人类发展面临的最大挑战，采取积极措施应对气候变化已成为全人类的共识。越来越多的国家和地区加入碳减排阵营，相继发布碳中和目标，积极调整气候政策，并催生了新一轮能源技术与产业革命。作为世界上碳排放量最大的国家，我国的碳减排对全球碳减排、碳中和有着直接影响。

1.5.2 建筑温室气体的类型

在经济学中纳入计算的温室气体，为IPCC发布的《联合国气候变化框架公约》中规定的，六类造成气候变化的主要温室气体：二氧化碳（CO_2）、氧化亚氮（N_2O）、甲烷（CH_4）、六氟化硫（SF_6）、氢氟碳化物（HFC_S）、全氟化碳（PFC_S）。计算碳排放时，根据IPCC定义的全球变暖潜能（Global Warming Potential，GWP）概念，将各种温室气体按照其温室效应对应于相同效应的二氧化碳的质量，统一折算成二氧化碳的质量，使用的单位通常为"吨等价二氧化碳"（吨-二氧化碳当量）。折算系数依据IPCC公布的数据。例如，二氧化碳（CO_2）、氧化亚氮（N_2O）、甲烷（CH_4）及部分其他温室气体的折算系数见表1-2。

表1-2　　　　　　　　　　　主要温室气体潜能折算系数

温室气体名称	温室气体潜能（吨-二氧化碳当量）		
	20年	100年	500年
CO_2	1	1	1
N_2O	72	25	7.6
CH_4	289	298	153
SF_6	16 300	22 800	32 600
HFC-23	12 000	14 800	12 200
PFC-14	5 210	7 390	11 200

在建筑的建材生产、施工、运行维护等生命周期中，一些类型温室气体的排放并不常见，如六氟化硫（SF_6）；一些类型温室气体的排放量不大，但折算成相同效应的二氧化碳量较大，如用作制冷的氢氟碳化物（HFC_S）和全氟化碳物（PFC_S）。

1.5.3 建筑与温室气体减排

无论是城市还是乡村都是由公共基础设施及商用或民用等建筑构成的。在建筑生命周期中，消耗了能源、水、土地等资源，产生了大量的废水、废气、废渣等污染物。同时，建筑也是温室气体排放最主要的来源之一，大量的温室气体排放来源于建筑所消耗的能源。建造、运输建筑材料也会产生碳排放。IPCC曾统计和估算，2004年全球建筑业产生了86亿t温室气体。如不采取有力措施，到2030年建筑温室气体排放量将达到156亿t，建筑的低碳化已成为全球建筑相关行业乃至全球经济可持续发展的必然趋势。

图1-2为2010年各经济部门的人为温室气体排放分布图，在2010年的最终能源使用中，交通运输部门占27%，建筑部门占32%，工业部门占28%。如不采取进一步措施，预计2050年，交通运输部门产生的二氧化碳排放将比2010年增加一倍，建筑部门和工业部门将增加50%~150%。

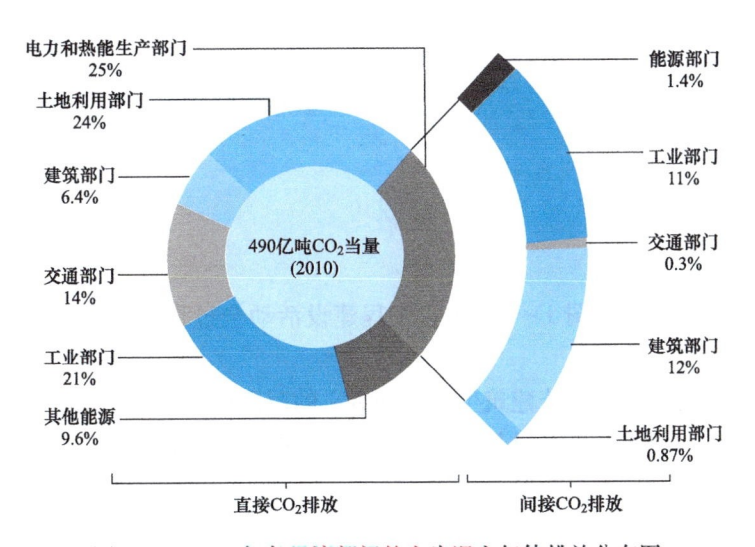

图1-2 2010年各经济部门的人为温室气体排放分布图

对我国287个地级以上市进行的统计表明，这些城市的能耗占我国总能耗的55.48%，二氧化碳排放量占中国总排放量的58.84%。据统计，在建筑的整个生命周期过程中，大约消耗了50%的能源、48%的水资源，排放了50%的温室气体以及40%以上的固体废料。从建材的生产到建筑物的建造和使用，这一过程动用了最大份额的地球能源并产生了相应的废气、废料。2018年建筑全寿命周期碳排放49.3亿t CO_2（详见图1-3），占比51%；其中建材生产阶段碳排放27亿t CO_2，占比28%；建筑施工阶段碳排放占比1%；建筑运行阶段碳排放21亿t CO_2，占比22%。在建筑运行碳排放中，建筑直接碳排放约占28%，电力碳排放占50%，热力碳排放22%。2002年，我国各工业部门中建筑业的隐含碳排放量是最大的，达到了 111 960 万 t，占所有部门隐含碳排放的 26.47%。其中由能源消耗导致的隐含碳排放为 95 160 万 t，由水泥消耗导致的间接工业生产过程二氧化碳排放为 16 800 万 t，后者占建筑业完全隐含碳排放的 15%。每建成 $1m^2$ 房屋约释放出 0.8t 二氧化碳，加上建筑产品在房屋使用维护中所消耗的能源排放的温室气体，可以说建筑相关温室气体的排放是中国最主要排放温室气体的源头之一。

与其他行业相比，建筑相关行业降低温室气体排放从成本来讲是最高效的。在各行业的减排措施中，对建筑相关行业实施减排措施的社会成本是负值。即进行建筑相关的减排，不仅不会有成本支出，还会获得收益。

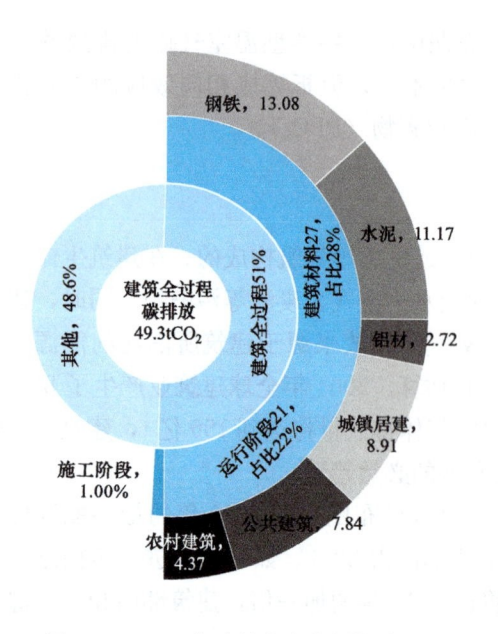

图 1-3 2018年建筑全寿命周期碳排放图

1.6 建筑温室气体减排的基本概念

1.6.1 建筑生命周期温室气体排放

1. 建筑生命周期

建筑的生命周期阐述如图 1-4 所示，工程建设活动全过程与建筑生命周期的关系阐述如图 1-5 所示。

建筑低碳经济的研究围绕着建筑生命周期定义的范围展开，在评估建筑生命周期的温室气体排放量时，计算材料开采、材料生产、建筑安装施工和建筑运行等阶段的排放。

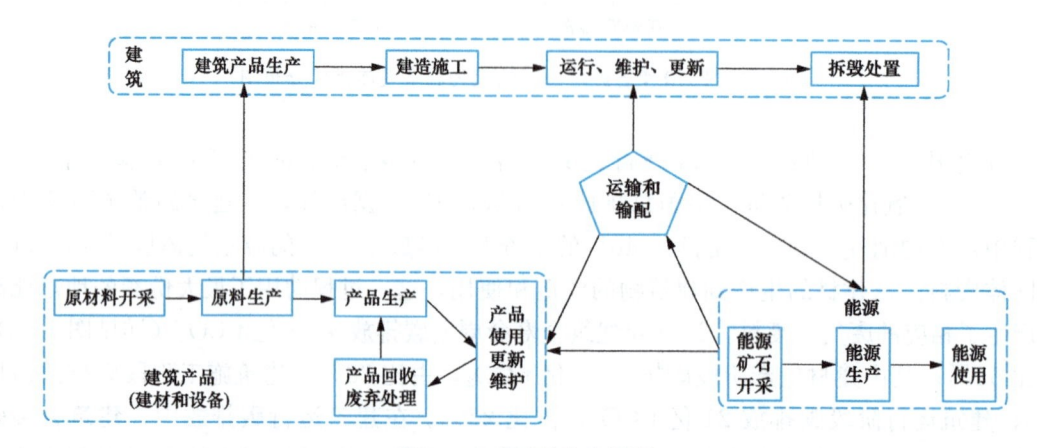

图 1-4 建筑的生命周期

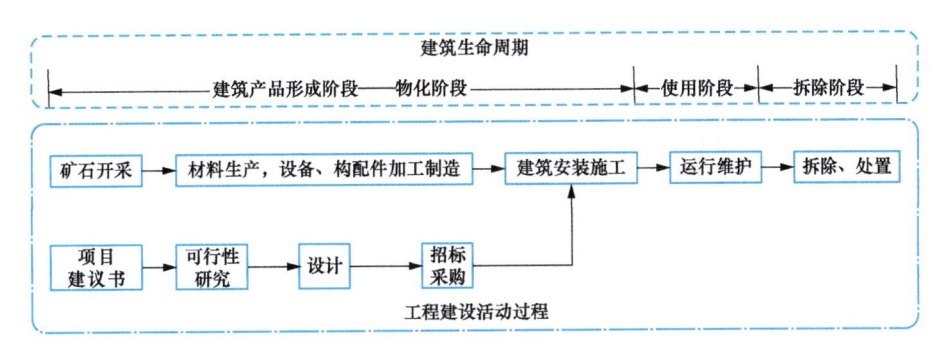

图 1-5　工程建设活动全过程与建筑生命周期

2. 建筑生命周期温室气体排放核算

碳足迹指某个活动或者某个产品在其生命周期内直接和间接积累的碳排放总量。碳足迹一般用二氧化碳当量来表示，也可进一步换算成人均或单位面积的指标。其中，二氧化碳当量是指不同类型的温室气体，在一定时间，通常是 100 年内，产生同样的温室气体效应的量，用全球变暖潜能值（Global Warming Potential，GWP）表示，即在同样程度上导致全球变暖。

建筑生命周期温室气体排放核算是一个复杂而细致的过程，涉及建筑从规划、设计、建造、使用到拆除的全生命周期中各个阶段的温室气体排放量计算。

一、核算阶段划分

建筑生命周期通常被划分为以下几个阶段进行温室气体排放核算。

1. 设计规划阶段

设计规划阶段：包括图纸设计、建材的选择及运输等。此阶段的碳排放主要来源于设计过程中的能源消耗，如办公区照明、空调等消耗的电能及车辆设备的燃油消耗。虽然此阶段的碳排放量相对较小，但建材的选择对后续阶段的碳排放有重大影响。

2. 物化阶段

物化阶段：包括材料生产和施工建造。材料生产时，需要考虑原材料的开采、加工、运输等过程中的碳排放；施工建造时，则需要考虑机械设备运行、施工能耗等方面的碳排放。

3. 运营维护阶段

运营维护阶段：建筑使用期间的能源消耗是此阶段碳排放的主要来源，包括供暖、照明、通风、空调等设备的能源消耗。此外，设备的维护、更新替换等也会产生一定的碳排放。

4. 拆除阶段

拆除阶段：包括建筑物的拆除、废旧材料的运输、废弃物的处理等。此阶段的碳排放主要来源于拆除过程中的能源消耗和废弃物处理过程中的排放。

二、核算方法

建筑生命周期温室气体排放核算通常采用以下方法。

1. 排放系数法

根据各种建筑活动（如材料生产、能源消耗等）的排放系数和相应的活动水平数据（如材料消耗量、能源消耗量等）来计算碳排放量。这是目前最常用的核算方法之一。

2. 实测法

通过实际测量建筑活动过程中的温室气体排放量来进行核算。这种方法虽然准确，但操作复杂且成本较高，因此在实际应用中较少使用。

3. 投入产出法

投入产出表来计算建筑活动过程中的碳排放量。这种方法适用于宏观层面的碳排放核算，但在微观层面的建筑项目核算中较少使用。

4. 物料衡算法

根据物质守恒原理，通过计算建筑活动过程中物质的输入和输出量来推算碳排放量。这种方法适用于对特定物质或过程的碳排放进行核算。

三、核算数据获取

在进行建筑生命周期温室气体排放核算时，数据的获取是关键。通常数据的来源包括以下方面。

1. 实际监测数据

如能耗监测系统的数据、实际测量得到的排放数据等。这些数据具有较高的准确性，但获取成本较高。

2. 统计数据和文献资料

如建筑材料的生产能耗统计数据、各种能源的排放因子等。这些数据通常来源于权威机构或专业网站，具有较高的可信度。

3. 模拟数据

当实际数据无法获取时，可以采用计算机模拟的方法来估算碳排放量。如使用建筑能耗模拟软件来模拟建筑运营期间的能耗情况，从而估算碳排放量。

四、核算注意事项

1. 核算边界的确定

在进行核算时，需要明确核算的边界，即哪些活动或过程需要纳入核算范围。

2. 排放因子的选择

排放因子是核算过程中的关键参数，其准确性直接影响核算结果的准确性。

3. 数据的准确性和完整性

数据的准确性和完整性是核算结果可靠性的基础。

4. 核算方法的适用性

不同的核算方法适用于不同的核算对象和核算阶段。

综上所述，建筑生命周期温室气体排放核算是一个复杂而细致的过程，需要明确核算阶段、选择合适的核算方法、确保数据的准确性和完整性，并注意核算方法的适用性。通过科学的核算方法，可以准确地评估建筑项目的环境影响，为制定有效的减排策略提供科学依据。

> **☞知识拓展**
>
> 香港的环境保护署及机电工程署于 2008 年依据 ISO14064 和《温室气体议定书：企业核算与报告准则》制定了《香港建筑物（商业住宅或公共用途）的温室气体排放及减除的审计和报告指引》，简称碳审计指引。这是第一部针对建筑物的碳审计指引，但仅为建筑物运行阶段的温室气体排放的核算及报告提供了指导。

1.6.2　建筑温室气体减排政策

1. 温室气体减排政策分类

国内外现有的温室气体减排政策种类繁多，国际能源署将温室气体减排政策分为六大类。

（1）温室气体直接定价的减排政策：

1）排放交易机制（ETS）："限额 - 交易""基准 - 信誉"、自愿等模式。

2）碳税：指针对二氧化碳排放所征收的税。以环境保护为目的，通过削减二氧化碳排放来减缓全球变暖。碳税通过对燃煤和石油下游的汽油、航空燃油、天然气等化石燃料产品，按其碳含量的比例征税来实现减少化石燃料消耗和二氧化碳排放。与总量控制和排放贸易等市场竞争为基础的温室气体减排机制不同，征收碳税只需要额外增加非常少的管理成本就可以实现。

（2）补贴和其他税收政策：

1）对可再生能源、技术资金补贴。

2）对可再生能源上网、回购。

3）税收返还、减免。

4）对可再生能源、技术项目优先、低利率、政府担保贷款。

5）对化石燃料、化石资源征税。

（3）政府支出政策：

1）政府采购低排放产品、政府采购"碳中和"政策。

2）政府基础设施投资在低排放、环境保护等方面的要求。

（4）强制性制度：

1）制定可再生能源占总能源比例的目标。

2）可再生能源认证机制。

3）可再生能源供电或定价机制的规定。

4）制定低排放技术标准。

5）能效规定、标准。

6）强制对温室气体排放评估、审计。

7）城市基础设施和交通规划在减排方面的规定。

（5）对温室气体减排相关研究与创新的支持：

1）研发成果应用示范项目。

2）研发成果的宣传与推广。

（6）其他政策：

1）温室气体减排技术的信息支持或标准管理。

2）温室气体排放标签机制。

3）温室气体减排宣传教育机制。

4）制定国家总体温室气体减排目标。

5）政府间国际合作。

6）温室气体减排自愿协议机制。

温室气体减排政策进一步分为两个大类：一类是对温室气体直接定价的减排政策；另一类是对温室气体间接定价的减排政策。对温室气体直接定价的减排政策可以是直接对温室气体排放征税，即碳税；或者是温室气体排放交易机制，也可能为这两种机制的混合。对温室气体间接定价的减排政策通过政府的法律规定、补贴、奖励、投资、宣传、推广等手段，增加了温室气体排放的成本或者降低了温室气体减排的成本，间接地影响了温室气体排放的价格，从而影响市场向温室气体减排的方向发展。

2. 建筑温室气体减排政策分类

建筑相关的温室气体减排比起其他部门的减排面临的障碍更多，例如缺乏经济激励和金融渠道、缺乏合适的产品技术、缺乏个人与企业的主动参与、缺乏相关信息等。为了降低建筑行业的温室气体排放，建筑行业的温室气体减排政策分类分为三大类，分别是强制性制度、激励性政策，以及基于温室气体定价的减排政策。

（1）强制性制度。强制性制度是各个政府采用的最基本的政策工具，通过制定一系列的法律、法规、规章、标准，以强制的手段达到降低温室气体排放的目标。强制性制度一般有两种形式：一种是通过制定标准，强制建筑产品采用某种技术或者禁止某种技术，使其在温室气体排放、能效等方面达到一定的要求；另一种是提供一系列可以替代的技术，强制建筑产品选择应用的规定。法律法规可以具有多种形式，例如建筑标准、危险物质使用规定、污染环境材料禁用规定、强制使用特定的技术等。

在建筑相关领域中，强制性制度在发达国家或是在发展中国家都是应用最为广泛的政策工具，包括建筑规范、设备标准、采购规定、强制审计机制、强制标签机制等。建筑规范对整栋建筑或建筑系统的供暖、制冷、通风相关的结构和设备作出了标准规定；设备标准对建筑中使用的电器等耗能设备的能效进行了规定；采购规定一般是针对建筑相关的公共采购产品的能效进行的规定；强制审计机制是政府强制要求对商业、工业或私人建筑进行能效计量和能耗管理的机制；强制标签机制是政府强制要求建筑中使用的电器等耗能设备，甚至是建筑本身进行能效标签的机制。

强制性制度运行的基本原理如图 1-6 所示。

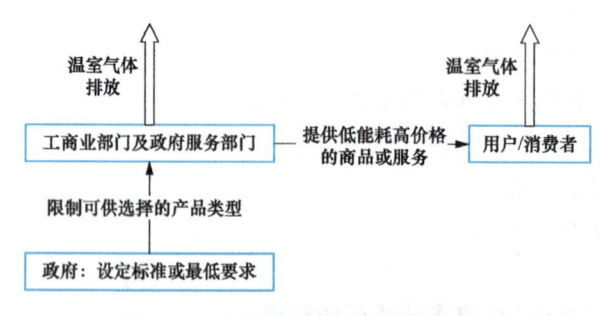

图 1-6 强制性制度运行的基本原理

（2）激励性政策。激励性政策有很多种形式，其主要目的是通过提供信息或成功实践示范，以经济激励或知识与技术激励的方式引导生产者或消费者降低碳排放。激励性政策工具分为经济激励工具和知识与技术激励工具两大类。经济激励工具包括政府提供的经济补贴、补贴性贷款、特别基金、规划优惠等，从而鼓励高能效新技术的发展，或者直接应用高能效的设备、建设高能效的建筑。知识与技术激励工具包括自愿产品标签机制、自愿协商合同、大众教育、信息宣传、细分能耗账单信息等。

自愿产品标签机制是指生产者自愿加入产品能效分级标准，并将自己产品的能效分级信息提供给消费者，从而达到区分产品质量的目的。自愿协商合同是指企业在为政府提供产品或服务时，自愿将定量的能效目标或能效行动纳入合同中，以达到宣传的效果。大众教育和信息宣传是指政府对节约能源理念、创新技术信息的宣传和推广，从而改变消费者提供烹饪、供暖、制冷、家用电器等设备的电耗、水耗等消费详细比例的账单，以提高消费者的节电、节水等节能意识。由于政府的自愿有限，激励性政策的实施在短时期内难以有效地达到一个既定目标，但如果政府实施得当，可以有效地促进和加强其他政策工具的实施进程和效果。

激励性政策运行的基本原理如图1-7所示。

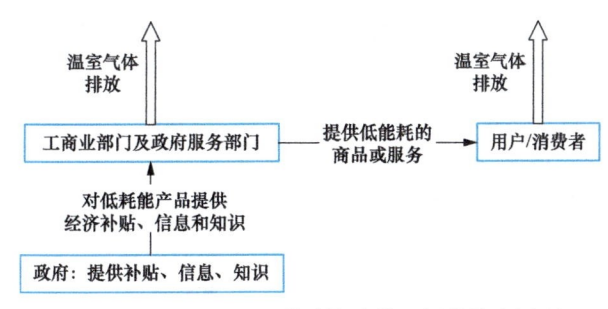

图1-7 激励性政策运行的基本原理

对比图1-6和图1-7看出两者的不同，强制性制度限制了可供选择的产品类型，禁止了市场上高排放产品的存在；而激励性政策则通过提供给消费者低排放产品的选择，并通过补贴等措施使低排放产品的价格相比较高排放产品具有很好的竞争力，从而促使消费者选择低排放的产品。

（3）温室气体定价的减排政策。温室气体定价的减排政策通过对温室气体的排放进行定价、收取费用，达到减排的目的。温室气体定价的减排政策是一种基于市场行为的政策，由于将温室气体排放作为统一的定价对象，在地方、国家，甚至国际实施。比起区域性控制的强制性制度政策工具，温室气体定价的减排政策能够通过区域间的合作，整合区域的优势资源，鼓励企业通过跨区域寻找降低温室气体减排边际成本的机会，有效地实现总体温室气体减排的目的。温室气体定价的减排政策有温室气体税和排放交易机制两种形式，温室气体税一般采用温室气体中最主要的二氧化碳命名，称之为碳税。

碳税是指政府针对温室气体排放（计算时统一折算成碳排放）设定税率，获得直接税收，采用温室气体排放的价格驱使生产者或消费者决定自己的温室气体排量。碳税可以针对生产者或消费者征收，即针对"上游"或"下游"征收，也可以仅针对生产者征收。在北欧一些国家，如瑞典征收碳税时是"上游"和"下游"一起征收，但结合其税收机制、税率和免税条款，碳税的税负还是以"下游"消费环节为主。

碳税运行的基本原理如图1-8所示。

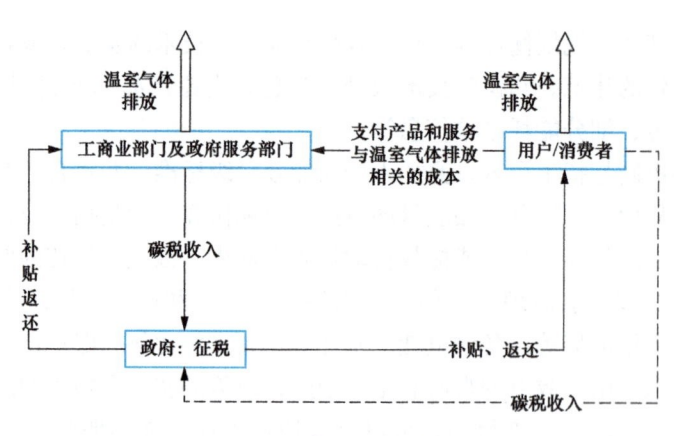

图1-8 碳税运行的基本原理

排放交易机制是一个价格浮动机制，在一定时间段内，政府设置温室气体排放的总量，颁发的排放许可量之和不得超过这个总量。政府颁发温室气体排放许可的形式可以是免费或拍卖。政府颁发的温室气体减排成本较高的其他人或个人可以从市场上购买排放许可，从而排放比自己的许可更多的温室气体；而能够以较低成本实施减排的企业则可以在市场上销售多余的排放许可，从而抵消因为减排造成的成本，甚至产生利润。排放机制可能存在多种形式，如"限额-交易""基准-信誉"、自愿等模式。

排放交易机制运行的基本原理如图1-9所示。

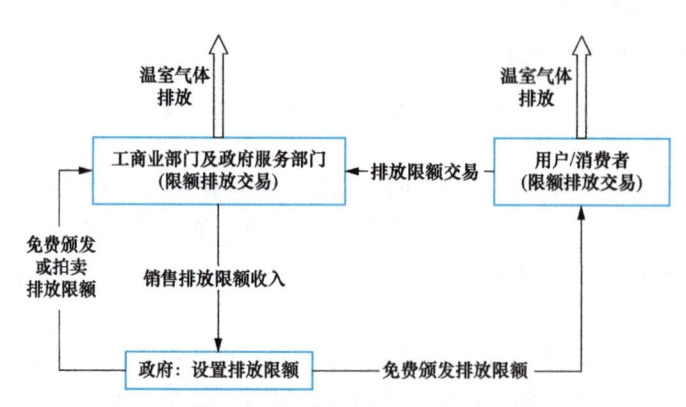

图1-9 排放交易机制运行的基本原理

碳税和碳排放交易机制主要有两方面的区别：一是政府规定了温室气体排放的价格还是温室气体排放的总量；二是赋予温室气体排放的价值如何分配。在碳税机制下，政府规定了温室气体的排放总量，并将排放价值的很大一部分以免费的形式给了企业和个人，温室气体排放的价值在市场中进行交易和重新配置。在排放交易机制下，政府也可以通过拍卖的形式对社会配置排放限额，事实上，对"上游"部门完全采用拍卖的形式配置排放限额，达到的效果与碳税机制基本相同的。

温室气体定价的减排政策清晰地将温室气体排放带来的外部成本内部化，使用经济市场手段激励各个参与方投资、使用低排放的绿色建筑。在信息透明的理论假设下，碳税和排放交易机制在市场影响方面是等效的。但在实际中，由于信息的不对称、交易成本不同以及文化、自然、社会等多种因素，这两种政策工具在很多方面存在不同。例如温室气体减排的效果、收入的流向、政府运行机制的成本、企业减排的边际成本、价格设定机制、政策机制的稳定性以及机制运行的时间跨度和预期效果等。一般来说,当减排的成本存在较大不确定性时采用碳税机制来固定温室气体排放的价格更合适,而当排放造成的损失存在较大不确定性时采用排放交易机制来确定减排量更适合。

3. 建筑温室气体减排政策优缺点对比

(1) 强制性制度。强制性制度的主要优点有:作为传统的政策工具形式,强制性制度已较为容易地实施并实现某个目标或达到某个标准。由于建筑标准或规范的政策形式已经被政府规章制定部门、监管部门及强制性制度所约束的对象群体熟知,推行强制性制度的初始成本就不会很高。如果能够确保得到强制实施,建筑规范、标准等强制性制度可以最为有效地获得减排的效果。在建筑行业中,强制性制度手段通过强制的手段克服市场障碍,保证新建建筑在一定程度上应用低排放设计。

强制性制度的主要缺点有:由于强制性制度在较为复杂的不同情况下难以做到灵活调整,而且不一定能够保证减排的目标,强制性制度的经济效率较低。强制性制度难以根据快速发展的技术、难以预测的科技革命以及消费者的选择偏好进行频繁、及时的更新。仅仅依赖强制性制度的政策工具,而没有激励性手段,会使技术革命趋于停滞。

(2) 激励性政策。激励性政策的优点主要有:在与其他类型政策工具一同实施时,激励性政策起到较好的补充支持效果。当与碳税或排放权拍卖等政策工具结合实施时,激励性政策是政府较好地使用税收收入的措施,以加强政策的长期效果。通过教育或提供详细的能耗账单信息,提高消费者温室气体减排的意识,逐渐改变消费者的行为。当强制性措施没有条件推行或实际实施时,激励性政策是政府很好的选择。当减排的目标有针对性且在一个小范围实施时,自愿性激励政策工具往往能够比强制性制度更快速、灵活地达到目的。

激励性政策的缺点主要有:激励性政策通常与一系列其他政策一起实施,其减排效果很难得到评价。当激励性政策单独实施时,其效果往往不如强制性制度等强制性控制措施。自愿性的激励政策,例如自愿产品标签机制、自愿协商合同等,通常会导致产业中产生"搭便车"的心理,大家都等待别人先去第一个吃"螃蟹",避免自己的风险。激励性政策需要政府较大的成本投入,例如补贴、税收返还、设立基金等,同时需要政府具备专业的知识以不断更新产品评价标准,甄别最合适的减排产品。

(3) 碳税。碳税的优点主要有:碳税相比较法律规范政策,具有较低的管理成本和交易成本。碳税机制重新配置税收的种类,以改善税收机制的合理性。而通过征收碳税得到的政府收入用来实施配套的激励性政策进一步加强减排效果,形成一个良性循环。碳税作为一种税制,设计难度小,可以使建筑相关行业的利益相关者更容易地理解这一机制并对市场作出预测。通过设计碳税的详细机制可以促进新技术产业的推广,从而推动一个新兴低排放市场的形成。碳税最直接、长期有效地影响人们的减排观念和减排行为,加强强制性制度和激励性政策的效果。

碳税设定温室气体的价格而不是限制温室气体的排放量,有可能仅仅增加了政府的收入,而减排方面效果却不明显。对于政府来讲,设定一个合理的碳税水平以达到预期减排目标的调整时间比较复杂,也会带来较高的代价。制定合理的碳税税率需要政府充分了解减排成本、经济增长、技术发展、产品价格以及很多因素的信息,而这在现实中很难实现。政府在增加税种、提高税率的过程中往往会遇到政治上的困难，即人们通常不愿意缴纳更多的税款。

排放交易机制的优点主要有：当减排的边际成本不确定时，排放交易机制控制温室气体排放量的效果更优于碳税，政府确定将温室气体的排放总量控制在一定范围内。温室气体排放限额采用免费和拍卖两种形式，对排放交易机制根据实际情况进行设计提供了自由度。拍卖排放限额是评价社会减排边际成本的有效、透明的方法。排放交易机制通过同时影响供给方和需求方，鼓励建筑相关行业整个产业链中各个利益关系人进行减排。由于排放交易机制核算、审计排放方法的一致性，排放交易机制不仅适用于本国内的减排，也能很好地促进国际的减排合作，例如清洁发展机制或项目规划方案下的清洁发展机制，交易方可以是个人、企业、区域、国家等。

排放交易机制的缺点主要有：相比较碳税，政府设计排放交易机制的复杂程度更大，需要更高的管理成本和交易成本。如果温室气体排放限额的配置缺乏公众透明度，或者留给权力较大的资本集团较大的操纵空间，可能会导致这些利益方的"寻租行为"。如今还没有很多国家应用排放交易机制，尤其在建筑相关行业，如果机制设计不合理，可能会导致排放交易限额溢出或在某些行业的减排漏洞。同时，温室气体排放市场价格的不稳定也是一个重要的问题，在欧洲的排放交易机制受到经济危机的打击后已经展现出来。

表1-3总结了各类温室气体减排政策的优缺点，但需要注意的是，这些优缺点描述的是政策工具的一般特点。政府可能根据给定的权限以及社会、经济、政治、文化、环境等因素，对任何一类减排政策设计不同的影响范围和实施方法，减排政策原有的一些特点可能会根据政策目标进行修改。

表1-3　　　　　　　　　　　温室气体减排政策的优缺点

政策工具	优点	缺点
强制性制度	1. 可以制定确切减排目标或标准 2. 较容易设计和实施 3. 较容易进行直接的实施和管理 4. 形式为政府和公众所熟悉	1. 经济效益低 2. 抑制技术革新 3. 无法保证减排目标的实现
激励性工具	1. 便于简单快速地实施 2. 使企业更加灵活 3. 增强其他政策工具的长期效应	1. 可能发生"搭便车"现象 2. 独立使用时减排效果较差 3. 经济效益低
碳税	1. 对技术革新有鼓励作用 2. 经济效益较高 3. 较低的管理和交易成本 4. 显著地增加政府税收 5. 排放价格较为稳定且明确 6. 设计难度小 7. 形式为政府和公众所熟悉	1. 某些行业可能存在温室气体减排漏洞 2. 无法保证减排目标的实现 3. 难以确定税率 4. 公众可能对政府碳税收入用途进行质疑 5. 方案容易被利益相关方否决
排放交易机制	1. 对技术革新有鼓励作用 2. 减排效果确定 3. 政治上相比较碳税容易实施 4. 利于国际减排合作	1. 较高的管理和交易成本 2. 政府和公众不熟悉 3. 设计难度较大 4. 排放限额的价格不稳定 5. 可能存在寻租行为

各类减排政策具有各自的优缺点,较好的选择是推行一个政策组合,将各类减排政策的特点组合起来,扬长避短。在建筑相关行业中,很多国家实施了一些减排政策的组合,取得了很好的效果。现有减排政策虽然根据实施的国家、地区实际情况在形式上有所不同,但总的来讲可以分为强制性制度、激励性工具、基于温室气体定价的政策工具三大类。

思 考 题

1. 从能源使用部门来看,一般将能源消耗分为_____用能、_____用能与_____用能。
2. "碳排放"指的就是_____排放,也是温室气体排放的总称与简称。
3. 2030年实现碳_____,2060年实现碳_____。
4. 中国实现碳中和要分三个阶段:第一个阶段的主要任务是_____,第二个阶段的主要任务是_____,第三个阶段的主要任务是_____。
5. 碳足迹指某个活动或者某个产品在其生命周期内_____和_____积累的碳排放总量。
6. "十四五"时期,建材行业面向碳达峰、碳中和目标的实现,具体措施有哪些?
7. 为了降低建筑行业的温室气体排放,建筑行业的温室气体减排政策分为哪三大类?
8. 简述建筑温室气体减排政策中强制性制度的优缺点。
9. 对比分析碳税与排放交易机制在建筑领域应用的优劣势。
10. 为什么建筑行业是实现碳中和的关键领域?

第 2 章　建筑温室气体核算体系

知识目标

1. 建筑温室气体的核算原则
2. 建筑温室气体核算清单
3. 建筑生命周期温室气体核算

能力目标

1. 熟悉建筑全生命周期温室气体碳排放来源
2. 熟悉建筑温室气体核算清单范围及方法
3. 能够进行建筑生命周期各阶段温室气体排放核算

思政目标

1. 通过对温室气体核算的学习，培养学生严谨的工作态度；
2. 建筑生命周期温室气体核算的学习，让学生形成良好的计算思路，培养严谨的计算习惯。

数据是实施建筑温室气体减排管理的重要依据。评价建筑温室气体减排政策是否有效，遵循一定的计算规则，建立建筑生命周期温室气体的核算体系，并且形成规范、达成统一。对建筑生命周期中温室气体排放的责任进行明确划分，有计划、有针对性地通过政策引导和约束相关的利益主体，通过影响其生产、生活行为，降低建筑生命周期中各阶段温室气体的排放强度。

2.1　建筑温室气体的核算原则

建筑生命周期温室气体排放的来源如下：
（1）材料、构件、设备生产过程中物理、化学变化直接产生的温室气体。

第 2 章 建筑温室气体核算体系

(2) 材料、构件、设备使用过程中因物理、化学变化释放的温室气体。

(3) 消耗化石能源直接产生的温室气体。

(4) 消耗电力间接产生温室气体。

(5) 消耗水间接产生的温室气体。

(6) 置换原有土地植被造成吸收温室气体的减少量。

其中，(1)、(2)、(3) 项是直接排放的温室气体，(4)、(5)、(6) 是间接排放的温室气体，如图 2-1 所示。需注意的是第 (6) 项中，如果原有土地已经被开发或被污染过，新建建筑的建设区域中增加了植被，则核算中该项温室气体排放量可能为负值。

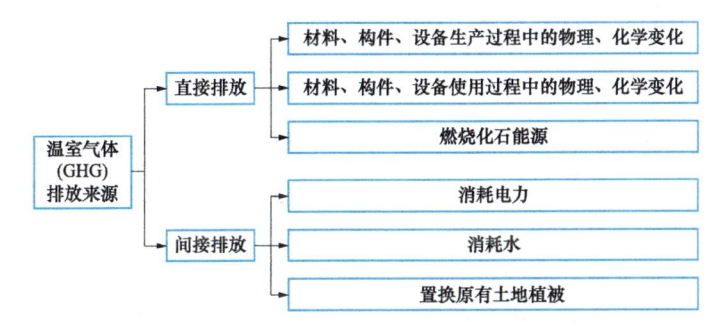

图 2-1 建筑生命周期温室气体排放的来源核算范围

建筑生命周期中的本身如材料、构件等构成物，或如消耗化石能源、电力或可再生能源的设备等主要附属物，其产生的温室气体排放核算遵循的原则是：建筑的本身构成或附属物全部或部分使用时期是在建筑中发生的，要核算建筑的这些本身构成及附属物从原料开采、生产、运输、安装、使用、维修、废弃处理等过程中自身产生的直接温室气体排放或因耗能产生的化石燃料燃烧等直接或耗费电力间接温室气体排放。

> **知识拓展**
>
> 对于涉及建筑生命周期的各个阶段中的建筑工人、维修工人等人员和施工、维修、拆除过程中使用到的各种机械工具，只考虑人工作或工具使用过程中因耗能产生的直接或间接温室气体排放。
>
> 建筑生命周期中的主要附属物范围应设定为：保证建筑的照明、通风、调节温度、调节湿度、提供热水、电梯运输等功能的设备，如照明灯具、通风、制冷、取暖、除湿、增湿、热水器、电梯等设备，不包括建筑使用者的办公、日用、烹饪、娱乐等设备。这是因为办公、日用、烹饪、娱乐等设备能耗量的多少更多地与用户使用习惯相关，与建筑本身的属性关系不大。

2.2 建筑温室气体核算清单

2.2.1 建筑温室气体核算清单范围

建筑领域排放温室气体清单指从建筑材料、构件、设备的原材料开采、运输，到工厂生产、运输，直到建筑工地产生的温室气体排放，即"摇篮到现场"的过程，形成物化温室气体清单。

建筑材料、构件、设备温室气体清单的核算内容包括以下七部分：
（1）原材料开采、生产流程中的物理、化学变化产生的温室气体。
（2）原材料开采、生产流程中使用机械消耗化石能源、电力、水产生的温室气体。
（3）运输原材料至建筑材料、构件、设备工厂产生的温室气体，可能途经若干仓库。
（4）运输原材料至建筑材料、构件、设备流程中的物理、化学变化产生的温室气体。
（5）生产建筑材料、构件、设备流程中消耗化石能源、电力、水产生的温室气体。
（6）运输建筑材料、构件、设备至建筑工地产生的温室气体排放，可能途经若干仓库。
（7）建筑材料、构件、设备从原材料开采、运输至生产、运输至建筑工地过程中人员办公、工作消耗化石能源、电力、水产生的温室气体。

需要注意的是，在建筑材料、构件、设备生产过程中，存在回收废弃材料并重新加工形成新产品的过程，即制造建筑材料、构件、设备的原材料可能是循环利用的材料。这一过程与直接从自然界中开采建筑材料、构件、设备的原材料并进行生产的过程并不相同，产生温室气体的量也不同，需要核算废弃材料回收和重新加工过程中因物理、化学变化产生的温室气体及使用机械消耗化石能源、电力产生的温室气体。这意味着建筑材料、构件、设备温室气体清单的核算内容第（1）~（3）项温室气体的排放源不同，如图2-2所示。在核算某种材料、构件、设备的温室气体排放清单时，需要根据其采用原材料的来源比例计算核算内容的第（1）~（3）项。

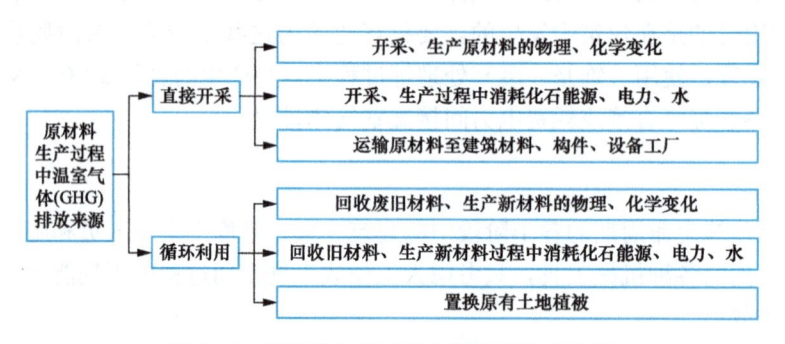

图2-2 原材料生产过程中温室气体的来源

建筑的维护和改造过程中取材料、构件、设备的温室气体排放因子时，需要考虑其温室气体排放清单的时效性，即随着时间的推进，生产技术发展更新会导致生产过程中温室气体排放量产生变化，能耗的排放因子也会产生变化，从而导致材料、构件、设备温室气体排放清单的变化。

2.2.2　建筑温室气体排放清单核算方法

核算建筑生命周期温室气体排放时，电力、水，以及建筑材料、构件、设备温室气体的排放清单需要全社会各行业的合作，由对应的生产行业组织、协会或政府监管部门制定温室气体核算规则，由各个企业核算得出电力、水、材料、构件、设备、家具、电器等产品的物化温室气体排放清单。

当国家或地方还未形成较为完善的产品温室气体排放清单时，核算建筑生命周期温室气体排放需要根据有限的数据信息对温室气体排放清单进行合理的调整，使从不同信息源搜集到的数据在核算规则、核算年限以及简化处理方法上具有一致性。例如果建筑中使用的设备、电器等无法得到物化温室气体排放数据时，可约算设备、电器的铁、铜、塑料等主要初级的比例，用材料的物化温室气体排放清单推算设备、电器的温室气体排放数据，而材料的组装、生产过程中排放的温室气体可以按照一定系数纳入计算范围或不纳入计算范围。

2.3 建筑生命周期温室气体核算

2.3.1 建筑生命周期温室气体核算范围

将建筑视为一个产品，建筑的生命周期从生产形成到拆除销毁包括以下四个阶段。

1. 建筑的建设施工阶段

温室气体排放的核算包括：

（1）机械、工具消耗化石能源、电力产生的温室气体。

（2）施工过程消耗水产生的温室气体。

（3）运输废土、废料至其他场地消耗化石能源产生的温室气体。

（4）现场人员办公设施消耗化石能源、电力、水产生的温室气体。

（5）使用的建筑材料、构件包含的物化温室气体，根据对应的温室气体清单计算。

（6）安装的各种设备所包含的物化温室气体，如公共通风、取暖、制冷、热水、照明、电梯设备，太阳能光电系统、风能系统、地热系统、生物能系统等各类可再生能源设备及各种管道、线路铺设等。

（7）置换原有土地植被造成吸收温室气体的减少量。

建筑现场需要核算所有进入施工现场地的材料、构件，包括直接用于建筑组成的材料、构件和用于施工辅助的材料、构件。在施工现场使用完成其生命周期的辅助材料、构件需要将其物化温室气体纳入核算体系，如木模板、木支撑等；在施工现场未完成其生命周期，可用于其他项目的辅助材料、构件，根据其周转次数通过折算将物化温室气体纳入核算体系，如钢脚手架、活动房墙板等。

2. 建筑的运行阶段

温室气体排放的核算包括：

（1）公共区域设备消耗化石能源、电力、水产生的温室气体，如公共通风、取暖、制冷、热水、照明、电梯设备等。

（2）用户设备消耗化石能源、电力、水产生的温室气体，如空调、电热器、热水器、照明设备等。

（3）公共区域设备使用过程中直接释放排出的温室气体，如氟利昂类制冷剂的蒸发消散等。

（4）用户设备使用过程中直接释放排出的温室气体。

（5）用户的取暖、制冷热水、照明等设备包含的物化温室气体，根据对应的温室气体清单计算。

（6）太阳能光电系统、风能系统、地热系统、生物能系统等各类可再生设备生产的可再生能源抵消的温室气体排放，用负值计算。

（7）置换原有土地植被造成吸收温室气体的减少量。

建筑运行阶段中，公共区域设备与用户设备的界限根据建筑类型不同，如商用、民用等，会有所不同，如通风、取暖、制冷、照明设备等，既可能属于建筑的公共区域，也可能属于个人用户区域。设备归属界限的主要区分原则是：设备的购置、管理、使用如果由统一的物业部门承担，则属于公共区域的范围；如果由用户承担，则属于用户的范围。例如建筑的取暖设备是物业部门统一安装并运行，住户无法调节或关闭设备，如暖气片、地暖等属于公共区域的范围；如建筑的取暖设备是用户自行购置、安装并运行，如空调、电暖器等属于用户的范围。

> **知识拓展**
> 将可再生能源设备生产的可再生能源抵消的温室气体排放用负值计算的原因是：建筑配备的可再生能源设备生产的可再生能源（如电力）有可能多于建筑本身需要的能源，多出来的能源则可以通过一定技术供给社会使用（例如家庭电力上网），社会再通过购买、补贴等方式补偿给建筑用户。采用这样的核算方式更易于清楚地分析和评估可再生能源设备对温室气体减排作出的贡献，有可能促成"零排放"建筑甚至"负排放"建筑的形成。例如白天住宅中的住户外出上班，建筑配备的太阳能光电设备可以生产一定量的电能，一部分存储于住宅中的电池中，供住户夜晚使用；一部分则通过电力上网技术供给工厂、办公楼等公共建筑使用。

3. 建筑的维护、改造阶段

温室气体排放的核算包括：

（1）机械、工具消耗化石能源、电力产生的温室气体。

（2）维护、改造过程消耗水产生的温室气体。

（3）运输废物、废料至其他场地消耗化石能源产生的温室气体。

（4）现场人员办公设施消耗化石能源、电力、水产生的温室气体。

（5）使用的建筑材料、构件包含的物化温室气体。

（6）替换使用的各种设备所包含的物化温室气体。

建筑维护、改造过程中因材料、构件造成温室气体排放的核算方法与建筑建设施工过程中的核算方法一致。

4. 建筑的拆除、废物处理阶段

温室气体排放的核算包括：

（1）机械、工具消耗化石能源、电力产生的温室气体。

（2）建筑的拆除、废物处理过程消耗水产生的温室气体。

（3）运输废物废料至其他场地消耗化石能源产生的温室气体。

（4）废物废料处理消耗化石能源、电力、水产生的温室气体。

（5）人员办公设施消耗化石能源、电力、水产生的温室气体。

(6) 废物废料填埋处理毁坏原有土地植被造成吸收温室气体的减少量。

废物废料处理阶段中，仅核算废物废料进行填埋、降解等最终处理过程中产生的温室气体。对于废物废料回收利用生产新产品过程中产生的温室气体不予核算，避免与建筑材料、构件、设备的温室气体清单中的温室气体的核算发生重复。

建筑生命周期温室气体排放核算范围见表2-1。公共区域的大型设备通常在建筑的施工阶段或维护改造阶段进行安装或更新，用户设备在建筑的运行阶段随时可能进行安装或更新，故将公共区域设备包含的物化温室气体排放纳入施工段和维护改造阶段，将用户设备包含的物化温室气体排放纳入运行阶段。

表2-1 建筑生命周期温室气体排放核算范围

温室气体排放核算项目	施工阶段	运行阶段	维护改造阶段	拆除处理阶段
建筑材料、构件、公共区域设备包含的物化温室气体	√	—	√	—
用户设备包含的物化温室气体	—	√	—	—
机械、设备、运输等工具消耗化石能源、电力、水产生的温室气体	√	—	√	√
人员办公设施消耗化石能源、电力、水产生的温室气体	√	—	√	√
公共区域设备及用户设备消耗化石能源、电力、水产生的温室气体	—	√	—	—
公共区域设备及用户设备使用中直接释放排出的温室气体	—	√	—	—
可再生能源设备生产的可再生能源抵消的温室气体排放（负值）	—	√	—	—
置换土地植被造成吸收温室气体的减少量	√	√	—	√
废物废料处理消耗化石能源、电力、水产生的温室气体	—	—	—	√

2.3.2 建筑生命周期各阶段温室气体排放核算

将建筑生命周期温室气体排放的总量表示为 Q，建设施工阶段、运营使用阶段、维护改造阶段、拆除处理阶段温室气体排放量分别为 Q_C、Q_O、Q_M、Q_D，单位都为吨-二氧化碳当量，则有如下公式，其中一些公式参考了既有研究的成果。

$$Q = Q_C + Q_O + Q_M + Q_D \tag{2-1}$$

1. 建筑的建设施工阶段

建设施工阶段温室气体排放量 Q_C 的核算公式为

$$Q_C = Q_{CE} + Q_{CR} + Q_{CL} \tag{2-2}$$

其中，Q_{CE} 为建筑材料、构件、公共区域设备包含的物化温室气体排放量。这部分排放主要来源于建筑材料的生产、运输以及公共区域设备的制造和使用过程中所产生的温室气体；Q_{CR} 为现场施工、办公、运输消耗资源（化石能源、电力、水）产生的温室气体；Q_{CL} 为施工时置换土地植被造成吸收温室气体的减少量。

Q_{CE} 的核算公式为

$$Q_{CE} = \sum_{i=1}^{m} q_i f_i \tag{2-3}$$

其中，q_i 为第 i 种建筑材料、构件、公共区域设备的数量，计量单位是 t、m、m^2、m^3、件、台等；f_i 为第 i 种建筑材料、构件、公共区域设备"从摇篮到现场"（即包括生产和运输）的物化温室气体排放因子，单位为吨－二氧化碳当量/相对应的计量单位；m 为建筑材料、构件、公共区域设备的种类数目。

【例 2-1】 某建筑项目在施工阶段的主要活动包括：

（1）建筑材料运输：运输距离为 100km，使用柴油卡车，每公里排放 $0.2kg\ CO_2$。

（2）现场施工机械：使用柴油挖掘机和起重机，总耗油量为 5 000L，每升柴油排放 $2.68kg\ CO_2$。

（3）施工用电：总用电量为 100 000kWh，电力碳排放因子为 $0.5kg\ CO_2/kWh$。

（4）施工废弃物处理：产生废弃物 50t，处理每吨废弃物排放 $0.1kg\ CO_2$。

请计算该建筑项目在施工阶段的总温室气体排放量。

解：步骤如下：

（1）建筑材料运输排放。

运输距离：100km

每公里排放：$0.2kg\ CO_2$

总排放：$100 \times 0.2 = 20$ （$kg\ CO_2$）

（2）现场施工机械排放。

总耗油量：5 000L

每升柴油排放：$2.68kg\ CO_2$

总排放：$5\ 000 \times 2.68 = 13\ 400$ （$kg\ CO_2$）

（3）施工用电排放。

总用电量：100 000kWh

电力碳排放因子：$0.5kg\ CO_2/kWh$

总排放：$100\ 000 \times 0.5 = 50\ 000$ （$kg\ CO_2$）

（4）施工废弃物处理排放。

废弃物总量：50t

每吨废弃物排放：$0.1kg\ CO_2$

总排放：$50 \times 0.1 = 5$ （$kg\ CO_2$）

（5）总温室气体排放量。

总排放＝运输排放＋施工机械排放＋施工用电排放＋废弃物处理排放

总排放＝$20 + 13\ 400 + 50\ 000 + 5 = 63\ 425$ （$kg\ CO_2$）

该建筑项目在施工阶段的总温室气体排放量为 $63\ 425kg\ CO_2$。

Q_{CR} 的核算公式为

$$Q_{CR} = \sum_{j=1}^{n} r_j e_j \tag{2-4}$$

其中，r_j 为第 j 种资源的消耗量，计量单位是 t、L、kWh 等；e_j 为第 j 种资源的物化温室气体排放因子，单位为吨－二氧化碳当量/相对应的计量单位；n 为消耗资源的种类数目。

Q_{CL} 的核算公式为

$$Q_{CL} = Q_{CL}^{E} - Q_{CL}^{N} = \sum_{k=1}^{s^{E}} p_k^{E} g_k^{E} t - \sum_{l=1}^{s^{N}} p_l^{N} g_l^{N} t \tag{2-5}$$

其中，Q_{CL}^E 为建筑建设之前原土地上植被在建设施工期相同时间内吸收温室气体的量；Q_{CL}^N 为建设施工期间土地上植被吸收温室气体的量；p_k^E 为建设施工前原土地上第 k 种植物的计量单位数量，计量单位是株、m² 等；g_k^E 为建设施工前原土地上计量单位的第 k 种植物在单位时间（通常为年）内吸收温室气体的量，单位为吨-二氧化碳当量/相对应的计量单位·年；S^E 为建筑建设之前原土地上植物的种类数；p_l^N 为建设施工期现场第 l 种植物的计量单位数量；g_l^N 为建设施工期现场计量单位的第 l 种植物在单位时间（通常为年）内吸收温室气体的量；S^N 为建设施工期现场植物的种类数目；t 为建设施工期长度，单位为年。

2. 建筑的运营使用阶段

运营使用阶段温室气体排放量 Q_O 的核算公式为

$$Q_O = Q_{OE} + Q_{OR}^P + Q_{OR}^H + Q_{OD}^P + Q_{OD}^H + Q_{OL} - Q_{OS} \tag{2-6}$$

其中，Q_{OE} 为用户设备包含的物化温室气体；Q_{OR}^P 为公共区域设备消耗资源（化石能源、电力、水）产生的温室气体；Q_{OR}^H 为用户设备消耗资源（化石能源、电力、水）产生的温室气体；Q_{OD}^P 为公共区域设备使用中直接释放排出的温室气体；Q_{OD}^H 为用户设备使用中直接释放排出的温室气体；Q_{OL} 为相比较建筑建造之前置换土地植被造成吸收温室气体的减少量；Q_{OS} 为可再生能源设备产生的可再生能源抵消的温室气体排放。

Q_{OE} 的核算公式为

$$Q_{OE} = \sum_{i=1}^{m} q_i f_i \tag{2-7}$$

其中，q_i 为第 i 种用户设备的数量，计量单位是个、件、台等；f_i 为第 i 种用户设备"从摇篮到现场"（即包括生产和运输）的物化温室气体排放因子，单位为吨-二氧化碳当量/相对应的计量单位；m 为用户设备的种类数目。

Q_{OR}^P、Q_{OR}^H 都遵循 Q_{OR} 的核算公式为

$$Q_{OR} = \sum_{j=1}^{n} r_j e_j \tag{2-8}$$

其中，r_j 为第 j 种资源的消耗量，计量单位是 t、L、kWh 等；e_j 为第 j 种资源的物化温室气体排放因子，单位为吨-二氧化碳当量/相对应的计量单位；n 为消耗资源的种类数目。

Q_{OD}^P、Q_{OD}^H 都遵循 Q_{OD} 的核算公式为

$$Q_{OE} = \sum_{i=1}^{m} q_i h_i t \tag{2-9}$$

其中，q_i 为第 i 种设备的数量，计量单位是个、件、台等；h_i 为第 i 种设备单位时间（通常为年）直接释放温室气体的排放量，单位为吨-二氧化碳当量/年；t 为建筑运行期长度，单位为年；m 为用户设备的种类数目。

Q_{OL} 的核算公式为

$$Q_{OL} = Q_{OL}^E - Q_{OL}^N = \sum_{k=1}^{S^E} p_k^E g_k^E t - \sum_{l=1}^{S^N} p_l^N g_l^N t \tag{2-10}$$

其中，Q_{OL}^E 为建筑建设前原土地上植被在建设施工期相同时间内吸收温室气体的量；Q_{OL}^N 为建筑运行期间土地上植被吸收温室气体的量；p_k^E 为建筑建设前原土地上第 k 种植物的计量单位数量，计量单位是株、m² 等；g_k^E 为建设施工前原土地上计量单位的第 k 种植物在单

时间（通常为年）内吸收温室气体的量，单位为吨-二氧化碳当量/相对应的计量单位·年；S^E 为建筑建设之前原土地上植物的种类数目；p_l^N 为建筑运行期间第种植物的计量单位数量；g_l^N 为建筑运行期间计量单位的第 l 种植物在单位时间（通常为年）内吸收温室气体的量；S^N 为建筑运行期间植物的种类数目；t 为建筑运行期长度，单位为年。

Q_{OS} 的核算公式为

$$Q_{OS} = \sum_{h=1}^{a} w_h c_h \qquad (2-11)$$

其中，w_h 为建筑运行过程中可再生能源设备产生的第 h 种能源量，单位为 kWh、MJ 等；c_h 为当地采用一般方式生产第 h 种能源的物化温室气体排放因子，单位为吨-二氧化碳当量/kWh、吨-二氧化碳当量/MJ 等。

【例 2-2】 某办公建筑在运营阶段的主要活动包括：

(1) 建筑用电：年用电量为 500 000kWh，电力碳排放因子为 0.5kg CO_2/kWh。

(2) 建筑用天然气：年用气量为 50 000m³，天然气碳排放因子为 2.0kg CO_2/m³。

(3) 建筑用水：年用水量为 10 000m³，水处理碳排放因子为 0.3kg CO_2/m³。

(4) 建筑维护材料：年使用维护材料（如油漆、清洁剂等）产生碳排放为 1 000kg CO_2。

(5) 建筑废弃物处理：年产生废弃物 20t，处理每吨废弃物排放 0.1kg CO_2。

假设建筑运营寿命为 50 年，请计算该建筑在运营阶段的总温室气体排放量。

解： 步骤如下：

(1) 建筑用电排放。

年用电量：500 000kWh

电力碳排放因子：0.5kg CO_2/kWh

年排放量：500 000×0.5＝250 000（kg CO_2）

50 年总排放量：250 000×50＝12 500 000（kg CO_2）

(2) 建筑用天然气排放。

年用气量：50 000m³

天然气碳排放因子：2.0kg CO_2/m³

年排放量：50 000×2.0＝100 000（kg CO_2）

50 年总排放量：100 000×50＝5 000 000（kg CO_2）

(3) 建筑用水排放。

年用水量：10 000m³

水处理碳排放因子：0.3kg CO_2/m³

年排放量：10 000×0.3＝3 000（kg CO_2）

50 年总排放量：3 000×50＝150 000（kg CO_2）

(4) 建筑维护材料排放。

年排放量：1 000kg CO_2

50 年总排放量：1 000×50＝50 000（kg CO_2）

(5) 建筑废弃物处理排放。

年废弃物量：20t

处理每吨废弃物排放：0.1kg CO_2

年排放量：20×0.1＝2（kg CO_2）

50 年总排放量：2×50＝100（kg CO_2）

(6) 总温室气体排放量。

总排放＝用电排放＋天然气排放＋用水排放＋维护材料排放＋废弃物处理排放

总排放＝12 500 000＋5 000 000＋150 000＋50 000＋100＝17 700 100（kg CO_2）

该建筑在运营阶段（50 年）的总温室气体排放量为 17 700 100kg CO_2（即 17 700.1t CO_2）。

核算时，如果当地具备了将生产出来多余的能源供给社会使用的条件（例如家庭电力上网），当建筑本身的可再生能源产量足够大时，建筑运行阶段的温室气体排放 Q_O 可能成为负值；如果不具备将单体建筑生产的可再生能源供给社会的条件，则建筑运行阶段的温室气体排放 Q_O 最低值为零。

3. 建筑的维护改造阶段

维护改造阶段温室气体排放量 Q_M 的核算公式为

$$Q_M = Q_{ME} + Q_{MR} \tag{2-12}$$

其中，Q_M 为替换的建筑材料、构件、公共区域设备包含的物化温室气体；Q_{MR} 为维护、改造现场施工、办公、运输消耗资源（化石能源、电力、水）产生的温室气体。

Q_{ME} 的核算公式为

$$Q_{ME} = \sum_{i=1}^{m} q_i f_i \tag{2-13}$$

其中，q_i 为第 i 种建筑材料、构件、公共区域设备的数量，计量单位是 t、m、m^2、m^3、件、台等；f_i 为第 i 种建筑材料、构件、公共区域设备"从摇篮到现场"（即包括生产和运输）的物化温室气体排放因子，单位为吨-二氧化碳当量/相对应的计量单位；m 为建筑材料、构件、公共区域设备的种类数目。

Q_{MR} 的核算公式为

$$Q_{MR} = \sum_{j=1}^{n} r_j e_j \tag{2-14}$$

其中，r_j 为第 j 种资源的消耗量，计量单位是 t、L、kWh 等；e_j 为第 j 种资源的物化温室气体排放因子，单位为吨-二氧化碳当量/相对应的计量单位；n 为消耗资源的种类数目。

【例 2-3】 某住宅建筑在维护阶段的主要活动包括：

(1) 外墙维护：每 10 年进行一次外墙维护，每次维护使用涂料 1 000kg，涂料生产碳排放因子为 2.5kg CO_2/kg。

(2) 屋顶维护：每 15 年进行一次屋顶维护，每次维护使用沥青卷材 500kg，沥青卷材生产碳排放因子为 3.0kg CO_2/kg。

(3) 设备更换：每 20 年更换一次 HVAC 系统（供暖、通风和空调系统），每次更换产生碳排放为 5 000kg CO_2。

(4) 日常维护材料：每年使用日常维护材料（如清洁剂、灯具等）产生碳排放为 200kg

CO_2。

假设建筑使用寿命为60年，请计算该建筑在维护阶段的总温室气体排放量。

解： 步骤如下：

（1）外墙维护排放。

维护频率：每10年一次

维护次数：60÷10=6（次）

每次维护涂料用量：1 000kg

涂料生产碳排放因子：2.5kg CO_2/kg

每次维护排放量：100×2.5=2 500（kg CO_2）

总排放量：2 500×6=15 000（kg CO_2）

（2）屋顶维护排放。

维护频率：每15年一次

维护次数：60÷15=4（次）

每次维护沥青卷材用量：500kg

沥青卷材生产碳排放因子：3.0kg CO_2/kg

每次维护排放量：500×3.0=1 500（kg CO_2）

总排放量：1 500×4=6 000（kg CO_2）

（3）设备更换排放。

更换频率：每20年一次

更换次数：60÷20=3（次）

每次更换碳排放量：5 000kg CO_2

总排放量：5 000×3=15 000（kg CO_2）

（4）日常维护材料排放。

年排放量：200kg CO_2

60年总排放量：200×60=12 000（kg CO_2）

（5）总温室气体排放量。

总排放=外墙维护排放+屋顶维护排放+设备更换排放+日常维护材料排放

总排放=1 500+6 000+15 000+12 000=48 000（kg CO_2）

该建筑在维护阶段（60年）的总温室气体排放量为48 000kg CO_2（即48t CO_2）。

4. 建筑的拆除处理阶段

建筑的拆除、废物处理阶段温室气体排放量 Q_D 的核算公式为

$$Q_D = Q_{DR}^D + Q_{DR}^W + Q_{DL} \tag{2-15}$$

其中，Q_{DR}^D 为建筑的拆除、废料运输消耗资源（化石能源、电力、水）产生的温室气体；Q_{DR}^W 为废物处理消耗资源（化石能源、电力、水）产生的温室气体；Q_{DL} 为废物废料填埋处理毁坏原有土地植被造成吸收温室气体的减少量。

Q_{DR}^D、Q_{DR}^W 遵循 Q_{DR} 的核算公式为

$$Q_{DR} = \sum_{j=1}^{n} r_j e_j \tag{2-16}$$

其中，r_j 为第 j 种资源的消耗量，计量单位是 t、L、kWh 等；e_j 为第 j 种资源的物化温室气体排放因子，单位为吨-二氧化碳当量/相对应的计量单位；n 为消耗资源的种类数目。

Q_{DL} 的核算公式为

$$Q_{DL} = \sum_{k=1}^{s} p_k g_k t \qquad (2-17)$$

其中，p_k 为建筑建设前原土地上第 k 种植物的计量单位数量，计量单位是株、m^2 等；g_k 为建设施工前原土地上计量单位的第 k 种植物在单位时间（通常为年）内吸收温室气体的量，单位为吨-二氧化碳当量/相对应的计量单位·年；s 为建筑建设之前原土地上植物的种类数目；t 为土地被破坏的时间长度，即在被破坏的土地上重新生长出植被的时间，这里可以通过假设确定，单位为年。

【例 2-4】 某商业建筑在拆除阶段的主要活动包括：

(1) 建筑拆除机械：使用柴油挖掘机和破碎机，总耗油量为 10 000L，每升柴油排放 2.68kg CO_2。

(2) 建筑废弃物运输：产生废弃物 1 000t，运输距离为 50km，使用柴油卡车，每公里排放 0.2kg CO_2/t。

(3) 建筑废弃物处理：废弃物处理方式为填埋，每吨废弃物处理排放 0.3kg CO_2。

(4) 建筑材料回收：回收钢材 100t，每吨钢材回收减少碳排放 1.5t CO_2。

请计算该建筑在拆除阶段的总温室气体排放量。

解： 步骤如下：

(1) 建筑拆除机械排放。

总耗油量：10 000L

每升柴油排放：2.68kg CO_2

总排放量：10 000×2.68＝26 800（kg CO_2）

(2) 建筑废弃物运输排放。

废弃物总量：1 000t

运输距离：50km

每公里排放因子：0.2kg CO_2/t·km

总排放量：1 000×50×0.2＝10 000（kg CO_2）

(3) 建筑废弃物处理排放。

废弃物总量：1 000t

每吨废弃物处理排放：0.3kg CO_2

总排放量：1 000×0.3＝300（kg CO_2）

(4) 建筑材料回收减排。

回收钢材量：100t

每吨钢材回收减排：1.5t CO_2＝1 500kg CO_2

总减排量：100×1 500＝15 000（kg CO_2）

(5) 总温室气体排放量。

总排放＝拆除机械排放＋废弃物运输排放＋废弃物处理排放－材料回收减排

总排放＝26 800＋10 000＋300－150 000＝－112 900（kg CO_2）

该建筑在拆除阶段的总温室气体排放量为－112 900kg CO_2（即净减排 112.9t CO_2）。负值表示由于材料回收的减排量大于拆除阶段的排放量，整体实现了碳减排。

2.3.3 温室气体排放核算数据获得的方法

建筑生命周期中温室气体排放的核算数据准则为：有真实数据的情况下以真实数据优先；无法获得真实数据的情况下，采用概预算、计算机模拟等方法获得核算数据。进行项目方案的比选、决策时，通常采用模拟数据进行计算。如今建筑计算机软件技术的普及和发展使建筑相关数据的模拟更加快速和精确，特别是建筑信息模型（Building Information Model，BIM）技术的发展将建筑的设计方案、材料选用、施工流程、用户使用等相关信息进行集成，可以推动建筑生命周期温室气体排放核算体系的应用。例如 DOE－2、EnergyPlus、TRNSYS、PK PM－CHEC、DeST、eQUEST、Blast、Hasp、TRACE 等建筑能耗模拟软件可以通过输入一定的建筑设计参数及气候条件参数模拟建筑能耗数据，但需要注意的是，这些软件各自具有特点和适用范围，在进行项目方案的比选、决策时，需要采用统一的模拟假设和模拟方法，使模拟结果具备可比性。

思 考 题

1. 建筑领域排放温室气体清单指从_____、_____、_____的原材料开采、运输，到工厂_____、_____，直到建筑工地产生的温室气体排放，即"摇篮到现场"的过程，形成物化温室气体清单。

2. $Q＝Q_C＋Q_O＋Q_M＋Q_D$ 中 Q_C 表示_____温室气体排放量。

3. 一般来讲，建筑生命周期中温室气体排放的核算数据准则为：有真实数据的情况下以_____优先；无法获得真实数据的情况下，采用_____、_____等方法获得核算数据。

4. 根据 ISO14040：2006 中对于 LCA 研究对象的边界确定指导，设定核算建筑生命周期温室气体排放的来源有哪些？

5. 将建筑视为一个产品，建筑的生命周期从生产形成到拆除销毁包括哪四个阶段？

6. 简述建筑生命周期中温室气体排放的核算数据准则。

7. 简述建筑运行阶段温室气体排放的核算内容。

第 3 章　建筑生命周期温室气体排放责任

知识目标

1. 建筑生命周期主要利益相关方
2. 建筑生命周期温室气体排放来源
3. 建筑生命周期利益相关方温室气体排放责任

能力目标

1. 理解建筑生命周期中的主要利益相关方及其角色
2. 掌握建筑生命周期温室气体排放的主要来源
3. 应用温室气体排放责任划分原则
4. 分析不同建筑建设模式下的温室气体排放责任

思政目标

通过讲解建筑生命周期利益相关方温室气体排放责任相关内容，培养学生良好的职业道德、精益求精的工作态度。

3.1　建筑生命周期主要利益相关方

建筑生命周期温室气体排放责任是一个复杂而多维的问题，它涉及建筑生命周期的各个阶段以及多个利益相关方。

1. 建筑生命周期温室气体排放的责任

建筑生命周期温室气体排放的责任是基于建筑生命周期中各利益相关方对温室气体排放的影响而建立的。包括建设方、设计方、供应方、施工方、业主方、使用方、服务方以及政府方等利益相关方。

（1）建设方。负责建筑项目的整体规划和实施，对建筑材料的选择、施工工艺的确定等具有决策权，因此承担一定的温室气体排放责任。

（2）设计方。负责建筑设计，包括建筑结构设计、暖通空调设计、给排水设计等，设计方案的优劣直接影响建筑的能耗和温室气体排放。

（3）供应方。提供建筑材料、设备等，其产品的能耗和排放性能直接影响建筑的温室气体排放量。

（4）施工方。负责建筑施工过程，包括施工机械的使用、施工方法的选择等，这些都会对温室气体排放产生影响。

（5）业主方和使用方。负责建筑的使用和维护，其使用行为（如是否使用节能设备、是否进行节能改造等）直接影响建筑的能耗和温室气体排放。

（6）服务方。如物业管理公司、资源提供部门（供电、供暖、供气、供水等）和废物处理部门等，其服务质量和效率也会影响建筑的温室气体排放。

（7）政府方。负责制定和执行建筑相关的环保政策和标准，对建筑的温室气体排放具有监管责任。

2. 温室气体排放责任划分的原则

在建筑的生命周期中，温室气体排放责任的划分应遵循以下原则：

（1）责任划分原则。根据《气候变化框架公约》中的规定，对于温室气体减排的责任划分应遵循"共同但有区别的责任原则"。这意味着所有利益相关方都应共同承担责任，但根据其在建筑生命周期中的不同角色和影响力，其责任大小应有所区别。具体来说，如果某个利益相关方有决定温室气体排放多少的能力，则它应对该部分温室气体的排放承担责任。若某部分温室气体排放的多少由多方利益相关方共同决定，则这些利益相关方对该部分温室气体的排放共同承担责任。

（2）各利益相关方的责任。

1）建设方。

责任：作为项目的发起者和组织者，建设方在项目规划、设计和施工阶段对温室气体排放有重要影响。

具体措施：应选择环保型建筑材料，优化建筑设计以减少能耗，并确保施工过程中的能源高效利用。

2）设计方。

责任：设计方负责建筑的设计工作，包括结构设计、能源系统设计等，这些都会直接影响建筑的能耗和温室气体排放。

具体措施：应采用先进的节能设计理念和技术，如被动式建筑设计、高效能源系统等，以降低建筑的能耗和温室气体排放。

3）供应方。

责任：供应方提供建筑材料和设备，这些材料和设备的生产和运输过程中都会产生温室气体排放。

具体措施：应选择低碳环保的建筑材料和设备，并优化运输方式以减少运输过程中的碳排放。

4）施工方。

责任：施工方负责建筑的施工工作，施工过程中的机械运转、能源消耗等都会产生温室气体排放。

具体措施：应采用高效的施工机械和能源利用方式，减少施工过程中的能耗和碳排放。

5）业主方和使用方。

责任：业主方和使用方是建筑的实际使用者和维护者，他们的使用习惯和维护方式会影响建筑的能耗和温室气体排放。

具体措施：应倡导节能低碳的生活方式，如合理使用空调、照明等设备，定期进行建筑维护以提高能效。

6）政府。

责任：政府在建筑生命周期温室气体排放中扮演着重要角色，通过制定政策、法规和标准来引导和规范建筑行业的节能减碳工作。

具体措施：应出台相关政策和法规，鼓励和支持建筑行业采用低碳技术和产品，同时加强对建筑能耗和温室气体排放的监管。

3. 减少建筑生命周期温室气体排放的措施

为了减少建筑生命周期的温室气体排放，可以采取以下措施：

（1）优化建筑设计。通过优化建筑设计，采用高效的建筑外墙材料，改善隔热和保温性能，减少建筑的能耗和温室气体排放。

（2）使用低碳建材。选择低碳、环保的建筑材料，如使用再生材料、绿色建材等，减少建材生产过程中的温室气体排放。

（3）提高施工效率。采用先进的施工工艺和设备，提高施工效率，减少施工过程中的能耗和温室气体排放。

（4）推广节能设备。在建筑使用过程中，推广使用节能设备，如高效节能灯具、节能空调等，降低建筑的能耗和温室气体排放。

（5）加强建筑维护。定期对建筑进行维护和保养，确保建筑设备的正常运行和节能效果。

（6）实施碳补偿。对于无法避免的温室气体排放，可以通过实施碳补偿项目来抵消部分或全部排放。

4. 建筑生命周期温室气体排放的责任分担

建筑生命周期温室气体排放的责任分担是一个涉及多个利益相关方的复杂问题，需要各利益相关方共同努力来减少生命周期的温室气体排放。通过优化建筑设计、使用低碳建材、提高施工效率、推广节能设备、加强建筑维护，以及实施碳补偿等措施，能够有效地减少建筑生命周期的温室气体排放。建筑涉及材料生产、施工、运营、拆除与回收等多个阶段，以及不同利益相关方的角色。以下从责任主体、方法论和政策框架等方面展开分析。

（1）建筑生命周期的主要阶段及排放来源。

1）材料生产阶段（隐含碳），包括水泥、钢材、玻璃等建材的开采、加工和运输产生的碳排放，通常占建筑全生命周期排放的20%～40%（根据建筑类型和材料选择差异）。责任主体包括建材生产商、供应链企业、建筑设计师（材料选择）。

2）施工阶段。施工机械能耗、废弃物处理等直接排放，占比相对较小（约5%～10%）。责任主体包括承包商、施工企业（施工技术优化）。

3）运营阶段。建筑使用中的能源消耗（供暖、制冷、照明等），占全生命周期排放的50%～70%。责任主体包括业主、使用者（能耗行为）、物业管理方（能效管理）。

4）拆除与回收阶段。拆除能耗、废弃物填埋或再利用的碳排放（约10%～20%）。责任主体包括拆除企业、回收机构、政策制定者（循环经济政策）。

（2）量化工具与方法。全生命周期评估（LCA）国际标准（ISO 14040/14044）为建筑碳排放核算提供框架，但数据透明度和地域差异仍是挑战。

碳足迹认证体系 LEED、BREEAM 等绿色建筑认证将 LCA 纳入评分，推动行业标准化。数字技术应用 BIM（建筑信息模型）结合 LCA 工具，可在设计阶段优化碳排放预测。

建筑碳排放责任的分配需结合"全链条共担"原则，通过政策强制（如碳法规）、市场激励（如碳交易）和技术创新（如 LCA 工具）协同推进。未来需强化生产者责任、提升用户意识，并通过国际合作缩小区域差异，最终实现建筑行业的深度脱碳。

根据建筑的用途不同，其生命周期中主要的利益相关方也不同。建筑根据用途不同，主要分为民用建筑、工业建筑、农业建筑、军用建筑等大类，其中民用建筑占比最大。根据《民用建筑设计统一标准》（GB 50352—2019），民用建筑按使用功能可分为居住建筑和公共建筑两大类，具体的分类如图 3-1 所示。

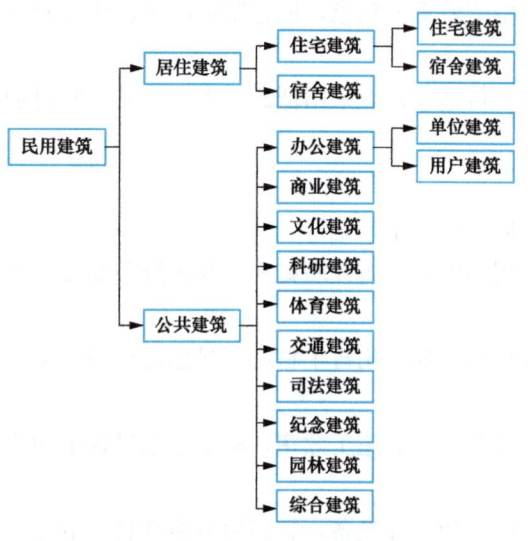

图 3-1 民用建筑按使用功能分类

民用建筑生命周期中的利益相关方可采用的划分方法、名称各不相同，但总体上可将利益相关方分为建设方、设计方、供应方、施工方、业主方、使用方、服务方、政府方，归纳对建筑生命周期中利益相关方的划分，可得到具体的利益相关方见表 3-1。

表 3-1　　　　　　　　　　建筑生命周期中利益相关方

利益相关方		温室气体排放项目
建设方	投资人	基金、保险、银行、政府、企业、事业单位、个人投资者
	专业建设方	房地产开发公司、项目管理公司、代理咨询机构
设计方	勘测单位	空间勘测、地质勘测
	建筑设计单位	规划设计、概念设计、内部功能设计、暖通空调设计、给排水设计、电气设计、环境设计
	结构设计单位	机构设计院
供应方	材料、构件供应商	建筑材料、建筑预制构件、门窗
	设备供应商	暖通空调设备、给排水设备、电气设备、可再生能源设备供应商、节能改造公司
施工方	施工单位	总承包商、专业分包商、维护改造公司、拆迁公司
	监理单位	质量安全监理公司

续表

利益相关方		温室气体排放项目
业主方	单位	政府、企业、事业单位
	个人	私人业主
使用方	单位	单位自用、单位租赁
	个人	个人自用、个人租赁
服务方	物业管理	物业管理公司
	资源提供部门	供电公司、供暖公司、供气公司、供水公司
	废物处理部门	废物废料回收公司、废弃物填埋处理公司
政府方	中央政府	国务院、国会
	职能管理部门	建设管理部门、税收部门、环保部门、能源管理部门

不同类型建筑的生命周期中,各利益相关方的实际主体可能不同;相同类型的建筑,由于建筑模式的不同或国家、地区的差异,各利益相关方的实际主体也可能不同。

3.2 建筑生命周期温室气体排放来源

对建筑生命周期温室气体排放核算方法进行分析,得出各利益相关方在生产、生活过程中,直接排放温室气体的主要来源见表3-2。温室气体排放的主要来源是温室气体排放至环境最直接的出口,是辨析利益相关方排放责任的基础。

> **☞知识拓展**
> 需要注明的是,虽然消耗电力、水的实际排放以及化石能源的部分排放是在这些资源生产过程中进行的(即资源提供部门),但本教材将消耗化石能源、电力、水等资源的过程视为直接排放温室气体,而资源的排放因子大小则代表了资源提供部门生产过程中温室气体排放的强度。

表3-2 建筑生命周期中利益相关方直接排放的温室气体

利益相关方		温室气体排放项目	说明
建设方	投资人	/	这些单位办公、生产产生的温室气体不纳入核算
	专业建设方	/	
设计方	勘测单位	/	
	建筑设计单位	/	
	结构设计单位	/	
供应方	材料、构件供应商	Q_{CE}, Q_{ME}	材料、构件的物化温室气体
	设备供应商	Q_{ME}, Q_{OE}, Q_{CE}	设备的物化温室气体
施工方	施工单位	Q_{MR}, Q_{CR}, Q_{CL}, Q_{DR}^{D}	消耗资源产生的温室气体、植被置换造成的吸收温室气体减少量
	监理单位	Q_{CR}	办公消耗资源产生的温室气体

续表

利益相关方		温室气体排放项目	说明
业主方	单位	/	不直接消耗资源排放温室气体，业主方与使用方身份重合时，将其视为使用方
	个人	/	
使用方	单位	$Q_{OL}-Q_{OS}$, Q_{OD}^H, Q_{OR}^H	消耗资源产生的温室气体、直接释放的温室气体，植被置换造成的吸收温室气体减少量、可再生能源抵消的温室气体排放
	个人	$Q_{OL}-Q_{OS}$, Q_{OD}^H, Q_{OR}^H	
服务方	物业管理	Q_{OD}^P, Q_{OR}^P	消耗资源产生的温室气体、直接释放的温室气体
	资源提供部门	e	生产可使用的资源（化石能源、电力、水）产生温室气体，影响资源的物化温室气体因子大小
	废物处理部门	Q_{OR}^W, Q_{DL}	消耗资源产生的温室气体，植被破坏造成的吸收温室气体减少量
政府方	中央政府	/	不直接排放温室气体
	职能管理部门	/	

3.3 建筑生命周期利益相关方温室气体排放责任

建筑生命周期的温室气体排放责任涉及多个利益相关方，包括业主、设计师、承包商、供应商、使用者，以及政府等。建筑生命周期的温室气体排放责任需要多方协作，各方在不同阶段采取相应措施，才能有效减少整体排放，推动建筑行业向低碳方向发展。

建筑生命周期中温室气体的直接排放者，直接排放者无法决定自己是否排放温室气体或无法控制自己排放温室气体量的多少。例如住宅建筑没有装备可再生能源设备，则住户必须使用化石能源或由化石能源生产的电力；如果建筑市场上没有提供低能耗的空调设备，则住户为了满足生活的需求，不得不采用高耗能、高排放的空调设备。

对于建筑相关的温室气体排放来讲，由于其产生的损害通常不由任何利益相关方承担，比较公平性与效率性，应更注重责任划分对减排所产生的效率效果。根据《联合国气候变化框架公约》中的规定，对于温室气体减排的责任划分应遵循"共同但有区别的责任原则"，体现这一原则的规定之一就是要求发达国家承担更多的减排责任。这一规定不仅是因为发达国家历史上排放了更多的温室气体，也是因为发达国家通常具有决定温室气体减排的能力。例如发达国家通常处于全球各行业产业链的上游，具有制定市场规则（如质量标准）、选择发展技术方向（高排放或低排放）的能力，要求发达国家减排可以更有效地获得温室气体减排效果。

> **知识拓展**
>
> 根据《气候变化框架公约》中的规定，对于温室气体减排的责任划分应遵循"共同但有区别的责任原则"。体现这一原则的规定之一就是要求发达国家承担更多的减排责任。这一规定不仅是因为发达国家历史上排放了更多的温室气体，也是因为发达国家通常具有决定温室气体减排的能力。例如发达国家通常处于全球各行业产业链的上游，具有制定市场规则（如质量标准）、选择发展技术方向（高排放或低排放）的能力，要求发达国家进行减排可以更为有效地获得温室气体减排效果。

第3章 建筑生命周期温室气体排放责任

在建筑的生命周期中,如果利益相关方有决定温室气体排放多少的能力,则该利益相关方应对该部分温室气体的排放承担责任。某部分温室气体排放的多少,可能由多方利益相关方共同决定,则这些利益相关方对该部分温室气体的排放共同承担责任。

对于建筑相关的温室气体排放,有决定温室气体排放量能力的利益相关方通常处于较为强势的地位(如投资者、开发商等),采用此责任划分原则,不仅可以将减排工作的重点实施对象凸显出来,体现了减排效率性,也在一定程度上保护了弱势群体(如业主、使用方等),体现了公平性。

通过分析建筑生命周期中温室气体排放的核算公式,可以得出决定温室气体排放量的利益相关方,以及影响温室气体排放量的决策,见表3-3。

表3-3 建筑生命周期中各利益相关方影响温室气体排放量的决策

核算公式	利益相关方	影响温室气体排放量的决策
$Q_C = Q_{CE} + Q_{CR} + Q_{CL}$		
$Q_{CE} = \sum_{i=1}^{m} q_i f_i$		
q	施工单位	施工过程中建筑材料、辅助材料的管理是否精细化
	设计单位	是否做到合理设计结构形式及节材设计
f	供应商	生产材料、构件、设备采用的技术是否先进
i	建设方施工单位	施工过程中是否选择低物化温室气体的建筑材料、构件、设备
	业主	装修过程中是否选择低物化温室气体的建筑材料、构件、设备
$Q_{CR} = \sum_{j=1}^{n} r_j e_j$		
r	施工单位	施工过程中是否做到资源消耗的节约管理
e	资源提供部门	资源生产、输配技术流程是否先进
$Q_{CL} = Q_{CL}^E - Q_{CL}^N = \sum_{k=1}^{E} p_k^E g_k^E t - \sum_{l=1}^{N} p_l^N g_l^N t$		
$p_k g_k$	建设方	选择的开发用地原有植被的情况
$p_l g_l$	施工单位	施工过程中是否具有较好的绿化管理水平
t	施工单位	是否做到工期合理规划,缩短施工时间
$Q_O = Q_{OE} + Q_{OR}^P + Q_{OR}^H + Q_{OD}^P + Q_{OD}^H + Q_{OL} - Q_{OS}$		
$Q_{OE} = \sum_{i=1}^{m} q_i f_i$		
q	业主	是否装配合适数量的设备
	使用方	是否装配合适数量的设备
f	供应商	生产设备采用的技术是否先进节能;是否采用低物化温室气体的材料作为设备的原材料
i	业主	是否选择低物化温室气体的设备
	使用方	是否选择低物化温室气体的设备
$Q_{OR}^P = \sum_{j=1}^{n} r_j e_j$		

49

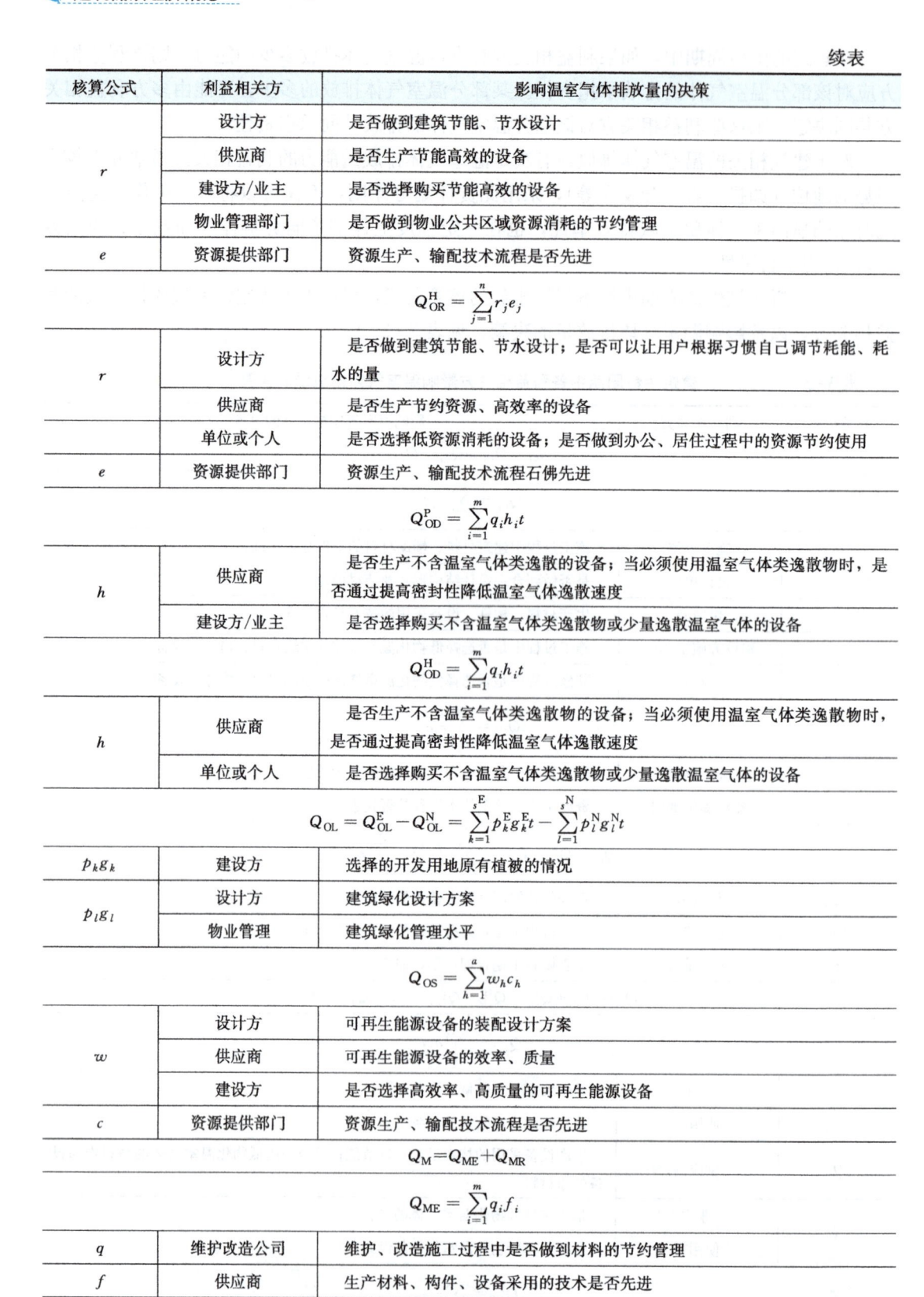

续表

核算公式	利益相关方	影响温室气体排放量的决策
r	设计方	是否做到建筑节能、节水设计
	供应商	是否生产节能高效的设备
	建设方/业主	是否选择购买节能高效的设备
	物业管理部门	是否做到物业公共区域资源消耗的节约管理
e	资源提供部门	资源生产、输配技术流程是否先进

$$Q_{OR}^{H} = \sum_{j=1}^{n} r_j e_j$$

核算公式	利益相关方	影响温室气体排放量的决策
r	设计方	是否做到建筑节能、节水设计；是否可以让用户根据习惯自己调节耗能、耗水的量
	供应商	是否生产节约资源、高效率的设备
	单位或个人	是否选择低资源消耗的设备；是否做到办公、居住过程中的资源节约使用
e	资源提供部门	资源生产、输配技术流程石佛先进

$$Q_{OD}^{P} = \sum_{i=1}^{m} q_i h_i t$$

核算公式	利益相关方	影响温室气体排放量的决策
h	供应商	是否生产不含温室气体类逸散的设备；当必须使用温室气体类逸散物时，是否通过提高密封性降低温室气体逸散速度
	建设方/业主	是否选择购买不含温室气体类逸散物或少量逸散温室气体的设备

$$Q_{OD}^{H} = \sum_{i=1}^{m} q_i h_i t$$

核算公式	利益相关方	影响温室气体排放量的决策
h	供应商	是否生产不含温室气体类逸散物的设备；当必须使用温室气体类逸散物时，是否通过提高密封性降低温室气体逸散速度
	单位或个人	是否选择购买不含温室气体类逸散物或少量逸散温室气体的设备

$$Q_{OL} = Q_{OL}^{E} - Q_{OL}^{N} = \sum_{k=1}^{s^E} p_k^E g_k^E t - \sum_{l=1}^{s^N} p_l^N g_l^N t$$

核算公式	利益相关方	影响温室气体排放量的决策
$p_k g_k$	建设方	选择的开发用地原有植被的情况
$p_l g_l$	设计方	建筑绿化设计方案
	物业管理	建筑绿化管理水平

$$Q_{OS} = \sum_{h=1}^{a} w_h c_h$$

核算公式	利益相关方	影响温室气体排放量的决策
w	设计方	可再生能源设备的装配设计方案
	供应商	可再生能源设备的效率、质量
	建设方	是否选择高效率、高质量的可再生能源设备
c	资源提供部门	资源生产、输配技术流程是否先进

$$Q_M = Q_{ME} + Q_{MR}$$

$$Q_{ME} = \sum_{i=1}^{m} q_i f_i$$

核算公式	利益相关方	影响温室气体排放量的决策
q	维护改造公司	维护、改造施工过程中是否做到材料的节约管理
f	供应商	生产材料、构件、设备采用的技术是否先进

续表

核算公式	利益相关方	影响温室气体排放量的决策
i	业主	是否选择低物化温室气体的建筑材料、构件、设备
$$Q_{MR} = \sum_{j=1}^{n} r_j e_j$$		
r	维护改造公司	维护、改造施工过程中是否做到资源消耗的节约管理
e	资源提供部门	资源生产、输配技术流程是否先进
$$Q_D = Q_{DR}^D + Q_{DR}^W + Q_{DL}$$		
$$Q_{DR}^D = \sum_{j=1}^{n} r_j e_j$$		
r	建筑拆除公司	建筑拆除过程中是否做到资源消耗的节约管理
e	资源提供部门	资源生产、输配技术流程是否先进
$$Q_{DR}^W = \sum_{j=1}^{n} r_j e_j$$		
r	废物处理部门	废物处理过程中是否做到资源消耗的节约管理
e	资源提供部门	资源生产、输配技术流程是否先进
$$Q_{DL} = \sum_{k=1}^{s} p_k g_k t$$		
$p_k g_k$	废物处理部门	废物填埋地的地理位置是否选择合理
t	废物处理部门	是否通过一定手段加快废物填埋用地恢复植被的时间

表3-3中的各利益相关方可以直接决定建筑生命周期中所对应的温室气体排放量，然而在实际情况中，根据建筑的建设模式、建筑类型、建筑用途不同，各利益相关方决定温室气体排放多少的能力又间接受到其上游利益相关方的影响，有时甚至需要完全被动地接受某一范围内的温室气体排放。例如，当建筑的建设模式不同时，温室气体排放的间接责任可能不同。在不同的建筑建设模式中，主要利益关系人温室气体排放责任的关系如以下分析。

1. 设计-招标-建造（Design-Bid-Build，DBB）模式

设计-招标-建造模式是传统的工程项目管理模式，由建设方与可研咨询公司、设计单位、一些主要建筑材料的供应商以及施工单位签订合同，如图3-2所示。建设方具有选择建筑设计方案、选择可再生能源设备种类、选择大部分建筑材料品牌的权力，是否做到建筑的节能节水设计、是否配备可再生能源设备、是否选择具有低物化温室气体的建筑材料，并不由设计单位、施工单位以及材料供应单位决定，所以相关部分温室气体排放的最终责任在于建设方。

2. 设计-建造（Design-Build，DB）模式

设计-建造模式，与DBB模式相比，由建设方与可研咨询公司、主要建筑材料的供应商以及具有设计能力

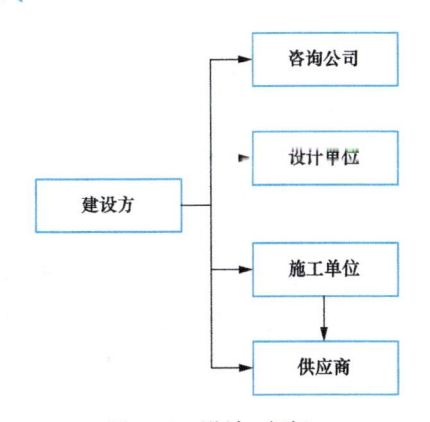

图3-2 设计-招标-建造（Design-Bid-Build，DBB）模式

的施工单位签订合同，如图3-3所示。在DB模式下，虽然设计与施工单位合为一体，但建设方仍然具有较强的选择建筑设计方案、选择可再生能源设备种类，以及选择大部分建筑材料品牌的权力，相关部分温室气体排放的最终责任也在于建设方。

3. 设计-采购-建造总承包（Engineering-Procurement-Construction，EPC）模式

设计-采购-建造总承包模式，与DB模式相比，建设方仅将投资意图和要求提出，设计、施工、采购工作均由EPC承包商完成，如图3-4所示。在EPC模式下，建设方虽然在一定程度上可以在建筑的设计要求中提出利用可再生能源的需求，但一般会采用总价合同的形式，意味着EPC承包商具有具体决定建筑设计方案、设备种类、建筑材料的权力，相关部分温室气体排放的最终责任不在建设方，主要应由EPC承包商承担。

图3-3 设计-建造（Design-Build，DB）模式

图3-4 设计-采购-建造总承包（Engineering-Procurement-Construction，EPC）模式

另外，在一些领域里流行的BOT（Build-Operate-Transfer）以及相应的变种建设模式，具有最终决定建筑生命周期中温室气体排放的利益相关方会存在变式，所以具体类型的项目应该构建具体的责任模型，才可以有针对性地划分温室气体排放的责任，并利用相应的政策实施有效的减排。

思 考 题

1. 建筑根据用途不同，主要分为_____、_____、农业建筑、军用建筑等大类，其中_____占比最大。
2. 同样的_____，在不同建筑的生命周期中所承担的温室气体排放责任不同。
3. _____模式是传统的工程项目管理模式。
4. 根据《民用建筑设计统一标准》（GB 50352—2019），民用建筑按使用功能可分为_____建筑和_____建筑两大类。
5. 在不同的建筑建设模式中，主要利益关系人温室气体排放责任的关系有哪些？
6. 论述建筑生命周期中利益相关方的温室气体排放责任划分原则。
7. 简述建筑生命周期中温室气体排放的主要来源，并举例说明。
8. 根据建筑的用途不同，其生命周期中主要的利益相关方有哪些？

第 4 章　建筑温室气体减排政策功能关联体系

📚 知识目标

1. 建筑温室气体减排政策工具
2. 建筑温室气体减排政策功能及关联
3. 建筑温室气体减排利益相关方成本收益
4. 建筑温室气体减排法规和政策体系
5. 建筑温室气体减排政策评价指标
6. 我国现有建筑温室气体减排实施路径
7. 建筑温室气体减排政策建议

📚 能力目标

1. 掌握建筑温室气体减排政策工具的应用能力
2. 培养政策功能及关联分析能力
3. 提升成本收益分析与决策能力
4. 增强法规和政策体系的解读与应用能力
5. 培养政策评价与建议能力

📚 思政目标

1. 培养学生学以致用、理论结合实际，分析解决问题的能力；
2. 通过讲解我国现有建筑温室气体减排政策分析，以及实施路径激发学生的爱国情怀与民族自豪感。

4.1　建筑温室气体减排政策工具

建筑温室气体减排政策工具主要包括以下几类。

一、强制性管理机制或标准规范

针对某些利益相关方的责任（即具有决定温室气体排放量多少的能力），通过强制手段要求这些利益相关方实施减排措施，违反规定的将以惩罚的形式将温室气体排放的外部成本内部化，由这些利益相关方承担温室气体过量排放导致的外部成本，例如：

(1) 强制建筑能效（温室气体排放）标签机制。
(2) 强制性被动式节能建筑标准规范及设计规范。
(3) 强制性可再生能源技术设计规范。
(4) 强制性绿色施工标准。
(5) 强制监督实施建筑废弃物处理标准，合理规划废物处理地点。
(6) 强制性建筑材料、构件、设备物化温室气体排放标签机制。
(7) 强制性能源产品温室气体排放标签机制。

二、建筑及建筑产品温室气体标签、能耗计量机制

使温室气体排放的外部成本可计量，是计算各利益相关方与建筑相关温室气体排放量的基础工具。

三、补贴、奖励、优惠、管理规划激励

将温室气体减排措施导致减小的社会外部成本内部化，以降低利益相关方因实施温室气体减排措施的成本或增加其收益，使利益相关方的私人利润增加，激励其主动实施温室气体减排措施，例如：

(1) 补贴奖励达到一定施工精细化管理水平的项目。
(2) 补贴低物化温室气体产品价格、节能产品价格。
(3) 奖励采用优秀被动式节能技术、可再生能源技术的建设方。
(4) 补贴建筑节能改造，补贴可再生能源设备、产品价格及其维修费用，补贴清洁能源或可再生能源价格。
(5) 对达到一定施工精细化管理水平的施工企业给予融资优惠。
(6) 对采用新技术、更新技术流程的供应方提供融资优惠。
(7) 对采用被动式节能技术、节能高效设备、可再生能源技术的建设方提供融资优惠。
(8) 对采用清洁能源或可再生能源、更新技术流程的资源提供部门提供融资优惠。

四、可再生能源电力回购机制、协同合同管理机制

将温室气体减排措施获得的收益补贴给实施减排措施行为的利益相关方，使其成本收益平衡，利润增加，激励其实施温室气体减排措施。

五、教育宣传、技术支持、专利保护

加强整个市场对温室气体减排可以带来收益的认识，降低温室气体减排措施的初始成本，增加温室气体减排技术、产品研发推广的收益，增加利益相关方的利润。

六、基于温室气体定价的政策工具

采用对温室气体排放直接定价的方法将温室气体排放的外部成本内部化，使各利益相关方通过排放税或购买排放额度的方式承担温室气体排放带来的社会成本。

总之，这些政策工具旨在通过政府的行为干预，改变利益相关方的私人成本收益关系，从而使其决策有利于温室气体减排。

主要建筑温室气体减排政策工具见表 4-1。

表 4-1 　　　　　　　　　　主要建筑温室气体减排政策工具

政策类型		具体政策工具
强制性制度	a 法律法规	
	a_1 政府规划	政府温室气体减排承诺、政府节能目标
	a_2 法律	宪法、建筑法、能源法、水资源法、可再生能源法、环境保护法、大气保护法、土地资源法、气候变化法
	a_3 法规及法律性文件	建筑节能条例、环境保护条例、建筑废物管理条例
强制性制度	b 规章制度	
	b_1 工作考核指标	将节能减排纳入政绩评价体系
	b_2 建筑管理制度	建筑绿色施工规定、建筑温室气体排放（能耗）审计规定、（大型）建筑节能改造报告、政府公共建筑节能规定、建筑排放（能耗）监督管理制度、强制建筑资源消耗计量制度
	b_3 产品管理制	政府采购产品能效规定、资源梯级价格制度、强制利用可再生能源制度、建筑可再生能源电力连接公网制度
	c 强制性标准规范	
	c_1 建筑标准规范	建筑设计标准规范、建筑节能设计标准、被动式建筑节能标准、强制建筑温室气体排放（能耗）标签机制
	c_2 管理性规范	绿色施工评价标准、建筑废弃物处理标准
	c_3 产品标准规范	产品物化温室气体（能耗）标签机制、强制设备温室气体排放（能效）标签机制
激励性工具	d 经济激励性工具	
	d_1 补贴奖励	节能产品现金补贴、节能改造基金、节能技术奖励、项目补助基金、可再生能源价格补贴、新能源技术研发投资、电力回购机制、土地租金优惠
	d_2 融资优惠	补贴性贷款、减免税收、优先优惠抵押贷款、加速折旧、购买者贷款优惠
	d_3 管理规划激励	提高建筑容积率（建筑密度、高度）、加快建设申请程序
	d_4 协商合同管理	节能合同、减排合同
	e 知识与技术激励性工具	
	e_1 自愿性标准规范	建筑温室气体排放（能耗）审计指引、建筑温室气体排放（能耗）审计标签机制、绿色建筑评价体系、设备温室气体排放（能效）标签机制
	e_2 信息提供	细分能耗账单信息、大众教育、专业培训、广告宣传、建筑节能减排示范项目、建筑节能减排技术鉴定与推广
	e_3 市场环境建立	提供技术支持、节能减排技术专利保护、扶持中介咨询公司
基于温室气体定价的减排政策	f 碳税	
	f_1 针对生产企业征税	针对企业生产产品排放的温室气体征税
	f_2 针对用户税	针对用户使用产品排放的温室气体征税
	g 排放交易机制	
	g_1 企业间交易	主要行业实行温室气体排放配额、清洁发展机制
	g_2 用户间交易	全社会消费者进行温室气体排放配额

4.1.1 强制性制度

强制性制度主要包括法律法规、规章制度、标准规范等形式，通过政府强制性措施，对建筑领域的节能减排行为提供法律依据和新标准，起到引导和规制的作用。

法律法规中包括中央政府制定发布的法律、法律解释，各部委发布的行政法规，也包括政府提出的承诺或规划。法律法规从宏观层面提出建筑节能减排需要约束的重点方向，如建筑建设、建筑废物、能源、水资源可再生能源、环境、土地、气候变化等，对与建筑相关活动、资源的开发利用活动以及影响环境、气候的活动予以规范，是制定其他政策工具的法律依据。

规章制度包括主管不同行业的各部委制定的在本部门管辖范围内有效的管理制度，以及地方政府发布的地方性法规、条例、规范性文件等，以政府工作考核指标、建筑及相关领域的管理制度形式出现，用行政手段推动节能减排工作的实施。规章制度以法律法规为指导，制定本行业内适用或本地方适用的节能减排细则，通常具有较强的专业性和操作性，更有针对性的节能减排行为规定或行政措施。

强制性标准规范指国家、行业、地方、企业等层面发布的具有强制性的技术、管理或工作要求，指导建筑规划、设计、施工、运营、拆除处理等生命周期过程，以及相关能源、设备等产品的生产、供应、服务在节能减排方面的技术、管理、工作标准。标准规范使得节能减排相关的生产、生活活动在技术、管理和工作流程上有据可循，是实际操作中的主要依据。标准规范的使用期通常具有一定年限，过了年限后，标准规范需要根据社会技术水平的发展提高进行修订或重新制定。

4.1.2 激励性工具

激励性工具包括经济激励工具和知识与技术激励工具两类，主要目的是通过经济手段或信息支持手段鼓励建筑节能减排工作的开展。经济激励工具在各类政策中起到"胡萝卜"（Carrot）的作用，即如果相关责任主体做到符合一定规定要求的节能减排措施或达到规定要求的节能减排标准，则会受到相应的经济奖励。知识与技术激励工具在各类政策中起到"手鼓"（Tambourine）的作用，即通过设立信息传递的渠道和平台，宣传节能减排的技术信息，加强全社会对节能减排的认识，树立节能减排的发展方向，塑造节能减排的市场环境，以鼓励和推动建筑节能减排的发展。

1. 经济激励工具

经济激励工具主要包括补贴奖励、融资优惠、管理规划激励及协商合同等措施。补贴奖励的形式有：建立节能改造、可再生能源技术奖励、节能减排技术奖励的专项基金；政府投资新能源技术、高能效产品技术的研发。对生产节能减排产品的厂商实施土地租金优惠、现金补贴等措施；对节能技术的研究与开发项目、示范项目和能源审计项目进行现金补贴；实行可再生能源生产的电力价格补贴回购机制；对新建节能住宅或对原有住宅进行节能减排改造的建设方、设计者和业主进行现金补贴；对购买低能耗、低排放的设备、建筑的消费者进行价格补贴等。

融资优惠的形式有：对新能源、高能效的技术研发和产品生产提供低息贷款；对生产节能减排产品的厂商减免税收；对购置节约能源设备、低能耗低排放建筑，以及既有建筑的节能改造实施优先优惠抵押贷款或低息贷款；通过加速折旧的手段，加大节能设备前期的应纳税扣除额，以延期纳税的优惠方式，鼓励节能设备的更新换代和推广应用。

管理规划激励的形式有：对低能耗低排放建筑的建设和节能改造、提供建筑容积率（建筑密度、高度）优惠；加快建设低能耗低排放建筑的建设和节能改造的申请审批程序等。

协商合同管理的形式为节能合同或减排合同。节能合同是指节能服务咨询企业与客户签订节能合同，为客户提供设计、融资、采购、施工、安装调试、人员培训、能耗审计等专业的节能改造服务，并获得改造后的节能效益。减排合同则需要与基于温室气体定价的减排政策或政府补贴配合使用，获得减排改造后的效益。

2. 知识与技术激励工具

知识与技术激励工具包括自愿性标准规范、信息提供、市场环境建立等措施。自愿性标准规范与强制性标准规范在内容上相似，同样用于指导建筑规划、设计、施工、运营、拆除处理等生命周期过程，以及相关能源、设备等产品的生产、供应、服务在节能减排方面的技术、管理和工作流程。自愿性标准规范通常比强制性标准规范要求高，具有分级评估的功能，对节能减排的工作效果进行等级划分，为政府实施经济激励，以及消费者选择产品提供信息。如建筑、设备温室气体排放（或能耗）的审计标签机制或评级体系。

信息提供的类型有：通过大众教育、广告宣传转变消费者的消费理念和环保责任意识；通过细分能耗账单信息加强建筑用户的节能意识；通过专业培训提高建筑相关行业从业人员对可再生能源利用、节能减排的技术、管理、工作流程等知识和能力；通过建筑节能减排示范项目、建筑节能减排技术鉴定与推广为建筑建设方、设计方、业主选择节能减排产品提供信息支持。

市场环境建立是指政府通过免费提供可再生能源、节能减排的新技术支持，实施优惠的节能减排技术专利保护机制，扶持中介咨询公司，创造建筑节能减排产品市场运行必需的条件，逐渐培养、建立优良的建筑节能减排产品市场。

4.1.3 温室气体定价的减排政策

温室气体定价的减排政策主要分为碳税和排放交易机制两大类。温室气体定价的减排政策使温室气体排放成为一种资源，将温室气体排放带来的温室效应、气候变化等危害外部成本内部化，整个社会需要通过购买获得这一资源。可再生能源、节能减排技术可以在生产、生活中降低温室气体排放这一资源的使用，会带来成本的降低或利润的升高，新能源技术和节能减排技术的价值得到了提升，当这一价值超越了传统高耗能技术时，建筑相关市场则会主动向节能化、低碳化发展。

碳税的形式包括"上游"征税和"下游"征税，即对生产者和消费者征收，也可以同时对生产者和消费者征收。碳税的征税对象主要为石油、煤炭、天然气等化石能源，也可以包括因物理、化学变化释放温室气体的材料，如水泥、制冷剂等。碳税的税率可能不同，如设计梯级税率或根据行业制定不同税率；也可以设计税收减免措施或税收返还措施，用以补贴低收入家庭，保证社会分配的公平，或保护国内一些温室气体排放密集但具有重要意义的行业。

排放交易机制也可以在"上游"或"下游"进行，即对生产者或消费者分配温室气体排放额度。纳入排放交易机制的计算范围可以仅包括使用化石能源产生的排放,也可以包括生产、生活中因物理、化学变化释放的温室气体。如本书第一章中所述,政府既可以采用免费的形式将温室气体排放限额分配给企业或个人,也可以采用拍卖的方式对企业或个人配置排放限额。具体采用何种方式,则根据政府期望达到的减排目标而定。另外,排放交易机制还可以应用于国际之间,如清洁发展机制(Clean Development Mechanism,CDM),用以对发展中国家温室气体的技术支持或资金支持。

建筑温室气体减排政策工具多种多样,在具体实施过程中还会根据当地的法律体系、经济水平、行业习惯、生产生活方式不同而不同。而且很多减排政策工具的实施需要其他类型政策工具的支持。例如实施基于温室气体定价的减排政策必须建立在完善的温室气体审计机制的基础上,建筑节能减排技术的资金补贴措施也必须建立在明确的节能减排技术鉴定标准的基础上。各种温室气体减排政策工具针对的利益相关主体也不一样,如何使各类温室气体减排政策工具共同作用,发挥各自的功用,促使建筑生命周期中各利益相关方共同参与节能减排的工作中。

4.2 建筑温室气体减排政策功能及关联

建筑温室气体减排政策的类型多种多样,分别起到不同的功能,以规范和引导建筑相关领域里的不同行为。为了研究减排政策排除障碍的机理,首先对各类政策的功能进行分析和归纳,见表4-2。

表4-2　　　　　　　　主要建筑温室气体减排政策工具的功能

政策类型		政策工具的功能
强制性制度	a 法律法规	
	a_1 法律	建筑节能减排的总规范,制定其他政策工具的依据
	a_2 法规及法律性文件	对建筑节能减排法律的补充和细化,更具时效性和可操作性
	a_3 政府规划	政府一定时期内节能减排工作的指导性目标,制定、修订法律法规的依据
强制性制度	b 规章制度	
	b_1 工作考核指标	监督各级政府部门执行节能减排工作的绩效
	b_2 建筑管理制度	规定强制执行建筑节能减排的行为和制度
	b_3 其他管理制度	规定强制执行建筑相关产品节能减排的行为和制度
	c 强制性标准规范	
	c_1 技术标准规范	对建筑节能减排必须达到的技术进行规范
	c_2 管理性规范	对建筑节能减排必须达到的管理性工作进行规范
	c_3 产品标准规范	对建筑节能减排相关产品必须达到的技术进行规范
激励性工具	d 经济激励性工具	
	d_1 补贴奖励	对建筑节能减排技术、产品实行资金补贴,降低企业成本
	d_2 融资优惠	对建筑节能减排技术、产品实行融资优惠,降低企业成本
	d_3 管理规划激励	对建筑节能减排技术、产品实行管理流程和标准的优惠,降低企业成本
	d_4 协商合同管理	使技术、产品的提供者直接获得建筑节能减排带来的效益

续表

政策类型		政策工具的功能
激励性工具	e 知识与技术激励性工具	
	e_1 自愿性标准规范	对建筑及建筑相关产品的节能减排技术分级,增加优良节能减排技术的价值
	e_2 信息提供	消除节能减排技术的信息不对称,降低市场获得信息的风险和成本
	e_3 市场环境建立	引导社会资本(物质、人力)投入建筑节能减排领域,形成新的产业
基于温室气体定价的减排政策	f 碳税	
	f_1 针对生产企业征税	提高企业的排放成本,引导企业节能减排的技术升级
	f_2 针对用户税	增加用户的排放成本,引导用户的消费观念和生活、工作习惯
	g 排放交易机制	
	g_1 企业间交易	提高企业的排放成本,引导企业节能减排的技术升级
	g_2 用户间交易	增加用户的排放成本,引导用户的消费观念和生活、工作习惯

建筑温室气体减排政策工具之间也有互相制约的关系,有些政策工具的实施是其他政策工具实施的先决条件,而有些政策工具的实施会促进其他政策工具的实施效果。各个国家由于政治体制和法律体系的不同,政策工具之间的关系会有所不同,例如中央政府与地方政府、中央政府与分管各行业的部门之间的关系也会有所区别,本书针对中国政治体制和法律体系的情况,对各类减排政策工具之间的关系进行了识别,达到建筑温室气体减排政策关联体系。

4.3 建筑温室气体减排利益相关方成本收益

建筑温室气体减排的利益相关方主要包括投资者(或建设方)、业主方、使用方以及政府和监管机构等。这些利益相关方在建筑温室气体减排过程中的成本收益分析如下:

1. 投资者(或建设方)

(1) 成本。

1) 增量成本:包括采用低碳技术、绿色建筑材料、节能设备等所带来的额外成本。例如高能效空调设备的成本可能是普通设备的几倍,围护结构的成本也可能显著增加。

2) 融资成本。如果采用绿色建筑技术需要额外的融资支持,那么融资成本也是一个需要考虑的因素。

(2) 收益。

1) 长期节能效益。通过采用绿色建筑技术和设备,可以降低建筑的能耗,从而节省能源费用。

2) 政策补贴和奖励。政府可能会对采用绿色建筑技术的建设方提供补贴和奖励,这也可以作为建设方的一种收益。

3) 企业形象提升。采用绿色建筑技术可以提升企业的环保形象,有助于企业品牌建设。

由于绿色建筑技术的增量成本较高,很多技术增加的投资即使在建筑的整个生命周期中也无法回收成本,可能导致建设方在初期面临较大的经济压力。

2. 业主方

（1）成本。

1）初始投资成本。虽然这部分成本主要由建设方承担，但业主方在购置绿色建筑时可能会面临更高的价格。

2）维护改造成本。绿色建筑在运营过程中可能需要更专业的维护和改造，这也会增加业主方的成本。

（2）收益。

1）节能效益。绿色建筑在运营过程中能够显著降低能耗，从而节省能源费用。

2）租金或售价提升。由于绿色建筑的环保性能和节能效益，其租金或售价可能会高于普通建筑。

3. 使用方

（1）成本。

运营成本。虽然绿色建筑能够降低能耗，但在某些情况下，使用方可能需要支付额外的费用来维护绿色建筑的技术和设备。

（2）收益。

1）舒适度提升。绿色建筑通常具有更好的室内环境和舒适度，这可以提高使用方的满意度。

2）节能效益。使用方可以直接从节能效益中获益，如降低电费等。

4. 政府和监管机构

（1）成本。

1）政策制定和实施成本。政府需要投入资源来制定和实施促进绿色建筑发展的政策。

2）补贴和奖励资金。政府可能需要提供补贴和奖励资金来鼓励建设方采用绿色建筑技术。

（2）收益。

1）环境保护效益。通过推广绿色建筑技术，政府可以实现环境保护的目标，减少温室气体排放。

2）经济效益。绿色建筑的发展可以带动相关产业的发展，创造就业机会，并促进经济的可持续发展。

3）社会效益。绿色建筑可以提高居民的生活质量，促进社会和谐稳定。

综上所述，建筑温室气体减排的利益相关方在成本收益方面存在差异。为了实现减排目标，需要综合考虑各利益相关方的成本和收益，并采取有效的政策措施来平衡各方的利益。例如政府可以通过提供补贴、奖励和税收优惠等措施来降低建设方的增量成本；同时也可以通过制定严格的能效标准和建筑规范来推动绿色建筑的发展。

为了分析造成减排障碍的深层原因，采用成本收益分析法对每个利益相关方在面临减排障碍时的成本、收益的变化，分析利用减排政策工具排除障碍的机理。根据经济学的基本假设——理性人假设，认为建设方、施工单位、维护改造公司、建筑拆除部门、供应方、资源提供部门、废物处理部门等企业，以企业盈利最大化为目标，即追求自身利益的最大化。企业成本与收益分析，见表4-3。

表 4-3　　　　　　　　　　　　　　　企业成本与收益分析

成本与收益	说明
成本	EC
融资成本	EC_1 企业在资金筹集过程中发生的各种费用，如借贷利息
信息搜寻成本	EC_2 获取不同温室气体排放的产品、设备信息的成本
研发成本	EC_3 开发新产品、新服务、新生产过程发生的成本
生产成本	EC_4 为了生产产品或提供服务而发生的成本
管理成本	EC_5 企业组织和管理生产活动发生的成本
服务成本	EC_6 向客户提供售后服务的成本
收益	EI
直接收益	EI_1 通过销售产品、服务直接获得的收益
企业竞争力提高	EI_2 企业的核心技术提高、市场份额增长等收益

企业的净收益 EP 如下所示

$$EP = EI - EC = (EI_1 + EI_2) - (EC_1 + EC_2 + EC_3 + EC_4 + EC_5 + EC_6) \quad (4-1)$$

业主与使用的成本、收益构成与企业不同，业主主要关注的是所购置建筑的租金收益和增值可能性，而使用方主要关注租赁价格和居住舒适度，他们在决策时同样以自身利益最大化为目标。业主、使用方的成本收益分析见表 4-4、表 4-5。

表 4-4　　　　　　　　　　　　　　　业主成本与收益分析

成本与收益	说明
成本	OC
信息搜寻成本	OC_1 获取不同温室气体排放的建筑、设备信息的成本
置业成本	OC_2 业主购置建筑产权的成本
设备成本	OC_3 业主购置建筑必需设备的成本
管理成本	OC_4 维护建筑及设备发生的成本
收益	OI
租金收益	OI_1 租赁建筑获得的收益
物业升值	OI_2 通过应用新技术、新设备改造带来的建筑升值

表 4-5　　　　　　　　　　　　　　　使用方成本与收益分析

成本与收益	说明
成本	UC
信息搜寻成本	UC_1 获取不同温室气体排放的建筑、设备信息的成本
租金成本	UC_2 租用建筑使用权的成本
设备成本	UC_3 添置建筑必需设备的成本
使用成本	UC_4 设备消耗资源产生的成本
管理成本	UC_5 维护设备发生的成本

续表

成本与收益	说明
收益	UI
使用质量提高	UI_1 新建筑采用新技术、新设备，办公、居住更舒适健康

业主的净获益 OP 及使用方的净获益 UP 如下所示

$$OP = OI - OC = (OI_1 + OI_2) - (OC_1 + OC_2 + OC_3 + OC_4) \quad (4-2)$$

$$UP = UI - UC = UI_1 - (UC_1 + UC_2 + UC_3 + UC_4 + UC_5) \quad (4-3)$$

在很多情况下，业主方和使用方可能是同一个利益方，即该利益方不仅持有建筑，同时使用建筑。此时可以将式（4-2）与式（4-3）进行合并考虑，即业主方收益项中的"租金收益"与使用方成本项中的"租金成本"相抵消。总的收益项包括：信息搜寻成本、置业成本、设备成本、管理成本、使用成本等，而收益则包括物业升值、居住质量提高等。

政府作为投资方，聘请建设方进行开发建设，或者直接设立项目管理部门直接参与开发建设的情况都较为常见，如政府投资办公建筑、公共建筑、政府员工宿舍、住宅等居住建筑等。很多情况下，政府直接投资的项目中政府不仅是建设方，同时是业主方和使用方。当政府作为业主方和使用方时，其成本和收益项与普通的业主方和使用方类似，都是追求在满足使用需求的情况下尽量做到成本上的节俭及物业价值、物业使用质量上的提高。当政府作为建设开发方时，成本与企业作为建设开发方时的成本项目一致，同样包括融资成本、信息搜寻成本、研发成本、生产成本、管理成本、服务成本等，但收益项有所不同。一般来讲，政府作为非营利性的机构，对于"直接收益"的重视程度并不一定非常高，即 EI_1 通常不是政府主要关注的收益项，政府的形象、竞争力、对社会的公平性是政府主要关注的收益项。EI_2 是"企业竞争力提高"对应于政府的"竞争力提高"收益项。其中的含义为政府作为建设方实施项目建设后对社会起到的节能减排技术与管理方面的示范作用、地方政府在全国的影响力、政府管理部门的业绩水平等。

4.4 建筑温室气体减排法规和政策体系

4.4.1 建筑温室气体减排法规体系

目前我国建筑温室气体减排法规体系已日益完善，主要包括《中华人民共和国可再生能源法》《中华人民共和国节约能源法》以及《民用建筑节能条例》等核心法律法规。

《中华人民共和国可再生能源法》不仅强调了太阳能光热、供热制冷与光伏系统的发展重要性，明确要求国务院建设主管部门需协同相关部门，共同制定推动可再生能源在建筑领域应用的技术经济政策和技术规范，为可再生能源在建筑中的广泛应用奠定了坚实的法律基础。

《中华人民共和国节约能源法》则对建筑节能工作的监督管理和主要内容进行了明确规定，与《中华人民共和国可再生能源法》共同构成了建筑节能工作的法律基石。在此基础上，2008年10月施行的《民用建筑节能条例》进一步细化了建筑节能的监督管理措施、工作内容及责任划分,该条例共六章四十五条,为建筑节能工作的具体实施提供了详尽的法规指导。

自《民用建筑节能条例》施行以来,我国建筑节能法治化进程显著加快,截至 2024 年,已有超过 24 个省、自治区、直辖市及计划单列市出台了与建筑节能和绿色建筑相关的行政法规,形成了以上位法《中华人民共和国节约能源法》为引领,《民用建筑节能条例》为主体,地方法律法规为辅助的完备建筑节能法律法规体系。这一体系逐步确立了包括"十八项"制度在内的建筑节能工作推进机制,有力保障了建筑节能重点任务和支撑保障体系的稳步实施。

尽管我国绿色建筑起步较晚,但近年来在地方层面已取得了显著进展。目前,国家层面尚未出台专门的绿色建筑法律法规,但绿色建筑法规体系正以地方为主导逐步构建。各地主要通过制定和颁布绿色建筑相关法规及规章,明确行政主管部门的监管职责以及各类市场主体的具体责任。

在法规制定方面,江苏、浙江、宁夏、河北、辽宁和内蒙古等 6 个省(区)已针对绿色建筑的特点,制定并颁布了《绿色建筑管理条例》或《绿色建筑发展条例》等专项法规。陕西、广西、天津、贵州等地则在修订或修正本地区《民用建筑节能管理条例》的过程中,增加了绿色建筑推动和监管的相关要求,实现了建筑节能与绿色建筑发展的有机结合。

在规章制定层面,江西、青海、山东等地政府先后通过颁布政府令或省长令的方式,发布了如《江西省民用建筑节能和推进绿色建筑发展办法》《青海省促进绿色建筑发展办法》及《山东省绿色建筑促进办法》等规章,为绿色建筑的发展提供了更为具体和细化的政策指导。这些地方性法规和规章的制定与实施,不仅推动了绿色建筑立法工作的深入开展,也为我国绿色建筑事业的蓬勃发展提供了有力的法治保障。

4.4.2 建筑温室气体减排政策体系

法律与政策是现代社会调控和治国互为补充的两种手段,在加快推进依法治国的进程中,各自发挥着独特的作用。政策是国家或政党为实现一定的政治、经济、文化等目标任务而确定的行动指导原则与准则。具有普遍性、指导性、灵活性等特征。法律是由一定的物质生活条件所决定的。由国家制定或认可并由国家强制力保证实施的具有普遍效力的行为规范体系,具有普适性、规范性、稳定性等特征。政策与法律作为两种不同的社会政治现象,它们的区别表现在意志属性不同、规范形式不同、实施方式不同、稳定程度不同。政策与法律的关系极为密切,二者相互影响、相互作用,具有功能的共同性、内容的一致性和适用的互补性。因此,在建筑节能和绿色建筑法律法规的基础上,建筑节能和绿色建筑相关政策体系一方面将成熟的政策上升为法律法规,另一方面不断探索适合于建筑节能与绿色建筑可持续发展的政策。

1. 建立了推动新建建筑全过程管理的政策体系

施工到竣工验收等环节的政策要求。针对新建建筑的建筑节能工程的规划、设计、施工、验收,分别建立了规划阶段征求意见制度、设计审查制度、施工图设计文件审查制度、施工质量保障制度和竣工验收制度,将建筑节能审查或验收结果作为取得建设工程规划许可证、施工许可证和办理竣工验收手续的前置条件,明确了主体责任并设立了相应罚则,确保建筑节能工程符合强制性标准要求，并严格落实建筑节能各方主体的责任，实现对新建建筑节能的全过程管理。

2. 建立了推动既有居住建筑节能改造的政策体系

截至2024年，为推动既有居住建筑节能改造工作的深入发展，我国已建立起一套全面且富有成效的政策体系。住房和城乡建设部与财政部自2008年起，便携手启动了北方采暖地区既有居住建筑节能改造项目，随后于2011年扩展至夏热冬冷地区，通过一系列政策文件的发布，从实施要求、技术标准及经济激励等多个维度，为既有居住建筑节能改造提供了坚实的政策支撑。

具体而言，2008年，住房和城乡建设部、财政部印发了《关于推进北方采暖地区既有居住建筑供热计量及节能改造工作的实施意见》（建科〔2008〕95号），明确了改造工作的总体目标、基本原则、主要任务及保障措施。同年，还发布了《北方采暖地区既有居住建筑供热计量及节能改造技术导则》（建科〔2008〕126号），为改造工作提供了详细的技术指导。

针对夏热冬冷地区的既有居住建筑节能改造，住房和城乡建设部于2012年印发了《关于推进夏热冬冷地区既有居住建筑节能改造的实施意见》（建科〔2012〕55号），并提出了相应的技术导则——《夏热冬冷地区既有居住建筑节能改造技术导则》（建科〔2012〕173号），为这一地区的改造工作提供了科学依据和技术路径。

在经济激励方面，为了充分调动地方政府的积极性和市场主体的参与度，财政部先后制定了《北方采暖区既有居住建筑供热计量及节能改造奖励资金管理暂行办法》（财建〔2007〕957号）和《夏热冬冷地区既有居住建筑节能改造补助资金管理暂行办法》（财建〔2012〕148号），通过中央财政补贴的方式，有效带动了省、市两级政府实施相应的奖补资金配套，共同推动了既有居住建筑节能改造工作的快速发展。

这些政策文件的发布与实施，不仅为既有居住建筑节能改造工作提供了明确的指导和有力的支持，还有效推动了建筑节能改造工作的进程，为我国建筑领域的节能减排和可持续发展做出了积极贡献。

3. 建立了公共建筑节能监管和改造的政策体系

2010年，住房和城乡建设部印发《关于切实加强政府办公和大型公共建筑节能管理工作的通知》（建科〔2010〕90号）明确政府办公和大型公共建筑节能工作目标，强调做好能耗统计、审计和公示，启动能耗监管平台建设工作。2011年财政部、住房和城乡建设部印发了《关于进一步推进公共建筑节能工作的通知》（财建〔2011〕207号），启动公共建筑节能改造，并确定以天津、重庆、深圳、上海为重点城市，开展公共建筑节能改造试点工作。2017年，住房和城乡建设部办公厅、银监会办公厅印发《关于深化公共建筑能效提升重点城市建设有关工作的通知》（建办科函〔2017〕409号），再次推动公共建筑能效提升重点城市建设工作，明确了重点城市的提升目标、支持政策、技术创新，以及合同能源管理模式的应用比例。

4. 建立可再生能源建筑应用的推广体系

自2006年起，我国便积极致力于可再生能源在建筑领域的广泛应用。当年，建设部（现为住房和城乡建设部）与财政部联合发布了《关于推进可再生能源在建筑中应用的实施意见》(建科〔2006〕213号)以及财政部建设部关于印发《可再生能源建筑应用专项资金管理暂行办法》的通知(财建〔2006〕460号),标志着我国可再生能源建筑应用示范项目的正式启动,并初步构建了相应的政策体系。

2009年,为进一步加速可再生能源在建筑中的应用,住房和城乡建设部与财政部再次携手,发布了《关于加快推进太阳能光电建筑应用的实施意见》(财建〔2009〕128号)及《太阳能光电建筑应用财政补助资金管理暂行办法》(财建〔2009〕129号),随之启动了太阳能光伏建筑应用示范项目,即广为人知的"太阳能屋顶计划"。同年两部委还共同推动了可再生能源建筑应用城市示范项目和农村地区县级示范项目的实施。

2011年随着财政部、住房城乡建设部《关于进一步推进可再生能源建筑应用的通知》(财建〔2011〕61号)的发布,两部委进一步扩大了示范范围,新增了集中连片推广示范区镇以及科技研发及产业化示范项目,为可再生能源建筑应用的深入推广奠定了坚实基础。

2012年为了不断创新示范形式,财政部、住房城乡建设部两部委新增了省级集中推广重点区、太阳能综合利用示范等多种形式,并下发了《关于完善可再生能源建筑应用政策及调整资金分配管理方式的通知》(财建〔2012〕604号),明确提出实施可再生能源建筑应用省级推广策略,由各省级管理部门具体负责推广工作的落实。

此后,我国持续加大对可再生能源建筑应用的支持力度,不断完善相关政策体系。截至2024年,住房和城乡建设部已发布了多项与建筑节能和可再生能源利用相关的国家标准和规范,其中最具代表性的是2022年发布的《建筑节能与可再生能源利用通用规范》(GB 55015—2021)。该规范的出台,不仅为可再生能源在建筑中的规模化应用提供了有力的技术支撑,也进一步推动了我国绿色建筑和低碳城市的发展。

此外,在近年来,为了应对全球气候变化和实现碳中和目标,我国还出台了一系列新的政策措施,如加大财政补贴力度、优化资金分配方式、加强技术研发和创新等,以持续提升可再生能源在建筑领域的应用水平和效率。这些政策的推出和实施,不仅进一步完善了我国可再生能源建筑应用推广的政策体系,也为实现可持续发展和生态文明建设作出了重要贡献。

5. 建立并逐步完善建筑节能的支撑保障政策体系

建筑节能标准规范体系持续深化与完善,已全面覆盖设计、施工、验收、运行管理等关键环节,并深入涉及新建居住建筑、公共建筑、既有建筑的节能改造,以及建筑用能系统的高效运行管理等多个领域。针对不同气候区域,如严寒和寒冷地区、夏热冬冷地区、夏热冬暖地区,居住建筑及公共建筑的节能设计标准不断提升,形成了更加精细化、区域化的标准体系。同时各地积极响应国家政策,结合本地实际情况,对国家节能标准进行了细化和补充,部分发达地区甚至实施了超越国家标准的新建建筑节能规范,进一步推动了建筑节能水平的整体提升。

在财政激励方面,政策成效显著。自2007年以来,中央财政累计投入资金超过476亿元,大力支持北方采暖地区既有居住建筑的供热计量及节能改造工作,改造面积累计超过10亿m^3,改造后的室内温度普遍提高了3~5℃,单位供暖面积能耗显著降低30%。此外,针对夏热冬冷地区,中央财政投入6 855万元支持既有居住建筑节能改造试点项目,试点面积超过1 700万m^2,有效改善了居住舒适度并降低了能耗。在公共建筑领域,中央财政也给予了大力支持,用于国家机关办公建筑和大型公共建筑的节能监管体系建设和改造,目前，政府办公建筑和大型公共建筑的节能监管平台已基本实现全覆盖，改造后的能效提升幅度达到 20%。在可再生能源建筑应用方面，中央财政累计投入 185 亿元，推动了太阳能、浅层地热能等可再生能源在建筑中的广泛应用。然而，随着市场机制的逐步完善和专项资金管理政策的调整，自 2013 年起，中央财政对建筑节能的直接补贴力度逐步减弱，至 2015 年，中央财政针对建筑节能和可再生能源建筑应用的专项支持全面结束，标志着我国建筑节能工作开始更多地依赖于市场机制和创新驱动。

在科技创新方面，我国已建立了涵盖国家重点研发计划、国际合作与交流项目、住房和城乡建设部科技计划项目等在内的多元化科技创新体系，同时，还设立了科技评估与推广体系及奖励机制，以激发建筑节能领域的科技创新活力。各地政府也积极响应，结合本地建筑节能工作的实际需求，积极筹措资金，安排科研项目，为建筑节能的深入发展提供坚实的科技支撑。

截至 2024 年，我国建筑节能工作已取得了显著成效，标准规范体系日益完善，市场机制逐步成熟，科技创新和产业支撑能力不断增强，为推动绿色低碳发展、实现碳达峰碳中和目标奠定了坚实基础。

6. 建立了推动绿色建筑规模化发展的政策体系

自 2006 年起，我国便着手构建了推动绿色建筑规模化发展的全面政策体系。标志性事件是发布了《绿色建筑评价标准》（GB/T 50378—2006），为绿色建筑的评价提供了科学依据。随后 2007 年印发了《绿色建筑评价标识管理办法》（建科〔2007〕206 号），标志着我国绿色建筑评价标识制度的初步建立，并开启了绿色建筑的试点推广工作。

2013 年，随着《国务院办公厅关于转发发展改革委住房城乡建设部绿色建筑行动方案的通知》（国办发〔2013〕1 号）的出台，我国绿色建筑的建设进入了全面推动阶段。该通知强调了在城镇新区建设、旧城更新和棚户区改造中融入绿色、节能、环保理念，并要求建立涵盖绿色建筑比例、生态环保、公共交通、可再生能源利用、土地集约利用、再生水利用、废弃物回收利用等关键内容的指标体系，纳入国土空间规划和专项规划，并具体落实到各个项目中。同时，注重城乡建设规划与区域能源规划的衔接，优化能源系统集成利用，积极引导绿色生态城区的建设，以期实现绿色建筑的规模化发展。

在强制推广政策方面，我国不断加大绿色建筑标准的执行力度。自 2014 年起，政府投资的国家机关、学校、医院、博物馆、科技馆、体育馆等建筑，直辖市、计划单列市及省会城市的保障性住房，以及单体建筑面积超过 2 万 m² 的机场、车站、宾馆、饭店、商场、写字楼等大型公共建筑，均被要求全面执行绿色建筑标准。特别是 2013 年，住房和城乡建设部印发了《关于保障性住房实施绿色建筑行动的通知》（建办〔2013〕185 号），推动了保障性住房建设中绿色建筑行动的实施。近年来，随着住房和城乡建设部《关于印发绿色建筑标识管理办法的通知》（建标规〔2021〕1 号）的发布，以及住房和城乡建设部关于印发《"十四五"建筑节能与绿色建筑发展规划的通知》（建标〔2022〕24 号）的深入实施，绿色建筑的高质量发展得到了进一步推动。

在自愿评价机制方面，我国积极引导商业房地产开发项目执行绿色建筑标准，鼓励房地产开发企业建设绿色住宅小区，并切实推进绿色工业建筑的建设。同时，不断强化绿色建筑评价标识管理，加强对规划、设计、施工和运行的监管。自 2007 年《关于印发绿色建筑评价标识管理办法》（试行）的通知（建科〔2007〕206号）发布以来，绿色建筑评价标识制度不断完善。2017年印发了《关于进一步规范绿色建筑评价管理工作的通知》（建科〔2017〕238号），按照"放管服"的要求，实行绿色建筑评价标识属地管理制度，并推行第三方评价。政府可采用购买服务等方式委托评价机构对绿色建筑性能等级进行评价，或由绿色建筑评价标识申请单位自主选择评价机构进行绿色建筑评价。为确保评价标识的公正性和准确性，我国严格实施评价标识公示管理，并建立信用管理制度，强化评价标识质量监管。同时，加强评价信息统计，对各地绿色建筑评价标识管理工作情况进行定期检查和抽查，确保绿色建筑项目的评价及实施质量。

截至2024年，我国绿色建筑政策体系已趋于成熟和完善，绿色建筑的发展取得了显著成效，为推动生态文明建设、实现碳达峰碳中和目标作出了积极贡献。

对排除建筑生命周期温室气体减排主要障碍的政策工具进行归纳，可得出最重要的减排政策工具，见表4-6。

表4-6　　　　　　　　　最重要的建筑温室气体减排政策工具

政策类型		具体政策工具
a 规章制度	a_1 建筑管理机制	强制政府公共建筑或大型建筑实行被动式节能设计，使用合适的可再生能源技术；建筑资源消耗计量制度
	a_2 产品管理机制	强制政府公共建筑或大型建筑使用节能设备产品；资源梯级价格制度；建筑可再生能源电力连接公网制度；可再生能源电力回购机制
b 强制性标准规范	b_1 建筑标准规范	强制建筑能效（温室气体排放）标签机制；强制性被动式节能设计规范；强制性可再生能源技术设计规范
	b_2 管理性规范	强制性绿色施工标准；强制监督实施建筑废弃物处理标准、合理规划废物处理地点
	b_3 产品标准规范	强制性建筑材料、构件、设备物化温室气体排放标签机制；强制能源产品温室气体排放标签机制
c 经济激励工具	c_1 补贴奖励	补贴奖励达到一定施工精细化管理水平的项目；补贴低物化温室气体产品价格；补贴节能产品价格；奖励采用优秀被动式节能技术、可再生能源技术的建设方；奖励优秀被动式节能设计、可再生能源技术应用设计；补贴建筑节能改造；补贴可再生能源设备、产品价格；补贴可再生能源设备的维修；补贴清洁能源或可再生能源价格
	c_2 融资优惠	对达到一定施工精细化管理水平的能工企业给予融资优惠；对采用新技术、更新技术流程的供应方提供融资优惠；对采用被动式节能技术、节能高效设备、可再生能源技术的建设方提供融资优惠；对采用清洁能源或可再生能源、更新技术流程的资源提供部门提供融资优惠
	c_3 管理规划激励	对使用被动式节能技术、可再生能源技术的建设方实行加快建设申请程序、提高建筑容积率等激励
	c_4 协商合同管理	采用协商能源合同管理方式，鼓励供应方更新技术流程
d 知识与技术激励工具	d_1 自愿性标准规范	自愿性绿色施工标准；自愿性建筑材料、构件、设备物化温室气体排放标签机制；自愿性建筑能效（温室气体排放）标签机制；自愿性被动式节能设计规范；自愿性可再生能源技术设计规范
	d_2 信息提供	在专业院校及社会上开展建筑被动式节能设计、可再生能源技术应用的教育培训；细分能耗账单信息；广告宣传，可再生能源技术的鉴定与推广
	d_3 市场环境建立	对供应方、资源提供部门提供技术支持；节能减排技术专利保护

由表4-6可知，排除建筑生命周期中温室气体减排存在的最主要障碍，可选择多种减排政策工具。要实施这些直接政策工具，必须有政府对建筑领域实施温室气体减排的决心和规划，并以法律形式规范指导其他政策工具，同时需要采用行政手段确保各部委及地方各级政府对政策工具的落实实施。各类政策工具之间也存在紧密联系，一些政策工具的实施必须以其他政策工具的实施为前提，提供基础数据、经验和政策实施环境的塑造。建立建筑及建筑相关产品的技术、管理标准规范是实施其他类型政策工具的基础，也是实现建筑领域温室气体减排效果最明显的政策工具。基于标准规范，则可以根据实际情况，采用强制、激励或基于温室气体市场定价的方式深入实施建筑领域的温室气体减排。

实施政策工具的目的是使企业或个人在实施具有负外部性的温室气体排放行为时的最优决策向对于社会整体利益的最优决策尽量逼近。分析最重要的建筑温室气体减排政策工具如何平衡个人利益与社会利益，将温室气体排放的外部成本内部化的原理，即可得出这些政策工具的作用效果。表4-6中主要的温室气体减排政策工具作用效果分析如下：

（1）强制性管理机制或标准规范。针对某些利益相关方的责任（即具有决定温室气体排放量多少的能力）通过强制手段要求这些利益相关方实施减排措施，违反规定的将以惩罚的形式将温室气体排放的外部成本内部化，由这些利益相关方承担温室气体过量排放导致的外部成本。

（2）建筑及建筑产品温室气体标签、能耗计量机制。使温室气体排放的外部成本可计量，是计算各利益相关方与建筑相关温室气体排放量的基础工具。

（3）补贴、奖励、优惠、管理规划激励。将温室气体减排措施导致减小的社会外部成本内部化，以降低利益相关方因实施温室气体减排措施的成本或增加其收益，使利益相关方的私人利润增加，激励其主动实施温室气体减排措施。

（4）可再生能源电力回购机制、协同合同管理机制。将温室气体减排措施获得的收益补贴给实施减排措施行为的利益相关方、使其成本收益平衡，利润增加，激励其实施温室气体减排措施。

（5）教育宣传、技术支持、专利保护。加强整个市场对温室气体减排可以带来收益的认识，降低温室气体减排措施的初始成本，增加温室气体减排技术、产品研发推广的收益，增加利益相关方的利润。

（6）基于温室气体定价的政策工具。采用对温室气体排放直接定价的方法将温室气体排放的外部成本内部化、使各利益相关方通过排放税或购买排放额度的方式承担温室气体排放带来的社会成本。

总之，各类政策工具都是通过政府的行为干预，改变利益相关方的成本收益关系，使利益相关方的决策有利于温室气体减排。其中建筑及建筑产品温室气体标签、能耗计量等机制至关重要，将温室气体排放量及对应的社会成本多少核算清楚，是政府决策侧重于某项减排政策工具的依据，建筑温室气体减排政策实施框架很好地揭示了各政策工具之间的关系，以及政府实施各类政策工具的路径，最终达到在一定的机制下，各利益相关方在温室气体减排相关行为的私人决策与社会利益尽量相符的目的。

4.5 建筑温室气体减排政策评价指标

建筑温室气体减排政策评价指标是衡量政策效果、公平性和可行性的关键参数。这些指标通常涵盖多个方面，以确保政策能够全面、有效地推动建筑领域的温室气体减排。

一、减排效果指标

减排效果是衡量政策实施后建筑领域温室气体减排程度的重要指标，包括：

（1）减排量。直接衡量政策实施后建筑领域减少的温室气体排放量。通过对比政策实施前后的排放量数据来得出。

（2）节能率。反映政策实施后建筑能耗的降低程度。节能率越高，政策的减排效果越明显。

（3）排放强度。单位建筑面积或单位产量的温室气体排放量。通过降低排放强度，更有效地控制建筑领域的温室气体排放。

二、公平性指标

公平性指标用于评估政策对不同利益相关方的影响是否公正合理，包括：

（1）利益分配。考察政策实施后，各利益相关方（如政府、企业、居民等）所获得的利益是否均衡。

（2）成本分担。分析政策实施所产生的成本是否由各利益相关方合理分担。有助于确保政策的可接受性和可持续性。

（3）社会影响。评估政策对社会整体的影响，包括就业、经济发展、居民生活等方面。政策应尽可能减少对社会的不利影响，同时促进社会的公平与和谐。

三、可实施性指标

可实施性指标用于评估政策的可行性和可操作性。

（1）技术可行性。考察政策所要求的技术是否成熟、可靠，并能够在实践中得到有效应用。

（2）经济可行性。分析政策实施所需的资金投入是否合理，以及政策实施后能否带来经济效益。经济可行性是政策能否得到广泛推广和长期实施的关键因素之一。

（3）政策执行难度。评估政策在执行过程中可能遇到的困难和挑战，以及政府是否有足够的资源和能力来克服这些困难。

四、外部效应指标

外部效应指标用于评估政策对环境和社会的间接影响，包括：

（1）环境效益。考察政策实施后对环境的改善程度，如空气质量、水资源保护等方面。

（2）社会效益。分析政策实施后对社会整体产生的积极影响，如提高居民生活质量、促进可持续发展等方面。

（3）长期影响。评估政策对建筑领域温室气体减排的长期效果，以及是否有助于推动整个社会的绿色转型。

综上所述，根据对绿色建筑、建筑节能、生态公益、可持续发展等相关政策研究中政策指标的归纳，结合建筑温室气体减排目标的特殊性，建筑温室气体减排政策评价指标应综合考虑减排效果、公平性、可实施性和外部效应等多个方面。这些指标有助于全面评估政策的效果和可行性，为政策制定者提供科学依据和决策支持。

4.5.1　建筑温室气体减排政策评价指标——减排效果

减排效果是指当政策实施之后，对建筑领域温室气体减排的促进作用及其效果具体包括以下三个指标：

（1）排除减排障碍的效果。在技术发展、改革的推动下，建筑相关市场可以主动向节能减排的方向发展，则政府不需要实施政策影响市场。建筑相关市场靠自我调节无法向节能减排的方向发展时，是因为各种因素的存在造成了节能减排的障碍，政府推行温室气体减排政策的主要目的即为排除这些障碍，引导建筑相关市场的发展方向。所以政策排除减排障碍的效果对温室气体减排政策的效果评价来讲是一项重要的指标。

（2）政策实施见效的速度。在政府任期制度下，当局政府实施一项政策是否能够快速见效，在既定目标上取得成绩，是政府决策是否实施该项政策一项重要的指标。对于建筑温室气体减排政策来讲，是否可以在短时间内排除温室气体减排障碍，实现既定目标的温室气体减排，是该项政策见效速度的体现。

（3）政策实施效果影响的长期性。从国家发展层面来讲，一项政策的实施不仅需要考虑短期效果，同时需要考虑长期的影响性。某项建筑温室气体减排政策实施的效果是否能够长期影响建筑领域节能减排的活动，促进行业向低排放的方向发展，是该项政策减排效果的另一项重要指标。

4.5.2　建筑温室气体减排政策评价指标——公平性

公平性是民主政府制定政策，创建和谐社会追求的核心价值目标，追求公平是社会进行制度安排和制度创新的重要依据，是协调社会各个阶层相互关系的基本准则。建筑温室气体减排政策的公平性包括以下两个指标：

（1）对利益相关方的公平性。建筑生命周期中涉及多方利益相关方。温室气体减排政策的实施需要对各利益相关方的责任和权力公平分配，否则，将会出现某一利益相关方的责权不匹配，打压其减排的积极性，造成建筑温室气体减排活动的种种障碍。

（2）对弱势群体的公平性。地区之间、群体之间和个人之间在收入、权责利益的分配不均衡，会造成社会矛盾的产生和激化，通常弱势群体没有政策的影响力和决策的发言权，政府制定政策时需要考虑弱势群体的基本需求，防止政策的实施加剧社会的两极分化。对弱势群体的公平性也是减排政策公平性的一项重要指标。

4.5.3　建筑温室气体减排政策评价指标——可实施性

一项政策是否可以在某个国家或地区推行实施，与当地的经济水平、政治体制、法律体系等因素有密切关系。如果这些相关因素没有很好地得到协调，政策实施过程中将会受到种种制约，政策可能推行艰难，其效果也会大打折扣。政策的可实施性包括以下四个指标。

（1）财政负担大小。建筑温室气体减排政策的实施需要政府投入一定的财政收入，支持政策的宣传、细则的研究制定、相关部门的贯彻实施，以及政策实施过程中的监督管理。如果某项政策带来的财政负担过大，超出了政府在某方面工作的预算，政策将无法得到审批实施。即便强行推行政策，在财政支持不足的情况下，可能无法达到预期的减排效果，甚至可能产生消极的效应。

（2）政府部门可调性。建筑温室气体减排涉及的相关行业众多，包括采矿业，制造业，电力、燃气及水的生产和供应业等第二产业，也包括房地产业、金融业、科学研究、教育等第三产业，通常这些行业分别由政府不同部门分管。建筑温室气体减排需要这些行业的共同协调努力，如果某项政策实施造成各部门之间管理产生矛盾，将影响政策的推行和推行后的效果。

（3）中央政府与地方政府的可协调性。中央政府与地方政府的目标通常不尽相同，各地方政府之间也存在利益竞争关系，中央政府在推行建筑温室气体减排政策时，地方政府与中央政府政策制度的一致性、对政策的贯彻度，是温室气体减排政策达到预期效果的重要条件。

（4）与其他政策法规的协调性。由于建筑温室气体减排涉及的领域和产业较多，出台具体减排政策的政府部门不同，相应的政策势必会与既有政策法规规范的领域有所交集，如果建筑温室气体减排政策与其他政策法规存在不一致性，则会造成政府部门政策执行标准混乱，产生无规可依的现象。

4.5.4 建筑温室气体减排政策评价指标——外部效应

建筑温室气体减排政策的实施所产生的影响不仅表现在实施政策本身的成本和实现温室气体减排的目标上，也可能在其他方面带来好处或者坏处。外部性包括正外部效应和负外部效应。正外部效应指标包括促进技术进步的效应、促进国内产业结构调整的效应、增加就业机会的效应，负外部效应指标包括政策带来的其他环境问题。

（1）带来其他环境问题的可能性。温室气体排放造成的气候变化是人类面对的诸多环境问题中的一个建筑温室气体减排政策的主要目标，是降低建筑领域温室气体的排放，但不应因此引发生态退化、环境污染、物种灭绝等其他环境问题。政府在做政策决策时，评价环境问题这一指标是必要的。

（2）促进技术进步的效应。建筑温室气体减排需要可再生能源、节能、新材料等新工业技术的支持。建筑温室气体减排政策的实施可能推动某一领域的技术革新，并带动整个社会的技术进步。社会整体技术的进步又会影响建筑温室气体减排相关新技术的发展，是一个良性循环的过程。

（3）促进国内产业结构调整的效应。在建筑温室气体减排政策的引导下，大量资金投入至一些新型高科技工业和新型咨询服务业，从而升级原有产业水平，调整产业配比，使国家的产业结构趋于合理化和高级化。

（4）增加就业机会的效应。增加就业规模和控制失业率是政府在国民经济宏观调控和社会发展规划方面的重要目标，建筑温室气体减排相关行业的发展可能产生新的经济增长点，增加相关领域工业、服务业对工作人员的需求，从而创造新的就业机会。建筑温室气体减排政策效果评价指标体系如图4-1所示。

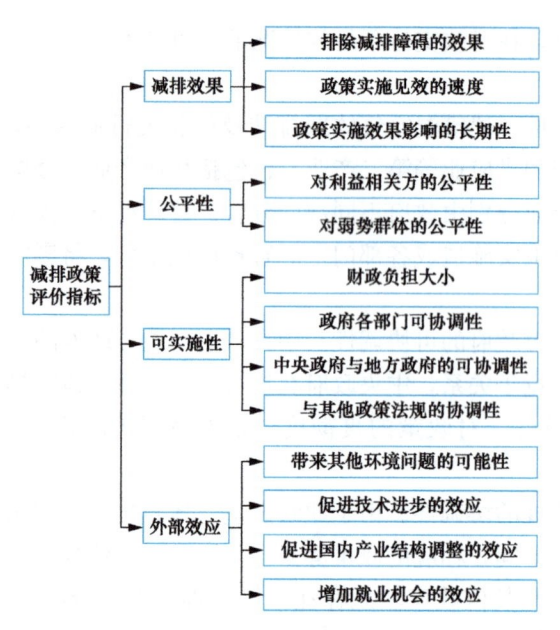

图 4-1　建筑温室气体减排政策评价指标体系

4.6　我国现有建筑温室气体减排实施路径

我国现有建筑温室气体减排的实施路径是一个多维度、全方位的过程涵盖了建筑的全生命周期，包括设计、施工、运行、拆除与资源循环利用等多个阶段。

一、建筑设计阶段

（1）推行被动式建筑设计。推行被动式建筑设计理念，通过合理的建筑朝向、窗墙比、热质量设计等手段，最大限度地利用自然光和自然通风，减少对人工照明和空调的依赖，从而降低建筑的能耗和温室气体排放。

（2）低碳建材与结构。发展低碳建筑结构体系，推广钢结构、预制装配式建筑等新型结构形式，减少现场湿作业，降低施工过程中的碳排放。推广使用低碳建材，如再生材料、竹材、生物质材料等，降低建材生产过程中的碳排放。

（3）推广百年住宅建筑标准：提升建筑安全耐久性标准，满足建筑支撑体耐久性和建筑填充体可维护可更换性，达到建筑长寿性能要求，避免由于建筑结构、功能设计落后原因导致的建筑短命现象。

二、建筑施工阶段

（1）推动智能建造和绿色施工：利用 BIM 虚拟施工、建筑工业化等技术提高施工效率，减少材料浪费和能源消耗。

（2）加快新能源机械设备的研发与应用。鼓励使用新能源机械设备，如电动施工机械、太阳能发电设备等，减少施工过程中的化石能源消耗。

（3）施工管理。加强施工管理，优化施工流程，减少施工过程中的能源浪费和碳排放。

实施建筑垃圾减量化、资源化利用措施，减少建筑垃圾的产生和填埋。

三、建筑运行阶段

(1) 实现建筑低碳运行。依靠物联网、大数据、人工智能等数字化技术对建筑能源、环境和使用者需求进行智慧调节，实现建筑能耗的智能化管理和优化调度。提升建筑运行能效。

(2) 推动既有建筑节能改造。通过节能改造提升建筑能效，减少能源消耗和温室气体排放。鼓励在建筑中安装太阳能光伏板、太阳能热水器等可再生能源设备，提高可再生能源的利用率。

推动建筑太阳能光伏一体化建设，加快风能、地热能、空气能等可再生能源的应用。如高效节能照明、高效空调系统、建筑围护结构保温隔热技术等，降低建筑运行过程中的能耗和碳排放。

(3) 探索公共建筑能耗限额制度。公共建筑业主提高运行管理水平，降低能耗和排放。建立建筑能耗监测平台，实时监测建筑能耗数据，为节能减排提供数据支持。

四、建筑拆除与资源循环利用阶段

(1) 建筑垃圾资源化。推进建筑垃圾源头减量：通过合理的建筑设计和新型建造方式，减少建筑垃圾的产生。推广建筑垃圾资源化利用技术，如建筑垃圾再生骨料、再生砖等产品的生产和应用。

推行建筑垃圾现场分类制度：建立完善的建筑垃圾再生产品相关标准体系，鼓励建筑垃圾再生产用于路基填充、房屋建设、市政基础设施建设等。建立建筑垃圾分类收集、运输和处理体系，提高建筑垃圾的回收利用率。

(2) 拆除与重建。在建筑拆除过程中，采用低能耗、低排放的拆除技术和设备，减少拆除过程中的碳排放。鼓励在拆除后的土地上重建绿色建筑或低碳建筑，实现土地的可持续利用。

五、能源利用方面

(1) 加强新建建筑能效提升。严格执行建筑节能强制性标准，提高新建建筑围护结构热工性能，推广超低能耗建筑、近零能耗建筑示范。

(2) 推动农村建筑节能标准实施：提升农村建筑能源利用效率和室内环境舒适度。

(3) 城市绿色有机更新。采用市场化手段推动公共建筑节能改造，在老旧小区改造中探索将建筑节能改造作为基础类改造内容。

六、政策支持与激励机制

(1) 制定和实施相关政策。制定和完善建筑节能减排的法律法规和政策措施，为建筑温室气体减排提供法律保障和政策支持。加强对建筑节能减排工作的监管和执法力度，确保政策措施的落实和执行。

(2) 推广合同能源管理模式。完善建筑碳交易制度，运用市场机制调动社会各界积极性，推动建筑领域的温室气体减排。

(3) 宣传教育。加强建筑节能减排的宣传教育力度，提高公众对建筑节能减排的认识和参与度。开展建筑节能减排的培训和交流活动，提升从业人员的专业技能和知识水平。

(4) 提供财政和税收优惠。加大财政支持力度，制定税收优惠政策，鼓励开发商和业主采购绿色产品、应用绿色技术。

（5）经济激励。提供财政补贴、税收优惠等经济激励措施，鼓励开发商和业主采用绿色建筑技术和产品。

建立碳排放权交易市场，通过市场机制促进建筑领域的碳排放减少。

综上所述，我国现有建筑温室气体减排的实施路径是一个全面且系统的过程，需要政府、企业和社会各界的共同努力和协作。通过实施这些路径，可以有效降低建筑的温室气体排放，为实现碳达峰和碳中和目标做出积极贡献。

4.7 建筑温室气体减排建议

建筑温室气体减排政策建议包括以下方面内容。

一、制定和完善相关法律法规

（1）出台专项立法。制定建筑温室气体减排的专项法律，明确减排目标、责任主体、奖惩机制等，为建筑温室气体减排提供法律保障。

（2）完善配套法规。制定和完善与建筑温室气体减排相关的行政法规、规章、标准等，形成完整的法规体系，确保减排工作的规范化和制度化。

二、推广绿色建筑和节能技术

（1）强制建筑能效标准。实施强制性的建筑能效标准，包括建筑能耗限额、能效标识等，推动新建建筑和既有建筑的能效提升。

（2）推广绿色建筑技术。鼓励采用绿色建筑技术，如被动式节能设计、可再生能源利用、绿色建材等，降低建筑生命周期的温室气体排放。

（3）实施节能改造。对既有建筑进行节能改造，提高建筑的保温、隔热、通风等性能，减少能源消耗和温室气体排放。

三、建立碳排放核算和交易体系

（1）建立碳排放核算标准。制定统一的建筑碳排放核算标准和方法，为建筑碳排放的量化、报告和核查提供依据。

（2）推动碳排放权交易。建立建筑碳排放权交易市场，允许建筑碳排放权在市场上进行交易，通过市场机制促进建筑温室气体减排。

四、提供经济激励和财政支持

（1）提供财政补贴。对采用绿色建筑技术、实施节能改造的建筑项目给予财政补贴，降低建筑温室气体减排的成本。

（2）实施税收优惠。对绿色建筑和节能技术给予税收优惠，鼓励企业和社会资本投入建筑温室气体减排领域。

（3）设立专项基金。设立建筑温室气体减排专项基金，用于支持绿色建筑和节能技术的研发、推广和应用。

五、加强监管和执法力度

（1）加强监管。建立健全建筑温室气体减排的监管体系，加强对建筑能效、碳排放等方面的监管和检查。

（2）严格执法。对违反建筑温室气体减排法律法规的行为进行严厉处罚，确保减排工作的有效实施。

六、推动国际合作与交流

（1）加强国际合作。积极参与国际建筑温室气体减排的合作与交流，学习借鉴国际先进经验和技术，提升我国建筑温室气体减排的水平。

（2）推动技术转移。鼓励国际间的绿色建筑和节能技术的转移和应用，促进全球建筑温室气体减排事业的发展。

以上这些政策建议的实施将有助于降低建筑温室气体排放，推动建筑行业的绿色转型和可持续发展。

思 考 题

1. 强制性制度主要包括_____、_____、_____等形式，主要目的是通过政府强制性措施，对建筑领域的节能减排行为提供法律依据和行标准，起到引导和规制的作用。

2. 激励性工具包括_____工具和_____工具两类，主要目的是通过经济手段或信息支持手段鼓励建筑节能减排工作的开展。

3. _____工具在各类政策中起到"胡萝卜"（Carrot）的作用。

4. _____工具在各类政策中起到"手鼓"（Tambourine）的作用。

5. _____工具主要包括补贴奖励、融资优惠、管理规划激励及协商合同等措施。

6. _____工具包括自愿性标准规范、信息提供、市场环境建立等措施。

7. 温室气体定价的减排政策主要分为_____和_____两大类。

8. 碳税的形式包括"上游"征税和"下游"征税，即_____征收，也可以同时_____征收。

9. 减排效果是指当政策实施之后，对建筑领域温室气体减排的促进作用大小，包括哪三个指标？

10. 建筑温室气体减排政策的公平性包括哪两个指标？

11. 政策的可实施性包括哪四个指标？

12. 我国现有建筑温室气体减排实施路径有哪些？

第 5 章　建筑节能标准体系

📚 知识目标

1. 我国建筑节能标准体系发展现状及建议
2. 我国建筑领域碳达峰碳中和标准体系构建
3. 建筑领域碳达峰碳中和标准体系实施路径
4. 建筑领域碳达峰碳中和标准体系

📚 能力目标

1. 掌握建筑节能标准体系的现状
2. 构建建筑领域碳达峰碳中和标准体系
3. 分析标准体系的实施路径与计划
4. 提升标准体系的实施与监督能力

📚 思政目标

培养学生诚恳、虚心、勤奋好学的学习态度和科学严谨的工作作风。

5.1　我国建筑节能标准体系发展现状

标准体系是指导标准化工作的有效手段。20 世纪 70 年代至今，我国建筑节能低碳标准化工作已取得巨大进步。建筑节能和减排标准均形成以国家标准、行业标准、地方标准和团体标准为主的基本框架体系。编制并发布的建筑节能低碳标准数量众多，在一定程度上指导了我国建筑节能减排工作的开展。地方纷纷出台与建筑节能低碳相关的标准体系。以指导当地的建筑节能低碳标准化工作。四川省、重庆市、上海市均构建了建筑节能标准体系，如图 5-1～图 5-3 所示。对于体系内部各层次的分类，重庆市将通用标准分为建筑节能、可再生能源利用和绿色建筑通用标准三个部分，而上海市主要从建筑全生命周期的角度对通用标准进行分类、各层次分类不一致。

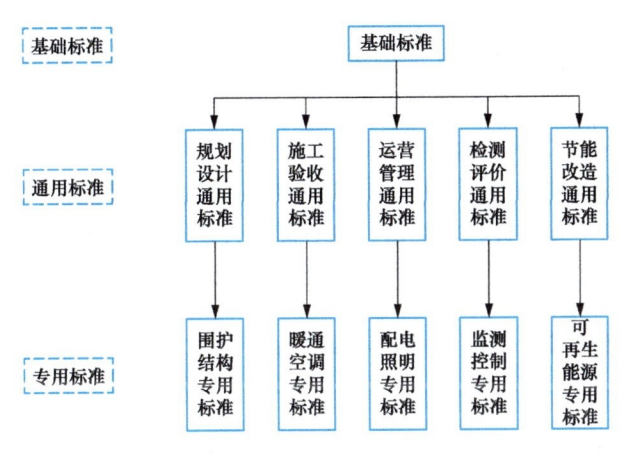

图 5-1　四川省建筑节能标准体系

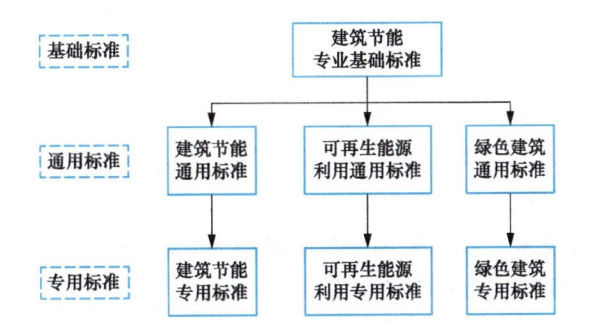

图 5-2　重庆市建筑节能标准体系

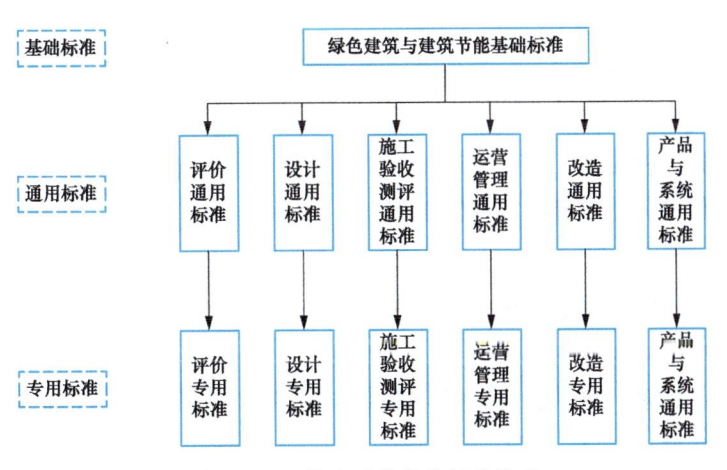

图 5-3　上海市建筑节能标准体系

🔖**知识拓展**

我国尚未从国家层面全面出台一套系统、完善的基于"双控"（能源消耗总量和强度双控）目标的建筑节能低碳标准体系。这导致各地方在构建自身的建筑节能低碳标准体系时缺乏统一的指导依据和基准框架，进而产生了标准体系层次不统一、指导性不强、协调性差等问题。同时，近年来关于建筑节能低碳标准体系的研究逐渐增多，但相较于实际需求，研究数量仍然不足，且研究深度尚待加强，特别是在体系的科学性、可操作性和前瞻性方面仍有较大提升空间。因此，在深刻认识并准确把握我国建筑节能低碳标准体系现状的基础上，加快构建一套符合我国国情、具有前瞻性和可操作性的国家层面建筑节能低碳标准体系，对于指导和推动我国建筑节能低碳工作具有至关重要的意义。

针对建筑温室气体减排，以下是具体的建议：

一、制定和完善相关法律法规

（1）出台专项立法。制定建筑温室气体减排的专项法律，明确减排目标、责任主体、奖惩机制等，为建筑温室气体减排提供法律保障。

（2）完善配套法规。制定和完善与建筑温室气体减排相关的行政法规、规章、标准等，形成完整的法规体系，确保减排工作的规范化和制度化。

二、推广绿色建筑和节能技术

（1）强制建筑能效标准。实施强制性的建筑能效标准，包括建筑能耗限额、能效标识等，推动新建建筑和既有建筑的能效提升。

（2）推广绿色建筑技术。鼓励采用绿色建筑技术，如被动式节能设计、可再生能源利用、绿色建材等，降低建筑生命周期的温室气体排放。

（3）实施节能改造。对既有建筑进行节能改造，提高建筑的保温、隔热、通风等性能，减少能源消耗和温室气体排放。

三、建立碳排放核算和交易体系

（1）建立碳排放核算标准。制定统一的建筑碳排放核算标准和方法，为建筑碳排放的量化、报告和核查提供依据。

（2）推动碳排放权交易。建立建筑碳排放权交易市场，允许建筑碳排放权在市场上进行交易，通过市场机制促进建筑温室气体减排。

四、提供经济激励和财政支持

（1）提供财政补贴。对采用绿色建筑技术、实施节能改造的建筑项目给予财政补贴，降低建筑温室气体减排的成本。

（2）实施税收优惠。对绿色建筑和节能技术给予税收优惠，鼓励企业和社会资本投入建筑温室气体减排领域。

（3）设立专项基金。设立建筑温室气体减排专项基金，用于支持绿色建筑和节能技术的研发、推广和应用。

五、加强监管和执法力度

（1）加强监管。建立健全建筑温室气体减排的监管体系，加强对建筑能效、碳排放等方面的监管和检查。

（2）严格执法。对违反建筑温室气体减排法律法规的行为进行严厉处罚，确保减排工作

第 5 章　建筑节能标准体系

的有效实施。

六、推动国际合作与交流

（1）加强国际合作。积极参与国际建筑温室气体减排的合作与交流，学习借鉴国际先进经验和技术，提升我国建筑温室气体减排的水平。

（2）推动技术转移。鼓励国际间的绿色建筑和节能技术的转移和应用，促进全球建筑温室气体减排事业的发展。

综上所述，建筑温室气体减排政策建议的实施将有助于降低建筑温室气体排放，推动建筑行业的绿色转型和可持续发展。

5.2　我国建筑领域碳达峰碳中和标准体系构建

建筑节能标准体系从形式上与其他专业标准体系相统一，由标准体系框架图、各"层次"标准体系表、各标准项目适用范围说明及编制说明等构成。建筑节能标准体系将融合各专业技术，通过对建筑物的设计、建造到运行管理的各环节进行协同控制，并在节能相关产品的支持下，达到节能目标要求。建筑节能标准体系层次间更多地体现了控制指导或技术产品的支撑关系；对于同层次不同环节间的标准，其内在关系将反映于原相应专业的标准体系中。标准体系的总体框架如图 5-4 所示。

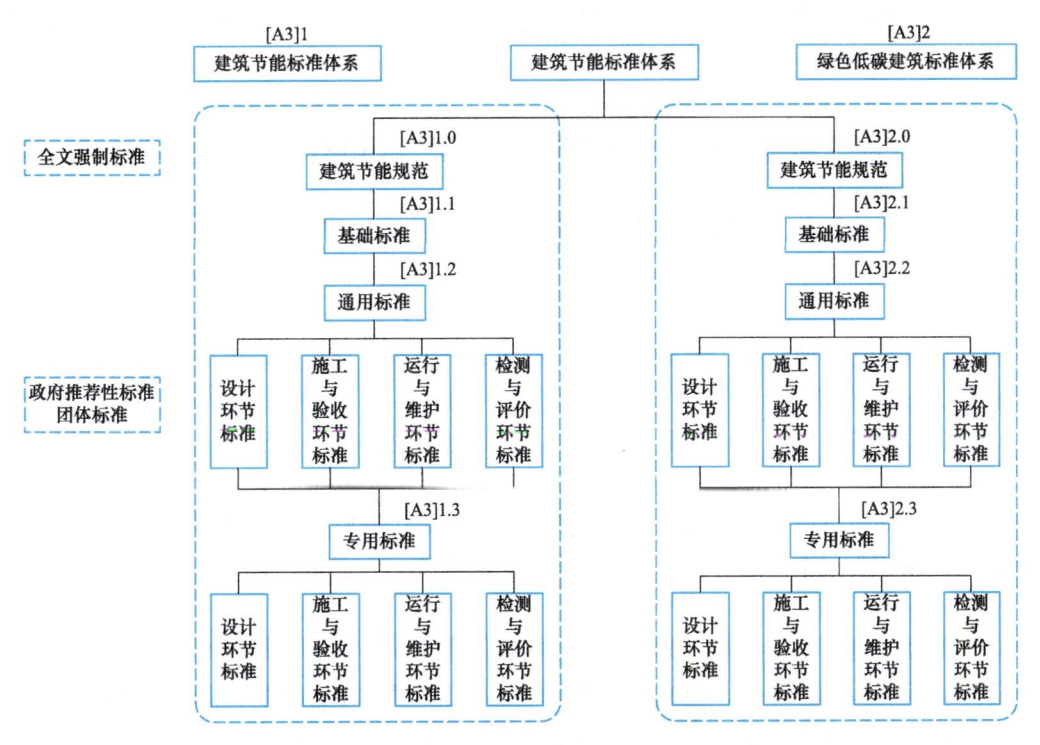

图 5-4　我国建筑节能低碳发展标准体系框架图

对于工程层次和产品层次中所含各环节、门类的标准分体系，在体系框图中竖向分为基础标准、通用标准和专用标准,其中,基础标准是指在某一环节或门类范围内作为其他标准的基础并普遍使用,具有广泛指导意义的标准;通用标准是指针对某一环节或门类标准化对象,制定的覆盖面较大的共性标准。它可作为制定专用标准的依据;专用标准是指针对某一具体标准化对象或作为通用标准的补充、延伸制定的专项标准。

5.3 建筑领域碳达峰碳中和标准体系实施路径

建筑领域碳达峰碳中和标准体系的实施路径可以从以下几个方面进行。

1. 政策引导与法规制定

(1) 出台激励政策。国家和地方政府应出台相关政策,鼓励绿色近零能耗建筑的发展,为建筑节能和碳中和提供政策保障。

(2) 制定和完善法律法规。实施绿色建筑统一标识制度,深化执法体制改革,加强管理能力建设和执法能力建设,确保建筑领域的碳达峰和碳中和目标得以实现。

2. 提升建筑能效水平

(1) 推广高效节能技术。提高新建建筑的能效标准,完善新建建筑节能技术体系,积极推广超低能耗建筑和近零能耗建筑的建设。

(2) 既有建筑节能改造。对既有建筑进行节能改造,提升建筑运行能效,减少能源消耗和碳排放。

(3) 发展装配式建筑。装配式建筑具有高效、低碳的特点,应大力推广,以提高建筑能效水平。

3. 优化能源结构

(1) 提高可再生能源利用率。在建筑领域积极推广太阳能、风能等可再生能源的应用,减少化石能源的使用。

(2) 推动电力脱碳。通过发展核电、水电、风电、光电等零碳电力,降低电力生产过程中的碳排放。

4. 实现建材低碳化

(1) 调整优化产业结构。推动建筑材料行业绿色低碳转型发展,减少高耗能、高排放产业的比例。

(2) 研发低碳建材。加强低碳技术研发,推进建筑材料行业低碳技术的推广应用,研发并应用以 CO_2 作为生产原料的建材或能够吸收 CO_2 的建筑材料。

(3) 提高建筑垃圾循环利用率。通过建筑垃圾分类、回收处理、再生利用等措施,提高建筑垃圾的循环利用率,减少建材生产过程中的碳排放。

5. 加强建筑信息化管理

(1) 推动建筑信息化技术。提升建筑行业的信息化水平,利用物联网、大数据、人工智能等数字化技术对建筑能源、环境和使用者需求进行智慧调节,实现建筑低碳运行。

(2) 建立能耗监测体系。建立完善的建筑能耗监测体系,实时追踪并有效管理建筑碳排放,为制定节能减排策略提供数据支持。

6. 完善市场机制与资金支持

(1) 构建市场化机制。探索建筑绿色低碳发展的市场化机制,研究制定不同类型建筑的碳排放限额与超额加价管理机制,构建碳交易的实施机制。

(2) 加大财政支持。制定税收优惠政策,提供财政补助、贷款贴息等资金支持,调动开发商和业主采购绿色产品、应用绿色技术的积极性。

7. 培育低碳服务产业与专业人才

(1) 发展低碳服务产业。围绕建筑低碳节能技术、高效光伏、智能柔性用电等重点领域,培育建筑低碳服务产业,促进建筑节能减排与绿色建筑相关咨询、科研、规划、设计、施工、检测、评价、运行维护企业和机构的发展。

(2) 加强人才培训。鼓励高等学校增设建筑节能与绿色建筑相关课程,将相关知识纳入继续教育重点内容,加大建筑规划、设计、施工、运行全过程中相关从业人员的建筑低碳政策、技术与标准培训力度。

综上所述,建筑领域碳达峰碳中和标准体系的实施路径需要政策引导、能效提升、能源结构优化、建材低碳化、信息化管理、市场机制完善,以及低碳服务产业和专业人才培育等多方面的共同努力。通过这些措施的实施,可以推动建筑领域实现碳达峰和碳中和目标。

(1) 新建建筑节能设计标准显著提升。目前建筑节能设计标准情况见表 5-1。

表 5-1　　　　　　　　　　建筑节能设计标准情况

标准	实施年份	节能率
《民用建筑节能设计标准(采暖居住建筑部分)》(JGJ 26—1986)	1986	30%(相对于 1980—1981 年节能 30%,即一步节能)
《民用建筑节能设计标准(采暖居住建筑部分)》(JGJ 26—1995)	1996	50%(在 1986 年版基础上,进一步通过优化建筑设计、提高围护结构保温隔热性能和采用高效供暖设备等,实现再节能 20%,累计节能 50%)
《严寒和寒冷地区居住建筑节能设计标准》(JGJ 26—2010)	2010	65%(在 1995 年版基础上,通过更严格的围护结构保温隔热要求、高效供暖空调系统及可再生能源利用等措施,实现再节能 15%,累计节能 65%;或理解为相对于基准建筑节能 65%)
《夏热冬冷地区居住建筑节能设计标准》	2010	50%(相对于该地区基准建筑,通过改善围护结构热工性能、优化自然通风和遮阳设计、采用高效空调设备等,实现节能 50%)
《夏热冬暖地区居住建筑节能设计标准》	2013	50%(同样相对于该地区基准建筑,通过加强围护结构隔热、优化遮阳和自然通风、采用高效空调和照明系统等,实现节能 50%)
《公共建筑节能设计标准》	2015	65%(相对于公共建筑基准能耗,通过提高围护结构保温隔热性能、优化空调系统效率、加强能源管理和利用可再生能源等措施,实现节能 65%)
《严寒和寒冷地区居住建筑节能设计标准》(更新或特定版本)	2019	75%(在 2010 年版基础上,通过更先进的节能技术和措施,如高性能保温材料、高效能源系统、智能控制等,实现再节能 10%,累计节能 75%;或理解为相对于基准建筑节能 75%,具体需参考标准内容)
《温和地区居住建筑节能设计标准》	2019	未直接给出具体节能率(需根据标准中的详细条文和指标,结合具体项目情况来确定节能效果)

续表

标准	实施年份	节能率
《建筑节能与可再生能源利用通用规范》（GB 55015—2021）	2022	严寒和寒冷地区居住建筑平均节能率应为75%，其他气候区平均节能率应为65%；公共建筑平均节能率为72%（该规范为全国性通用规范，对各类建筑的节能设计提出了统一要求）
《民用建筑节能设计标准（采暖居住建筑部分）》（2024年修改版）	2024	未直接给出具体节能率数字，但提出了更高的节能要求，如墙体保温降低至0.65W/(m²·K)，屋面保温降低至0.35W/(m²·K)等
《绿色建筑评价标准》（GB/T 50378—2019）（2024年版）	2024	未直接规定节能率，但要求满足《建筑节能与可再生能源利用通用规范》等节能相关规范

为进一步响应国家节能减排号召，在"十四五"期间，新建居住建筑的节能设计标准得到了大幅提升。特别是在夏热冬冷地区与夏热冬暖地区，居住建筑的节能标准节能率均达到了65%，这一标准严格执行并体现在最新的建筑设计规范中。同时，针对新建公共建筑，其节能设计标准的节能率更是提升至75%，标志着我国公共建筑在能效管理上的重大进步。

（2）既有建筑节能改造标准修订启动。认识到既有建筑在节能减排中的潜力，"十四五"规划期间，相关部门已着手对现有建筑节能改造标准进行修订工作，该修订项目预计延续至2024年，旨在通过技术更新和政策引导，提高既有建筑的能源使用效率，减少碳排放。

（3）推广实施更高节能标准。为推动建筑领域绿色低碳转型，国家已发布并实施推荐性国家标准《近零能耗建筑技术标准》（GB/T 51350—2019），自2019年9月1日起生效，并在"十四五"期间及至2024年持续推广。该标准旨在引导行业向近零能耗建筑方向发展，通过技术创新和管理优化，实现建筑能耗的大幅降低。

（4）建立并完善建筑节能运行调适技术标准。为确保建筑节能措施的有效实施，到2024年我国已建立起一套完整的建筑节能运行调适技术标准体系。该体系涵盖了从设计、施工、验收到运行维护的全生命周期，通过精细化管理和监督，确保建筑能够按照设计和用户需求，安全、高效地运行和控制。这不仅包括了对建筑能效的实时监测与调整，也强调了人员培训和技术支持的重要性，为"十五五"期间及以后建筑领域的可持续发展奠定了坚实基础。

5.4 建筑领域碳达峰碳中和标准体系

"十五五"期间，我国将致力于构建以工程建设技术法规为核心引领、配套标准全面支撑、合规性判定有效补充的全新技术支撑与保障体系。此体系旨在打造规范严谨、技术领先、高度适用的技术法规与标准框架，确保各项要求既符合国际发展趋势，又贴合国内实际需求。同时，将深化基础研究，强化服务效能，确保技术法规与标准的制定过程科学严谨，公开透明，实施监督有力有效，形成基础研究坚实稳固、服务响应迅速及时、监督执行严格到位的技术法规与标准管理新范式。

5.4.1 强化底线控制要求，建立工程规范体系

明确工程规范类别、层级。工程规范分为工程项目类和通用技术类。工程项目类主要规

定总量规模、规划布局、功能、性能、关键技术措施，适用于特定类别的工程项目；通用技术类主要规定勘察、测量、设计、施工等通用技术要求，适用于多类工程项目。工程规范分国家、行业、地方三级。行业工程规范可补充细化并应严于国家工程规范；地方工程规范可根据本地特点补充细化并应用于国家、行业工程规范。

合理确定工程规范技术内容。系统分析辨别工程建设"风险点"，明确技术措施"控制点"，找准政府监管"发力点"。既要体现政府的监管要求，又要满足设计施工等单位的需求；既要确保管住管好。做到"兜底线、保基本"，又不能管多管死，限制企业创新。对工程规范中的性能化要求，应明确可选择的具体技术措施。

严格控制工程规范的制定程序。工程规范的起草应参照法规制定程序，做到客观、公开、公正。工程规范管理机构、起草组及技术支撑专家与机构应各司其职，加强协调论证和试验验证。国家、行业、地方制定的工程标准，分别由国务院或国务院授权部门、国务院有关部门、省级人民政府审查批准。

5.4.2 精简政府标准规模，增加市场化标准供给

明确标准定位。标准是对工程规范更加具体、更加细化的推荐性规定，是对工程规范中性能化要求提出的技术路径和方法。标准分为政府标准、团体标准、企业标准。政府标准分为国家标准、行业标准、地方标准，分别由国务院住房城乡建设主管部门、国务院有关部门、省级住房城乡建设主管部门制定发布。团体和企业标准分别由社会团体制定发布。标准不得违反其适用范围内相应工程规范的要求。鼓励制定严于工程规范的高水平标准。

精简政府标准。政府标准要严格限定在政府职责和公益类范围内，主要是国家急需而市场缺失的标准。要优化"存量"政府标准，合并或转移为团体标准；要严控"增量"政府标准，完善立项评估机制，把好入口关，原则上不再新增国家标准。

积极培育发展团体和企业标准。对团体标准和企业标准制定主体资格，不设行政许可。发布团体标准和企业标准，不需行政备案。经合同约定、团体标准和企业标准可作为设计、施工、验收依据。鼓励第三方专业机构特别是公益类标准化机构，对已发布的团体标准和企业标准的内容是否符合工程规范进行判定。判定工作应秉持公平、公正、客观、科学和自愿的原则，判定结论应向社会公布。

5.4.3 加大实施指导监督力度，提高权威性和影响力

在建筑领域碳达峰碳中和标准体系的实施过程中，加大实施指导监督力度，提高权威性和影响力是至关重要的。

1. 加大实施指导力度

（1）制定详细实施方案。针对建筑领域碳达峰碳中和标准体系，制定详细的实施方案，明确各阶段的目标、任务和时间节点。

实施方案应充分考虑不同地区、不同类型建筑的特点，确保措施的针对性和可行性。

（2）加强技术培训与推广。组织开展针对建筑领域碳达峰碳中和标准体系的技术培训，提高从业人员的专业技能和认知水平。

通过媒体、网络等渠道广泛宣传标准体系的重要性和实施效果，形成全社会共同关注和

支持的良好氛围。

（3）建立示范项目。在不同地区选择具有代表性的建筑项目，作为碳达峰碳中和标准体系的示范项目。通过示范项目的建设和运行，展示标准体系的实际效果和优势，为其他地区和行业提供可借鉴的经验。

2. 加强监督力度

（1）完善监管机制。建立健全建筑领域碳达峰碳中和标准体系的监管机制，明确监管主体、监管内容和监管方式。加强对建筑项目在设计、施工、运营等各个环节的监管，确保标准体系得到有效执行。

（2）强化执法检查。定期开展建筑领域碳达峰碳中和标准体系的执法检查，对违反标准体系的行为进行严肃处理。公开曝光典型案例，形成强大的震慑力，推动标准体系的全面落实。

（3）建立反馈机制。建立建筑领域碳达峰碳中和标准体系的反馈机制，鼓励社会各界对标准体系的实施效果进行监督和评价。根据反馈意见及时调整和完善标准体系，确保其适应时代发展的需要。

3. 提高权威性和影响力

（1）加强政策引导。通过制定和完善相关政策，明确建筑领域碳达峰碳中和标准体系的法律地位和实施要求。加大对标准体系实施的支持力度，提供必要的资金、技术和政策保障。

（2）建立评估体系。建立建筑领域碳达峰碳中和标准体系的评估体系，对标准体系的实施效果进行定期评估。根据评估结果及时调整和优化标准体系，确保其科学性和有效性。

（3）加强国际合作与交流。积极参与国际建筑领域碳达峰碳中和的合作与交流，学习借鉴国际先进经验和做法。加强与国际组织的合作，共同推动全球建筑领域碳达峰碳中和目标的实现。

综上所述，加大建筑领域碳达峰碳中和标准体系的实施指导监督力度，提高权威性和影响力，需要政府、企业和社会各界的共同努力。通过制定详细实施方案、加强技术培训与推广、建立示范项目、完善监管机制、强化执法检查、建立反馈机制、加强政策引导、建立评估体系，以及加强国际合作与交流等措施，共同推动建筑领域碳达峰碳中和标准体系的全面落实和有效实施。

思 考 题

1. _____是指在某一环节/门类范围内作为其他标准的基础并普遍使用，具有广泛指导意义的标准。

2. _____标准＋_____标准＋_____标准三种类型构成了我国建筑节能低碳发展全新的标准体系。

3. _____是指针对某一环节或门类标准化对象，制定的覆盖面较大的共性标准。它可作为制定专用标准的依据。

4. 工程规范分为_____类和_____类。

5. _____是指针对某一具体标准化对象或作为通用标准的补充、延伸制定的专项标准。

6. 如何加大实施指导监督力度，提高权威性和影响力？
7. 基础标准、通用标准和专用标准分别是什么？
8. 工程规范分为工程项目类和通用技术类，请说明各自主要规定了哪些技术措施及适用情况。
9. 政府推荐性标准和团体标准在我国建筑节能低碳标准体系中的作用是什么？

第 6 章　建筑领域节能低碳技术体系

知识目标

1. 我国建筑领域节能低碳技术发展现状
2. 建筑节能低碳技术体系发展趋势分析
3. 构建更高性能新建建筑技术体系
4. 构建绿色经济的既有居住建筑改造技术体系
5. 构建更智慧高效的公共建筑运行维护技术体系
6. 构建更清洁宜居的农村建筑节能技术体系

能力目标

1. 掌握我国建筑领域节能低碳技术的发展现状
2. 分析建筑节能低碳技术体系的发展趋势
3. 能够构建既有居住建筑改造技术体系
4. 能够构建公共建筑运行维护技术体系
5. 能够构建农村建筑节能技术体系

思政目标

培养学生吃苦耐劳、勇于探索、不断创新的职业精神。

6.1　我国建筑领域节能低碳技术发展现状

6.1.1　围护结构节能技术与产品发展和应用现状

围护结构性能提升是我国建筑节能工作的重要组成部分。近三十年来，由于国家高度重视围护结构性能的改善，我国在新型墙体、高性能玻璃等方面涌现出很多创新技术、专利和产品，这些技术都极大地推动了整个建材产业和建筑节能事业。

一、墙体保温隔热技术

技术与产品发展现状。经过近三十年的发展及十余年的大规模应用，我国对于建筑保温隔热产品已经形成了全系列各种类型保温技术的应用，目前在建筑外墙中应用的保温形式主要有三种：外墙外保温、外墙内保温、墙体自保温。

（1）外墙外保温技术。建筑室内热环境与室外气候环境状态和建筑围护结构有密切联系，改进建筑围护结构形式以改善建筑热性能是建筑节能的重要途径。外墙外保温系统被证实是提高建筑围护结构热工性能的有效手段之一。目前我国技术比较成熟、应用范围比较广的外墙外保温系统主要有以下六种形式：粘贴保温板薄抹灰外保温系统，保温板材料主要为EPS板、XPS板、PU板和岩棉等；胶粉聚苯颗粒保温浆料外保温系统；EPS板现浇混凝土外保温系统；EPS钢丝网架板现浇混凝土外保温系统；胶粉聚苯颗粒浆料贴砌EPS板外保温系统；现场喷涂硬泡聚氨酯外保温系统，见表6-1。

表6-1 外墙外保温体系分类

系统类型		构造及做法	系统特点
粘贴保温板薄抹灰外保温系统	模塑聚苯板（EPS）薄抹灰外墙外保温系统	用胶黏剂将保温板黏结在外墙上，保温板表面做玻纤网增强薄抹面层和饰面涂层	构造简单、可靠，只需改变EPS板厚度即可满足各地区节能要求； 性价比最高，防护层维修简便，正常维修后可提高保温系统寿命
	挤塑聚苯板（XPS）薄抹灰外墙外保温系统		国外多用于倒置屋面，很少用于外保温； 热导率低于EPS板，但会随时间而增大； 不易粘贴，尺寸稳定性不如EPS板
	硬泡聚氨酯板（PUR）薄抹灰外墙外保温系统		用于低能耗建筑和要求节能率较高的建筑时具有一定的优势； 由于产品性能与配方和生产工艺关系很大，因而产品质量差异很大
胶粉聚苯颗粒保温浆料保温系统		由界面层、保温层、抹面层和装饰面层构成。界面层材料应为界面砂浆；保温层材料应为胶粉聚苯颗粒保温浆料，经现场拌和均匀后抹在基层墙体上；抹面层材料应为抹面胶浆，抹面胶浆中满铺玻纤网；饰面层可为涂料或饰面砂浆	热导率较大，一般用于夏热冬冷地区和夏热冬暖地区。在寒冷和严寒地区单独使用不能满足外墙外保温要求； 蓄热能力较强，由此产生的温度应力也小，有利于表面抗裂； 燃烧性能级别为B1级，胶粉聚苯颗粒保温浆料外保温系统不具有火焰传播性
EPS板现浇混凝土外保温系统		以现浇混凝土外墙作为基层。EPS板为保温层。EPS板内表面（与现浇混凝土接触的表面）开有齿槽，内、外表面均满涂界面砂浆。在施工时将EPS板置于外模板内侧，并安装辅助固定件。浇灌混凝土后，墙体与EPS板以及锚栓相结合为一体。EPS板表面做抹面胶浆薄抹面层，抹面层中铺玻璃钎网。外表以涂料或饰面砂浆为饰面层	为了确保现浇混凝土与EPS板之间的可靠黏结，EPS板两面应预涂界面砂浆，并应设置辅助固定件

续表

系统类型	构造及做法	系统特点
EPS钢丝网架板现浇混凝土保温系统	以现浇混凝土外墙作为基层，EPS钢丝网架板为保温层。钢丝网架板中的EPS板外侧开有凹凸槽。施工时将钢丝网架板外墙外模板内侧，并在EPS板上安装辅助固定件。浇灌混凝土后，钢丝网架板腹丝和辅助固定件与混凝土结合为一体。钢丝网架板表面抹外加剂含碘水泥砂浆厚抹面层，外表做饰面层	由于有大量腹丝埋在混凝土中，与结构将它的连接比较可靠，目前大多用作面砖饰面；有大量钢腹丝穿透EPS板，该系统为钢丝网水泥砂浆厚抹灰层，复合墙体构件属于难燃烧体
胶粉聚苯颗粒浆料贴砌EPS板外保温系统	由界面砂浆层、胶粉聚苯颗粒粘砌浆料层、EPS板、胶粉聚苯颗粒粘砌浆料层、抹面层和涂料饰面层构成。抹面层中应满铺玻纤网。单板面积不大于0.3m^2，与基层粘贴的一面开设凹槽（当采用XPS板时，每块板还应开两个通孔），EPS板两面预喷刷界面砂浆	板之间的灰缝宽度为10mm。灰缝和两个通孔填满贴砌浆料，计算保温层热阻时应考虑灰缝和两个通孔中贴砌浆料的热桥影响
现场喷涂硬泡聚氨酯外保温系统	由界面层、现场喷涂硬泡聚氨酯保温层、界面砂浆层、找平层、抹面层、和涂料饰面层组成。抹面层中满铺玻纤网。抹面层中应满铺玻纤网，饰面层可为涂料或饰面砂浆	由于保温层为连续喷涂，保温层没有缝隙，不会出现接缝渗水问题，因此具有较好的防雨水渗透性能

随着建筑安全性能要求的不断提高，尤其是建筑外保温防火问题，具备良好防火性能的新技术和新材料得到了推广。外墙外保温技术的应用范围包括新建建筑和既有建筑节能改造等。

（2）外墙自保温技术。外墙自保温体系一般是指由单一材料制成的具有保温隔热功能的砌块或块材，主要用来填充框架结构中的非承重外墙。

目前常见的墙体自保温材料有加气混凝土、淤泥烧结保温砖、混凝土复合保温砌块（砖）、石膏保温砌块等。

系统特点：与建筑同寿命；综合造价低；施工方便；便于维修改造；防火、环保、安全。

系统主要缺点：需要进行冷桥处理；仅适用于剪力墙占外墙面积比例不大的建筑或内隔墙的保温。

对于外墙夹芯保温，一般为外保温和内保温相互结合使用的系统，适用于建筑节能标准较高的建筑。目前应用较多的EPS保温砂浆外墙外保温及石膏基无机内保温相结合的方式，特别是夏热冬冷地区非常适用。

（3）外墙内保温技术。外墙内保温体系指的是保温隔热材料位于建筑物室内一侧的保温形式。外墙内保温主要应用于供暖使用频率不高的建筑物内部，因此在我国南方地区应用较为合适，外墙内保温体系构造与外保温体系构造类似，保温系统位于外墙内侧。外墙内保温体系各构造层所使用的材料与外保温体系类似。外墙内保温的特点是施工方便，多为干作业施工，有利于提高施工效率，同时保温层可有效避免墙体外部恶劣气候的破坏作用，对传统建筑立面设计、设备、管线的安装等不受影响，造价相对低廉。外墙内保温体系主要包括石膏基无机保温外墙内保温节能体系和酚醛板外墙内保温体系。这两类系统的特点详见表6-2。

表 6-2　　　　　　　　　　　　　　外墙外保温体系分类

系统类型	系统特点
石膏基无机保温外墙内保温节能体系	综合投资最低的系统之一； 施工工艺比较简单，内保温无需占用外施工脚手架，对基层墙体平整度要求不高，易于在各种形状的基层墙体上施工； 隔声效果好；防火性能好，保温材料阻燃性A级；石膏基系统-呼吸式墙面系统； 抗裂效果好，可有效防止墙面出现裂纹； 特别适用于夏热冬冷地区的外墙内保温、内隔墙的保温或作为外墙外保温的补充； 热工性能低于有机板系统，同样的热工性能有一定的厚度，影响一定的室内使用面积
酚醛板外墙内保温体系	防寒隔热，热工性能高，保温效果好；隔声效果好；石膏基酚醛板系统防火等级为A级，防火性能好； 酚醛板应用技术目前国内还不够成熟，且无相关规范；综合造价较高； 有热桥，须做热桥处理

二、屋面保温隔热技术

屋面热传导对建筑室内热环境影响颇大，同时由于屋面遭受季节性变化破坏和气候环境的侵蚀，容易发生诸如冻裂或胀裂的情况，因此屋面保温隔热技术不仅影响建筑节能，也关系到工程质量问题。

屋面保温隔热材料一般分三类：一是松散型材料，如炉渣、矿渣、膨胀珍珠岩等；二是现场浇筑型材料，如现场喷涂硬泡聚氨酯整体防水屋面、水泥炉渣、沥青膨胀珍珠岩等；三是板材型，如EPS板、XPS板、PU板、岩棉板、泡沫混凝土板、膨胀珍珠岩板等。

目前，我国常见的屋面保温隔热技术大致有如下几种：架空板隔热屋面；蓄水屋面；倒置式屋面；浅色坡屋面；种植绿化屋面。各种屋面构造做法及特点详见表6-3。

表 6-3　　　　　　　　　　　　　　屋面保温隔热技术分类

技术类型	构造及做法	技术特点
架空板隔热屋面	在已经做好防水层的屋面上，架设平板屋面口等，使屋面不被太阳直射，并通过隔热通风隔热层，设置通风屋脊，设置进风板和屋面之间的空气间层进行隔热和节能	施工简单，对屋面结构荷载增加不大，质量轻，隔热效果好，且板底具有合理的排气结构，又有一定的保湿作用，在我国早期的老式建筑上有广泛的应用

续表

技术类型	构造及做法	技术特点
蓄水屋面	在刚性防水屋面上蓄一层水，其目的是利用水蒸发时带走水中的热量，大量消耗屋面的太阳辐射热，从而有效地减弱了屋面的传热量和降低屋面温度	一种较好的隔热措施，是改善屋面热工性能的有效途径
倒置式屋面	将传统屋面构造中的保温层与防水层颠倒，把保温层放在防水层的上面	特别强调了"憎水性"保温材料，这类保温材料如果吸湿后，其热导率将陡增，所以才出现了普通保温屋面中需在保温层上做防水层，在保温层下做隔气层，从而增加了造价，使构造复杂化； 防水材料暴露于最上层，加速其老化，缩短了防水层的使用寿命，故应在防水层上加做保护层，这又将增加额外的投资； 对于封闭式保温层而言，施工中因受天气、工期等影响，很难做到其含水率相当于自然风干状态下的含水率
浅色坡屋面	将平屋面改成坡屋面，并在屋面上做保温隔热材料	提高屋面的热工性能，还有可能提供新的使用空间（顶层面积可增加约60%）也有利于防水（因为坡屋面有自身较大坡度），并有检修维护费用低、耐久等优点； 用于坡屋面的坡瓦材料形式多，色彩选择广； 坡屋面若设计构造不合理、施工质量不好，也可能出现渗漏现象
种植绿化屋面	以建筑物顶部平台为依托，进行蓄水、覆土并营造园林景观的一种空间绿化美化形式	改善局部地区小气候环境，缓解城市热岛效应；保护建筑防水层，延长其使用寿命；降低空气中飘浮的尘埃和烟雾； 减少降雨时屋顶形成的径流，保持水分；充分利用空间，节省土地； 提高屋顶的保湿性能，节约资源；降低城市噪声等

随着科技的不断发展进步，国内外应用于屋面保温隔热的高效新技术和新材料越来越多，如聚氨酯屋面保温隔热技术等，隔热性能好、耐候性突出、使用寿命长、施工高效快捷等。

三、外窗与幕墙节能技术

1. 外窗节能技术

外窗是建筑围护结构的开口部位，首先应满足采光、通风、日照、视野等的基本要求，还应具备良好的保温隔热、密闭隔声的性能。由于我国幅员广阔，气候多样，对外窗的性能要求也不尽相同。我国北方采暖地区对外窗的要求之一就是冬季要阻止室内热量传递到室外，并具有良好的气密性；我国南方地区则要特别重视外窗的隔热性能，主要是指夏季阻止外部热量向室内传递。与建筑墙体相比，外窗属于轻质薄壁构件，是建筑能耗比例较大的部件，也是节能技术的重点。

目前提高外窗保温隔热性能以便降低能耗的主要措施有以下方面：

（1）采用热导率低的材料制作窗框，如PVC塑料窗框、铝合金断热桥窗框、钢窗框、铝塑复合窗框、铝木复合窗框等，加强窗户框料的阻热性能，有效改善金属窗框热传导带来的能量损失。此外，还可提高窗框型材的保温隔热能力，大力发展断热型材和断热构造。

（2）设计合理的外窗密封结构，选用性能优良的密封材料，提高外窗的气密性、水密性和抗风压能力，减少热量流失，降低建筑能耗。

（3）提高外窗玻璃的隔热品质，减少通过采光玻璃的辐射与热传导所带来的能量损失。

（4）根据当地条件选择适宜的窗型。

由以上措施要求发展起来的外窗节能技术包括：

（1）断热桥铝合金外窗。断热桥铝合金外窗是在铝合金外窗的基础上为了提高保温性能而做出的改进型，通过热导率小的隔条将铝合金型材分为内外两部分，阻隔了铝的热传导，减少了室内热损失。

断热桥铝合金外窗的突出优点是强度高，保温隔热性能好，刚性和防火性能较好，同时采光面积大，耐大气腐蚀性好，综合性能高，使用寿命长。在目前建筑节能形势的要求下，使用断热桥铝合金外窗是提高建筑用窗性能的首选。

（2）中空玻璃外窗。中空玻璃是由两片（或两片以上）平行的玻璃板，以内部注满专用干燥剂（高效分子筛吸附剂）的铝管间隔框隔出一定宽度的空间，使用高强度密封胶沿着玻璃的四周边部黏合而成的玻璃组件。

中空玻璃外窗指以中空玻璃为主要隔热部件的外窗。如在中空玻璃中充装惰性气体将进一步增大中空玻璃的热阻；如采用热反射镀膜玻璃或 LowE 镀膜玻璃更可显著提高外窗的保温性能。

（3）玻璃隔热涂料技术和贴膜技术等。截至 2024 年，玻璃隔热涂料技术和贴膜技术等在既有建筑节能改造中的应用需求日益增长，这些技术成为了提升建筑能效的关键手段。玻璃隔热涂料与贴膜技术凭借其卓越的性能，在夏季能够有效反射太阳辐射热量，减少室内温升，而在冬季则能增强窗户的保温性能，有效防止室内热量流失。这些技术的核心优势在于显著增强了外窗的保温隔热性能，同时施工过程环保且高效，极大提升了建筑物的整体能效表现。

值得注意的是，玻璃隔热涂料和贴膜技术在国际上已有广泛应用，并展现出良好的节能减排效果，但在国内建筑领域的应用尚处于起步阶段，市场渗透率相对较低。这一现状为我国建筑节能改造领域提供了广阔的发展空间。

近年来，我国门窗制造产业蓬勃发展，不仅在规模上迅速扩张，更在技术创新和产品质量上取得了显著进步。随着国家对于节能环保领域的高度重视，相关政策和标准体系不断完善，如《建筑节能与可再生能源利用通用规范》（GB 55015—2021）等文件的出台，进一步推动了建筑能效的提升。我国门窗制造企业积极学习借鉴发达国家的先进经验和技术，不断提升自身的制造能力和水平。

截至 2024 年，我国高端门窗产品的制造水平已经接近或部分达到国际先进水平，部分领先企业更是研发出了具有自主知识产权的玻璃隔热涂料和贴膜产品，这些产品不仅性能优异，而且更加符合国内市场的实际需求。随着国家政策的持续引导和市场的不断成熟，玻璃隔热涂料和贴膜技术在国内建筑领域的应用将会更加广泛，为推动我国建筑行业的绿色转型和可持续发展贡献力量。

2. 幕墙节能技术

幕墙种类有：明框、隐框、金属、石材、单元、框架、点式幕墙等逐渐成熟，部分越来越具有中国特色，双层幕墙、光电幕墙、遮阳幕墙、生态幕墙、智能幕墙、膜结构幕墙等。建筑幕墙是公共建筑围护结构节能的重点。北京奥运会、上海世博会、广州亚运会等大量的建筑工程使用建筑幕墙。我国建筑幕墙产品还将继续保持稳步增长的态势，其产品结构会有大幅度的改变，隔热铝型材、中空玻璃、优质五金配件等产品的幕墙使用比例将很大程度上提高。

四、外遮阳技术

1. 技术与产品发展现状

> **☞ 知识拓展**
>
> 我国目前的外遮阳技术基本为国外引进技术，尤其是欧洲技术。欧洲属地中海气候而我国主要属于大陆季风气候和亚热带气候，二者差别较大。适应于欧洲气候特点（主要指抗风性）的产品未必适合我国大多数地区，尤其是东南沿海地区。而且对量大面广的居住建筑，其技术特点不完全适应我国居住建筑的形式要求。欧洲的居住建筑多为独栋低层别墅或多层公寓，我国则多为高层建筑。因此，除了遮阳产品的适应性外，外遮阳的相关技术配套措施目前也不完善，不能照搬欧洲的技术。在我国居住建筑安装活动室外遮阳应着重解决建筑与外遮阳的一体化问题。
>
> 目前国内的遮阳外资企业产品，其各种配件以进口为主，在国内只完成组装的任务。国内部分做高端遮阳产品的企业虽然同样使用进口原材料与配件，但在设计理念、人性化设计、装配精度、质量控制等方面与国外企业还有一定的差距。

2. 现阶段应用中存在的问题

（1）研发和自主创新能力不足，相关研究仍须加强。我国目前相当一部分建筑遮阳技术主要从欧洲引进，但两地纬度、气候、环境，以及建筑特点差异较大，技术特点不完全适应我国居住建筑的形式要求。应加快研制生产适用于我国具体情况下不同环境气候特点的建筑遮阳产品。

（2）产品形式单一，须因地制宜。我国幅员辽阔，各地气候环境差异巨大，外遮阳产品在不同地区的节能效果和环境适应性研究尚未系统开展。应当通过科研立项，进行相关的基础性研究，系统地对相关影响因素开展广泛研究工作，为未来我国建筑遮阳的应用与推广奠定良好基础。

（3）结合建筑整体设计水平有待提高。我国建筑遮阳在实际应用中与发达国家相比，最突出的差距在于遮阳工程的设计。不少建筑设计单位没有将遮阳工程设计纳入建筑设计的范畴，而是完成建筑设计后再将遮阳产品作为补充。发达国家在建筑设计过程中将外遮阳设计与建筑立面融为一体，十分重视整体规划、具有整体美感。在国内主要的建筑设计科研单位，缺少专门针对建筑遮阳方面的研究设计人才，大多数设计师将遮阳仅仅当作一种建筑装饰的附加配套设施，目的是标榜该建筑的造价及档次，过于注重表现遮阳的符号性，而忽略了节能的重要含义。或者在设计中，过于片面强调建筑物的立面效果，而忽略了基本的建筑日照设计与节能设计，虽然设计了外遮阳设施，但遮阳的节能效果并没有得到很好的体现。

6.1.2 设备与系统节能技术与产品

1. 供热节能技术

(1) 技术与产品发展现状。建筑供暖能耗与建筑围护结构热工性能、用户使用行为模式、热力管网系统运行调节方式、输配管网效率和热源设备效率密切相关,除了全面提高新建建筑节能标准、实施既有建筑和老旧管网改造外,供热节能技术主要有以下几类。

1) 清洁能源供热技术。

① 天然气供热技术。天然气供热主要有三种形式,即燃气锅炉、燃气热电联产和燃气热泵。燃气锅炉是采用天然气燃烧产生的热量直接供热,是最简单的一种供热方式,适用于一家一户和小片区域供热的小型燃气锅炉,以及大片区域集中供热的区域性燃气锅炉;热电联产系统则在发电的同时将燃料燃烧所产生的余热用于供热,这种方式实现了对能量的梯级利用,因此其能源利用率比燃气锅炉要高得多,可达到80%以上;燃气热泵采用燃气作为驱动动力,收集环境中的能量用于供热,其供热量是燃气热量和环境热量的总和,因此能效比较高,环境介质可以是空气、地热、水源或者余热等。

② 蓄热式电锅炉供热技术。目前,在燃气(热力)管网无法达到或可再生能源电力亟待消纳地区的老旧城区、城乡接合部或居民住宅,蓄热式电锅炉供热是推进散煤清洁化替代的技术措施之一,是采用清洁能源电力作为供热的热量来源,通过电加热器将电能转化为热能直接放热或者通过热媒在管道中循环供热。在新能源富集地区,利用低谷富余电力,实施蓄能供暖。

③ 地源热泵供热技术。地源热泵是通过地下埋管中的循环水与地下的砂石、黏土换热,提取地层中的热量,再通过热泵提升热量的品位,以满足建筑供热需求。常用地源热泵地下埋管深度为100m左右,换热后的循环水温度一般为10~15℃,能效比为3~4。近年我国西北地区研发成功2 000~3 000m深的地下埋管热泵系统,循环水出水温度可达到20~30℃,其能效比可达到4~5。

④ 余热利用供热技术。工业生产过程中排出的低品位余热也是清洁供热的重要热源,工业余热的利用实现了对热能的梯级利用,提升了热能的整体利用效率。据估算,我国北方地区冬季按四个月算,低品位工业余热量折合约为1亿tce,可以满足北方供热地区近1/2的供热热量需求。是供热领域未来发展的重要方向。

2) 烟气余热回收技术。燃气锅炉的烟气温度通常在150℃左右既包含有显热,也有大量水蒸气携带的潜热,可以通过在锅炉烟道上设的冷凝式换热器回收热量。其原理是将锅炉给水与烟气通过板壳式换热器进行热交换,一部分烟气显热传递给水,使烟气温度降至80~90℃。另一部分潜热通过水蒸气冷凝成水的相变来实现。两者综合作用效果提高了锅炉给水温度,并使锅炉热效率提高3%~8%。

3) 循环水泵变频技术。大量统计数据表明,泵的容量过大是大多数热力系统常见的现象。如安装的是定速泵,由于使用阀门节流,泵实际所消耗的电量比在工频下运转要多。装置大泵的原因通常是过多地考虑了安全余量或未来新增用户的需求。在这种情况下,选用变频泵可以灵活地适应系统负荷的变化。

变压泵是通过改变水泵叶轮转速而调整泵的扬程和流量。其原理是在泵的电机上连接一个变频器，可以改变电源的频率，从而使电机的转速发生变化。在安装变频器的同时、还需要安装相应的控制设备，如在管网末端的压差控制点安装压差变送器，并将数据传到循环泵的控制系统以调节转速。由于水泵的电功率与转速的 3 次方成正比，因此水泵变频特别是变低频将会节省更多的电能。

4）供热计量技术。分户热计量从计量结算的角度看，分为两种方法：一种是采用楼栋热量表进行楼栋计量再按户分摊；另一种是采用户用热量表按户计量直接结算。其中，按户分摊的方法又有若干种、具体方法如下：

① 散热器热分配计法。通过安装在每组散热器上散热器热分配计进行用户热分摊的方式。

② 流量温度法。通过连续测量散热器或共用立管的分户独立系统的进出口温差，结合测算的每个立管或分户独立系统与热力入口的流量比例关系进行用户热分摊的方式。

③ 通断时间面积法。通过温控装置控制安装在每户供暖系统入口支管上的电动通断阀门，根据阀门的接通时间与每户的建筑面积进行用户热分摊的方式。

④ 户用热量表法。通过安装在每户的户用热量表进行用户热分摊的方式、采用户表作为分摊依据时，楼栋或者热力站需要确定一个热量结算点，由户表分摊总热量值。该方式与户用热量表直接计量结算的做法是不同的。采用户表直接结算的方式时，结算点确定在每户供暖系统上，设在楼栋或者热力站的热量表不可再作结算之用；如果公共区域有独立供暖系统，应考虑这部分热量由谁承担的问题。

(2) 现阶段应用中存在的问题。清洁能源供热取得了显著成效，但是仍面临着一些挑战，主要包括：

1) 传统"煤改电"能效低、费用高。煤改电主要包括三种方式，即电锅炉等集中式供热，发热电缆、电热膜、器热电暖器等分散式电供热，各类电驱动热泵供热。"煤改电"并非简单大规模地使用电热设备供热，目前我国 70% 以上的电力通过火电产生，发电热效率不足 40%，通常电直热的方式存在高能低用配套建设费用和运行费用较高等问题。而各类电驱动热聚供热机组前期投成本高，后期运行费用也较高，且在极端条件下热泵机组运行难以稳定。对于城乡居民来说经济负相过大，以空气源热泵为例，在不考虑设备初装费的前提下，运营阶段执行工商业用电价格（0.75 元/kWh）时供热成本达到 34 元/m^2 通常情况下，单一的可再生能源供热技术需要国家补贴和电价的政策倾斜才能实现经济收益

2) 对财政补贴依赖性较高。目前，由于清洁能源现有替代技术的成本高，用户需要改造补贴和运行补贴予以支持，各级财政承担着较大压力。尤其是河北、山东、河南、山西等地，未来减煤任务量都比北京和天津大得多，而地方财政补贴能力有限，长期维持难以为继。但是如果没有长期、充足、及时的补贴，一旦受到经济因素影响，用户很有可能仍会重新使用燃煤供热。

3) 可再生能源供热技术亟待创新。可再生能源供热深度依赖供热区域资源禀赋，区域性单一的可再生能源供热技术在极端条件下难以保障稳定性、可靠性和经济性；单一技术对于局部可再生资源的开发存在环境承载力过大的风险。目前，我国多种能源利用形式已有所发展，但是尚未形成统一调度和优化配置的能量流调控系统。如何综合利用多种可再生能源，结合技术含量和经济效益较高的储能蓄热系统，实现供热系统的低碳、清洁、稳定、高

效、安全运行，亟待更多的技术创新和实践。

2. 高效制冷技术

随着技术不断创新发展，冷水机组的效率不断提高，各种新型高效制冷技术也不断涌现，本节简单介绍以下几种在实际应用中取得很好节能效果的制冷技术。

(1) 蒸发冷却空调技术。蒸发冷却空调技术主要是利用自然环境的空气具有干湿球温差进行制冷。其中水是热量交换的媒介物质，即制冷剂，这样可以节省资源。其具体的工作原理主要是通过对水的蒸发，进而吸收热量。传统的空调机组成本高，并且运行过程中会消耗大量的电能，要制取相同的冷量蒸发冷却空调机组能够节约 80%的电能，经济性好，可以为用户节省大量使用经费。直接蒸发冷却的主要过程是利用循环水在蒸发的过程中会吸收周围干空气的热量，从而使空气温度降低，降温后的空气直接送风。水蒸气分压力在填料的水表面和空气中的数值不一样，它们的差值可以促进水蒸发，并作为水蒸发的主要动力。间接蒸发冷却的主要目的是解决蒸发冷却加湿的问题。在这一具体的技术中，由于空气和水不会直接接触，所以能够通过空气进行冷却，减少空气中的湿度。

对于直接蒸发冷却空调系统来说，其属于直流式空气系统，所以其对成本的消耗较低，对能源的消耗较少，同时还可以增加空气湿度，因此，一些湿度较低的地区可以使用直接蒸发冷却空调系统。而对于间接蒸发冷却空调系统来说，其主要对环境空气中的干球温度进行利用，并使其与露点的温度差进行配合，通过水与空气的湿热交换实现冷却。因为其在现实中不会对传统空调技术造成室内污染，因此其适用的范围比直接蒸发冷却空调系统更为广泛。

目前的蒸发冷却空调技术主要使用全新风，同时还安装了空气过滤器与加湿器，所以对于蒸发冷却空调系统来说，其新风量会超过其他空调系统，而其基本的室内空气也会低于其他空调系统。有研究认为，蒸发冷却的实施可以减少部分病菌的传播。如果能够在现实情况中将蒸发冷却应用到空调系统中，就可以维持温度与湿度之间的平衡，如此就能够在让人感觉舒适的基础上，节约能源。此外，蒸发冷却空调技术的具体应用也可以减少对室内面积的占用，应用范围较广。

(2) 辐射供冷供热技术。辐射供冷供热是指提升或降低围护结构内表面中的一个或多个表面的温度，形成冷（热）辐射面，通过辐射面以辐射和对流的传热方式向室内供热或供冷的供热供冷方式，辐射面可以是地面、顶棚或墙面；工作媒介可以是电热、冷（热）空气或冷（热）水，系统可以单独供暖或供冷，也可以同一系统夏季供冷、冬季供暖。

近年来辐射供冷供热技术发展很快。辐射供热技术较为成熟，地面辐射供冷的成熟性仍存在质疑，包括结露问题、实际的调节效果以及施工技术等。

(3) 磁悬浮冷机。磁悬浮冷机主要采用磁悬浮轴承，一般设计成两级压缩的离心式冷机，结合数字变频控制技术，压缩机转速可以在 10 000~48 000r/min 之间调节，从而具有优异的部分负荷性能，其 IPLV（综合能效系数）能到达 0.41kW/ton。目前有制冷量范围在 100~1 500 冷 t 之间磁悬浮冷机可供选择。磁悬浮冷机具有以下优点：

1) 节能高效。磁悬浮冷机无油系统，制冷剂中不会混入润滑油，提高了冷凝器和蒸发器的换热效率。磁悬浮轴承与传统的轴承相比，磁悬浮轴承的摩擦损失仅为前者的 2%左右从而提高了机械效率。另外，磁悬浮冷机采用数字变频控制技术，提高了冷机部分负荷效率。

2) 启动电流低。普通大型冷机启动电流能达到200～600A，对电网冲击很大。磁悬浮冷机采用变频软启动，启动电流很小，在断电后恢复供电时多台冷机可以同时启动。

3) 结构紧凑。磁悬浮冷机转速能达到48 000r/min，普通离心式冷机转速一般为3 000r/min，从而磁悬浮冷机较普通冷机尺寸更小，质量更轻。

4) 运行安静。磁悬浮冷机没有机械摩擦，机组产生的噪声和振动极低，压缩机噪声低于77dB，普通离心式压缩机裸机噪声在100dB以上。

5) 系统可持续性高。在传统的制冷压缩机中，机械轴承是必需的部件，并且要有润滑油系统来保证机械轴承工作。据统计在所有烧毁的压缩机中，90%是润滑失效引起的。磁悬浮冷机无需油润滑系统，没有机械摩擦，较传统冷机的可持续性更高。数据中心IT设备出问题会造成严重后果，从而数据中心对关键设施的可靠性要求极高，采用磁悬浮冷机能够提高空调系统的可靠性，降低空调系统停机概率。

6) 日常维护费用低。磁悬浮机组运动部件少，没有复杂的油路系统、油冷却系统。减少了冷机维护内容。数据中心空调系统全年不间断运行，设备维护是运维人员的日常工作内容。采用磁悬浮冷机，能有效减少冷机维护内容，减少运维人员工作量，有效降低日常维护费用。

尽管磁悬浮冷机具有显著的优点，但由于其集成磁悬浮轴承和数字变频控制系统，从而设备初投资较普通冷机有较大提高，仍是目前推广使用的较大障碍。

3. 通风技术

通风技术是维持室内良好空气质量的重要手段，如何通过合理的通风方式，营造一个健康、舒适、节能、可靠的建筑室内环境，一直是建筑环境领域的重要课题。实现室内通风的方式主要包括自然通风和机械通风两种，是两种不同的室内环境营造方向和理念，一种是与室内用户密切结合，通过不定量、间歇、反馈的方式调节室内空气品质、热湿参数和降低能耗；另一种是通过定量、持续、恒定的方式为室内提供服务。受经济发展水平和生活习惯等因素影响，通过开窗的自然通风换气方式是目前最广泛的通风方式，耗能低。对于具有室内人员密度低、人员活动随机性大、房间进深小等特点的居住建筑或中小型办公室，通过开窗的自然通风方式是较为适宜和推荐的技术方式。

4. 照明与家电设备节能技术

照明及各类设备用能占我国建筑运行总能耗的比例超过20%，是建筑节能不可或缺的关键环节。在照明节能方面，主要技术措施包括推广高光效、长寿命、显色性佳、安全稳定的光源，如LED灯具，以及采用智能照明控制技术。这些节能措施涵盖了两个方面：一是通过技术创新提升设备能效，二是合理控制高耗能设备的占有率和使用率，避免盲目增长。

自20世纪80年代中后期起，我国开始发布实施家用电器能效标准，标志着我国能效管理工作的正式启动。此后，随着《中华人民共和国节约能源法》等相关法律法规的出台，能效标准制定、能效提升工作稳步推进，各类能效提升政策逐步完善。截至2024年，我国已发布了众多强制性能效标准，涵盖了家用和类似用途电器、照明设备、商用设备、工业设备，以及电子信息产品等多个领域。同时，能效标识制度也得到了广泛应用，已有数十类产品被纳入能效标识目录范围，为消费者提供了清晰的产品能效信息。

在"十二五"至"十四五"期间，我国节能产品认证工作取得了显著成效，累计颁发节能产品认证证书数量庞大。此外，政府还实施了节能采购、能效"领跑者"制度、节能产品惠民工程等一系列政策措施，有力推动了高效节能产品的市场推广和应用。这些政策不仅丰富了高效节能产品市场，为建筑节能绿色照明等节能改造工程提供了充足的产品选择，还支撑了一系列节能政策的落地实施，全面促进了建筑等领域的节能工作。

> **知识拓展**
>
> 经过三十多年的不懈努力，我国在家电领域的节能政策取得了长足进步。在政策数量、政策体系全面性、财政投入规模等方面，我国已经与美国、欧盟等发达国家和地区相媲美，甚至在某些方面超越了它们。据中国标准化研究院等机构的测算，由于能效标识等制度的实施，我国已累计实现了数千亿千瓦时的节电量，节能效果显著。
>
> 我国家电领域节能政策仍面临诸多挑战。为了进一步提升节能效果，需要进一步增强各项政策措施的协调性，发挥政府、企业、消费者等多方合力，促进政策的有效实施。同时，建立政策评估机制，进一步扩大节能评估体系的覆盖范围，也是未来工作的重点。
>
> 我国家电设备户均电耗与美国等发达国家相比仍存在较大差距。这一差异的主要原因在于部分特殊家电的占有率、家电设备类型及使用方式的不同。例如烘干机、冷柜、烤箱、洗碗机等家电在美国普及率较高，而在我国则相对较少。此外，家电的使用模式也对能耗产生重要影响。因此，在推广高效节能产品的同时，我们还需要引导消费者合理使用家电，培养良好的节能习惯，进一步降低家电能耗。

6.1.3　可再生能源建筑应用技术与产品发展和应用现状

1. 太阳能光热利用技术

目前我国太阳能光热在建筑中的应用技术成熟，发展稳定，技术类型主要包括以下方面。

（1）太阳能热水系统。太阳能光热在建筑领域的应用主要是太阳能热水器，且太阳能热水器也主要应用在城乡建筑中，由于技术门槛相对较低，技术较为成熟，各方面发展较为稳定。

太阳能生活热水技术将太阳能转化成热能并传导给水箱内的水，按照辅助能源类型可分为无辅助热源、电辅热和燃气辅热三类，其中以电辅热最为常见。根据集热器结构不同可分为真空管式和平板式。

（2）被动式太阳房。被动式太阳能供暖技术在我国已应用于学校、住宅、办公、旅馆等民用建筑以及通信、边防哨所、气象台站、公路道班、乡镇卫生院等专用建筑。其应用和分布非常广泛。

被动式太阳房的定义是不用机械动力而在建筑物本身采取一定措施，利用太阳能进行冬季供暖的房屋。被动式太阳能供暖建筑不需要专门的集热器、热交换器、水泵等设备，只是通过建筑朝向和周围环境的合理布置、内部空间和外部形体的巧妙处理，以及建筑材料和结构构造的恰当选择，使其在冬季能集取、保持、储存和分配太阳热能，夏季能遮蔽太阳辐射，散逸室内热量，达到供暖和降温的目的，适度解决建筑物的热舒适问题。运用被动式太阳能供暖原理建造的房屋称之为被动式供暖太阳房。

南向玻璃窗是被动式太阳房中利用太阳能的一个最基本的部件和组成部分。为使房间温度在夜间不致过低以及白天温度不致过高，还需要有蓄热物质和夜间保温装置（如窗帘、保温板等）。通常被动式太阳能集热部件与房屋结构合为一体，作为围护结构的一部分。这样既可达到利用太阳能的目的，又可作为房屋总体结构中的一个组成部分而发挥它的多功能作用。

（3）太阳能供暖系统。太阳能供暖系统是指将太阳能转化成热能，供给建筑物冬季供暖的系统，系统主要包括集热器、储热器、供暖末端设备、辅助加热装置和自动控制系统等。按集热系统与蓄热系统的换热方式不同，太阳能供暖系统还可分为直接式系统和间接式系统。按蓄热系统的蓄热能力不同，太阳能供暖系统可分为短期蓄热系统与季节蓄热系统。

太阳能热水是我国在太阳能热利用领域具有自主知识产权、技术最成熟、依赖国内市场产业化发展最快、市场潜力最大的技术，也是我国在可再生能源领域唯一达到国际领先水平的自主开发技术。但是，目前太阳能热利用市场化推广方面仍存在以下不足：

（1）产品结构单一，平板型集热器应用量少。我国的太阳能热水器市场与发达国家相比一个很大的不同点是产品品种的市场结构，发达国家占市场份额90%以上的是平板型集热器、分离式太阳能热水系统，无论是产品的安全性、可靠性、耐久性还是系统形式，都非常适宜和建筑结合。而我国的太阳能热水器产品绝大多数是紧凑直插式产品，是一次循环系统、非承压的。紧凑式系统的最大问题是水箱只能和集热器一起放置在屋顶上，不易实现与建筑外观的融合，经常对建筑景观和城市景观造成不好的影响。此外，真空管型太阳能热水器是我国的主流产品，而平板型太阳能热水器市场占比较小。因此，产品品种单一也是我国推广与建筑结合太阳能热水系统的障碍所在。

（2）与建筑结合太阳能热水工程的数量偏少，技术水平参差不齐，与建筑结合水平不高。太阳能热水系统与建筑一体化结合的理念，已经在太阳能利用学术界、产业界和建筑业界达成共识，并得到政府机构的大力支持。但在与建筑结合的太阳能热水技术和工程应用领域，我国的整体水平和应用规模，与发达国家相比仍有不小差距。各地的发展不平衡，存在一些认识上的误区，大部分建筑设计院和房地产开发商对建筑一体化太阳能热水系统的关注较少，部分太阳能热水器企业对建筑一体化的认识停留在概念上，没有投入实质性的努力。在产品性能、与建筑结合的适用性和系统设计等方面都亟待提高。

（3）与建筑一体化的设计能力跟不上。作为建筑设计主体的各建筑设计院，过去基本上没有介入太阳能热水系统的设计，对太阳能集热系统缺乏了解；设计人员在进行太阳能热水系统设计时，缺乏必要的基础设计参数。常规生活热水供应系统所用的热源，比如热水锅炉等，其额定产热水量可以从产品样本上非常方便地查出，而太阳能热水器则没有任何一个企业能在产品样本中给出适用于不同气候条件、不同季节比较准确的产热水量。这就使设计人员感到心中无数，导致其对没有依据的设计缺乏积极性。

2. 太阳能光伏发电技术

建筑集成光伏（Building Integrated Photovoltaics，BIPV）是指将光伏系统与建筑物集成一体，光伏组件成为建筑结构不可分割的一部分，如光伏屋顶、光伏幕墙、光伏瓦和光伏遮阳装置等。把光伏组件作为建材，必须具备建材所要求的几项条件，如坚固耐用、保温隔热、防水防潮、适当的强度和刚度等。若是用于窗户、天窗等,则必须能够透光,就是说既可发电又可采光。除此之外,还要考虑安全性能、外观和施工简便等因素。用光伏组件代替部分建材,在将来随着应用面的扩大,光伏组件的生产规模也随之增大,则可从规模效益上降低光伏组件的成本,有利于光伏产品的推广应用,所以存在着巨大的潜在市场。

建筑集成光伏系统(BIPV)可以划分为两种形式:一种是建筑与光伏系统相结合;另外一种是建筑与光伏组件相结合。建筑与光伏系统相结合指把封装好的光伏组件安装在居民住宅或建筑物的屋顶上,再与逆变器、蓄电池、控制器、负载等装置组成一个发电系统。建筑与光伏组件相结合指建筑与光伏的进一步结合是将光伏组件与建筑材料集成一体。用光伏组件代替屋顶、窗户和外墙,形成光伏与建筑材料集成产品,既可以当建材,又能利用绿色太阳能资源发电,可谓两全其美。

光伏与建筑相结合的应用形式主要包括与屋顶相结合、与墙面相结合、与遮阳装置相结合等方式,见表6-4。

表6-4　　　　　　　　　　　　BIPV形式分类

BIPV形式	光伏组件	建筑要求	类型
光电采光顶(天窗)	光伏玻璃组件	建筑效果、结构强度、采光、遮风挡雨	集成
光电屋顶	光伏屋面瓦	建筑效果、结构强度、遮风挡雨	集成
光电幕墙(透明幕墙)	光伏玻璃组件(透明)	建筑效果、结构强度、采光、遮风挡雨	集成
光电幕墙(非透明幕墙)	光伏玻璃组件(非透明)	建筑效果、结构强度、遮风挡雨	集成
光电遮阳板(有采光要求)	光伏玻璃组件(透明)	建筑效果、结构强度、采光	集成
光电遮阳板(无采光要求)	光伏玻璃组件(非透明)	建筑效果、采光、遮风挡雨	集成
屋顶光伏方阵	普通光伏组件	建筑效果	结合

(1)光伏与屋顶相结合。建筑物屋顶作为吸收太阳光部件有其特有的优势,日照条件好,不易受遮挡,可以充分接受太阳辐射,系统可以紧贴屋顶结构安装,减少风力的不利影响,并且,太阳能电池组件可替代保温隔热层遮挡屋面。此外,与屋面一体化的大面积太阳能电池组件由于综合使用材料,不但节约了成本,单位面积上的太阳能转换设施的价格也可以大大降低,有效利用的屋面不再局限于坡屋顶,利用光电材料将建筑屋面做成的弧形和球形可以吸收更多的太阳能。

与屋顶相结合的另外一种光伏系统是太阳能瓦。太阳能瓦是太阳能电池与屋顶瓦板结合形成一体化的产品,这一材料的创新之处在于使太阳能与建筑达到真正意义上的一体化,该系统直接铺在屋面上,不需要在屋顶上安装支架,太阳能瓦由光电模块的形状、尺寸、铺装时的构造方法都与平板式的大片屋面瓦一样。

(2)光伏与墙相结合。对于多、高层建筑来说,外墙是与太阳光接触面积最大的外表面。为了合理利用墙面收集太阳能,可采用各种墙体构造和材料,包括与太阳能电池一体化的玻璃幕墙、透明绝热材料以及附加于墙面的集热器等。

此外,太阳能光电玻璃也可以作为建筑物的外围护构件。太阳能光电玻璃将光电技术融入玻璃,突破了传统玻璃幕墙单一的围护功能,把以前被当作有害因素而屏蔽在建筑物表面的太阳光,转化为能被人们利用的电能,同时这种复合材料不多占用建筑面积,而且优美的外观具有特殊的装饰效果，更赋予建筑物鲜明的现代科技和时代特色。

（3）与遮阳装置的一体化设计。将太阳能电池组件与遮阳装置构成多功能建筑构件，一物多用，既可有效地利用空间，又可以提供能源，在美学与功能两方面都达到了完美的统一，如停车棚等。

（4）与其他光伏建筑构件一体化设计。光伏系统还可与景观小品，如路灯、围栏等相组合构成一体化设计。此外，双面发电技术采用了正反两面都可以捕捉光线的"PN 结"结构，有效提高了电池的输出功率，这种电池与传统电池的最大不同点在于它完全突破了太阳能电池使用空间和安装区域的限制，可以不必考虑太阳运动对电池发电量的影响，很好地解决了在有限的空间保证功率需求的问题。

总之，光伏系统和建筑是两个独立的系统，将这两个系统相结合，所涉及的方面很多，要发展光伏与建筑集成化系统，并不是光伏制作者能独立胜任的，必须与建筑材料、建筑设计、建筑施工等相关方面紧密配合，共同努力，并有适当的政策支持，才能成功。

光伏并网发电和建筑一体化的发展，标志着光伏发电由边远地区向城市过渡，由补充能源向替代能源过渡，人类社会向可持续发展的能源体系过渡。太阳能光伏发电将作为最具可持续发展理想特征的能源技术进入能源结构，其比例将越来越大，并成为能源主体构成之一。

☞知识拓展

太阳能发电是目前相对来说发展最快、技术也最为成熟的可再生能源技术之一。近二十年来，太阳能光伏电池的效率迅速提升、成本显著下降。预计在下一阶段，太阳能光伏技术会持续发展，更多类型的光伏电池类型将成为新的可再生发电选项。传统的太阳能发电系统往往安装在屋顶，会受到屋顶面积的制约。近年来，已有许多建筑开始通过在立面上大幅使用太阳能电池，或者采用太阳能电池板作为围护结构的一部分（如薄膜电池），尽管立面光伏板的效率相对较低，但由于能够增加太阳能光伏板的铺设面积，发电总量能够进一步增加。因此，需要根据太阳能光伏发电需求、当地太阳辐射条件以及投资成本等进行核算。

3. 热泵技术

（1）地源热泵系统。地源热泵作为一种可再生能源的冷热源方案目前在我国许多地区得到大力推广。有些城市把这种方式作为应用可再生能源的一种方式，给予各种经济和政策上的优惠；也有些城市将其作为考核是否实现建筑节能的重要标志。目前我国长江中下游地区的许多住宅小区均采用水（地）源热泵作为冷热源。有观点认为由于水（地）源热泵系统具有经济、节能、环保等诸多方面的优势，弥补了我国传统的供暖空调方式存在的问题，符合我国环境保护和能源节约的政策、水（地）源热泵在我国住宅中的应用具有良好的应用前景。

地源热泵的形式包括：以地下埋管形式构成土壤源换热器，通过水或其他防冻介质在埋管中流动，与土壤换热，获取低温热量，然后通过热泵提升其温度。

制备供暖用热水：直接提取地下水，经过热泵提升温度，制备供暖用热水。被提取了热量、温度降低了的地下水再重新回灌到地下。

对于适合地源热泵的地区的住宅建筑，由于室内外温差不是构成冷热负荷的主导因素，因此各房间之间负荷的不同步性严重。在严寒地区（如哈尔滨），因为影响负荷的主要因素为室内外温差，因此不同房间之间的负荷均匀度较高，基尼系数在 0.3 的水平。在寒冷地区（如北京），负荷受到外温及室内热扰的双重影响，负荷均匀度呈现中间水平基尼系数在 0.5 的水平。而在夏热冬冷地区（如上海），影响外温的主要因素为室内热扰因此房间的负荷均匀度很低，基尼系数达到 0.8。因此在夏热冬冷地区，住宅建筑负荷具有较大的不均匀性，其也成为影响热泵系统适用性的主要因素。

（2）空气源热泵。空气源热泵是以空气中的热量为能量来源，通过压缩机将空气中的热量转移到热媒介中，实现热能品位的提升，以满足供热需求。当室外空气温度在 0℃ 左右时，空气源热泵的电-热转换效率能效比可达到 3。近年来，我国在此方向的技术进步迅速，通过新的压缩机技术、变频技术和新的系统集成，已经把空气源热泵的应用范围扩展到 −20℃ 的低温环境。

（3）复合热泵系统。为实现地源热泵系统长期高效运行，应使地源热泵每年从地下取热和排热总量基本达到平衡。因此，对于冷热负荷差别比较大，或者单纯利用地源热泵系统不能满足冷负荷或热负荷需求时，可采用复合式地源热泵系统。

当冷负荷大于热负荷时，可采用"冷却塔+地源热泵"的方式，地源热泵系统承担的容量由冬季热负荷确定，夏季超出的部分由冷却塔提供。当冷负荷小于热负荷时，可采用"辅助热源+地源热泵"的方式，地源热泵系统承担的容量由夏季冷负荷确定，冬季超出的部分由辅助热源提供。通常采用的辅助热源方式有：太阳能、燃气锅炉、电加热或余热利用等。采用复合式地源热泵系统后，可以使得吸、排热量大体持平。典型的复合式地源热泵系统，如地源热泵与太阳能复合式系统、地源热泵与冰蓄冷复合式系统、地源热泵与冷却塔复合式系统、地源热泵热水系统等。

6.2 建筑节能低碳技术体系发展趋势分析

自 20 世纪 80 年代以来，我国的建筑节能工作历经三十余载的不懈努力，取得了举世公认的显著成就。通过精心规划的"三步走"战略，我国实现了各类建筑节能标准的持续提升，建筑能效水平也迈上了新的台阶。特别是在"十三五"期间，随着国家标准《民用建筑能耗标准》（GB/T 51161—2016）的发布与实施，我国的建筑节能工作正式步入了一个全新的发展阶段，其核心目标逐渐由单纯提高建筑能效转向以降低建筑实际能耗为主，并将实施建筑能耗总量和强度"双控"策略作为推动行业绿色发展的重要方向。

步入"十四五"这一崭新的发展时期，我国城镇化进程中的主要矛盾已悄然发生变化，城镇化率与城市基础设施之间的不适应状态得到了显著改善，城市建设已基本满足社会和经济发展的迫切需求。在此背景下，城镇化的发展模式正从以往的快速进发式增长阶段稳步转向平稳缓慢增长期。这一转变不仅标志着我国城市建设进入了一个全新的历史阶段，也对建筑节能领域的中长期发展提出了新的战略要求。

展望未来至"十五五"期间，我国建筑节能低碳技术体系的发展将更加紧密地围绕国家现阶段的主要发展战略需求进行布局。一方面，随着"双碳"目标的深入实施，建筑节能工作将更加注重提高能源使用效率，减少温室气体排放，以助力国家实现气候变化应对目标。

另一方面，面对城镇化发展的新阶段，建筑节能技术将更加注重与城市基础设施的协同优化，推动构建绿色、低碳、智慧的城市生态系统。此外，随着科技的不断进步和政策的持续引导，新型节能材料、智能控制系统、绿色建筑设计等先进技术将得到更广泛的应用，为建筑节能低碳技术体系的创新发展提供有力支撑。

建筑节能低碳技术体系的发展趋势可以从以下几个方面进行分析。

1. 政策驱动与市场需求

（1）政策导向。

政策推动：近年来，我国政府高度重视节能减排工作，出台了一系列政策措施以鼓励建筑节能产业的发展。例如，国家发改委明确要求2025年城镇新建建筑全面执行绿色建筑标准，新建超低能耗、近零能耗建筑面积要比2023年增长0.2亿平方米以上。此外，还有《建筑节能技术产品认证管理办法》等相关政策出台，为建筑节能低碳技术的发展提供了有力保障。

（2）市场需求。随着人们对居住环境健康舒适性的要求提高，以及政府对节能减排的重视程度加深，建筑节能低碳技术的市场需求不断增长。农村建筑节能改造需求释放，但技术适配性差导致改造成本超出财政承受能力，未来需要更多适用于农村地区的节能低碳技术。预计未来几年，我国建筑节能市场规模将继续保持稳定增长，到2025年有望突破2万亿元。

2. 技术创新与集成应用

（1）超低能耗建筑技术。通过优化围护结构、高效能源系统和可再生能源集成，实现建筑能耗的大幅降低。例如，采用高性能保温材料、三玻两腔中空玻璃，结合地源热泵和光伏建筑一体化（BIPV）技术，可使建筑能源自给率超过80%。

（2）新型绿色建材与装配式技术。石墨烯建材、装配式木结构、低碳混凝土等新型绿色建材的应用，减少了施工废弃物和全生命周期碳排放。装配式建筑通过预制化、模块化设计，提高了施工效率和建筑质量。

（3）可再生能源集成系统。光伏建筑一体化（BIPV）、地源/空气源热泵、建筑储能系统等可再生能源集成系统的应用，推动了建筑从"能源消费者"向"产储销一体"转型。

（4）智能监测与数字化管理。建筑信息模型（BIM）+AI、智能温控系统、能源管理系统等智能节能控制系统的应用，使得建筑能耗的监测和管理更加精准和高效。这些系统能够实时响应气象数据和建筑运行状态，提前预测并调整建筑能耗，实现节能降耗的目标。

碳足迹管理平台依托物联网和大数据，追踪建筑全生命周期碳排放，为碳交易和绿色金融提供数据支撑。

3. 跨界融合与新业态

（1）建筑与能源的跨界融合。建筑与能源的结合将催生"智慧能源社区"等新业态。通过整合能源生产和消费，实现能源的高效利用和低碳排放。

（2）数字技术的引入。数字化技术如物联网、大数据、云计算等在建筑节能领域的应用，将推动建筑从"耗能"向"产能"的转型。这些技术能够实现对建筑能耗的实时监测和管理，提高能源利用效率。

4. 未来发展趋势展望

（1）技术迭代与成本降低。随着技术的不断迭代和市场规模的扩大，建筑节能低碳技术的成本将逐渐降低，实现更广泛的应用。

投资者需警惕技术迭代风险，关注新技术的发展趋势和市场应用前景。

（2）金融工具创新。试点建筑节能改造 REITs 等金融工具创新，将破解中小城市融资瓶颈，推动建筑节能低碳技术的普及和应用。

（3）标准体系完善与市场推广。建立覆盖包括县域市场的分级技术指南，加强绿色建材产品认证和应用推广工作，建立绿色建材采信应用数据库，持续开展绿色建材下乡活动。

综上所述，建筑节能低碳技术体系的发展趋势呈现出政策推动、技术创新与集成应用、市场需求与跨界融合以及未来发展趋势展望等多个方面的特点。随着技术的不断进步和市场的不断扩大和市场的持续发展，建筑节能低碳技术将在推动建筑业高质量发展中发挥越来越重要的作用。

6.2.1 "四个革命、一个合作"的能源发展战略

"四个革命、一个合作"的能源发展战略是我国在能源领域提出的重要战略思想，具体内容如下。

1. 四个革命

（1）推动能源消费革命。抑制不合理能源消费，倡导节能减排和绿色消费理念；鼓励使用清洁能源和可再生能源，减少对化石能源的依赖；提高能源利用效率，降低能源消耗和排放。

（2）推动能源供给革命。建立多元供应体系，增加清洁能源和可再生能源的供应比例；推动传统能源产业的转型升级，提高能源供给的质量和效率；加强能源基础设施建设，提高能源供应的稳定性和安全性。

（3）推动能源技术革命。加快能源科技创新步伐，推动关键技术研发和突破；加强新兴能源技术装备的自主创新，提高能源技术的国际竞争力；推广先进的能源技术和装备，带动产业升级和转型。

（4）推动能源体制革命。深化能源体制改革，打破行业垄断和市场壁垒；建立完善的能源市场体系，发挥市场机制在资源配置中的决定性作用；加强能源监管和法治建设，保障能源市场的公平、公正和透明。

2. 一个合作

全方位加强国际合作，积极参与国际能源治理和合作机制建设；加强与其他国家在清洁能源、可再生能源等领域的合作与交流，推动构建开放、包容、普惠、平衡、共赢的新型国际能源关系。

这一战略思想的提出，旨在推动我国能源行业的转型升级和高质量发展，保障国家能源安全，促进经济社会的可持续发展。在实施过程中，需要政府、企业和社会各界的共同努力和协作，加强政策引导、技术创新和市场机制建设，推动能源行业的绿色、低碳、高效发展。同时，还需要加强国际合作与交流，共同应对全球能源挑战，推动构建人类命运共同体。

6.2.2 新时代高质量绿色发展要求

新时代高质量绿色发展要求是一个综合性的概念，它涵盖了经济、社会、环境等多个方

面。城镇化是现代化的必由之路，以促进人的城镇化为核心、提高质量为导向的新型城镇化战略，是新时代中国特色社会主义发展的重要实践。城镇化高质量发展应体现下述核心特征："绿色健康"，推进城镇绿色低碳发展，如全面推广建筑节能和绿色建筑、开展城镇水生态修复治理、实施国家节水行动、出台资源循环利用基地建设实施方案、推进生活垃圾分类立法等，建立城镇绿色发展指标体系；"智慧创新"，以科技进步为支撑，全面提升城乡发展智能化、智慧化水平；"文化繁荣"，停止对历史文化资源的破坏，并应该充分发挥创造力，为未来留下一份带有中国特色的文化遗产；"治理现代"，城镇治理能力现代化是城镇化持续健康发展的基本保障，涉及国土管理、结构优化、质量提升、整体和谐、协同治理等一系列问题。

以下是对新时代高质量绿色发展要求的详细阐述。

1. 经济方面

（1）绿色技术创新。要求经济活动整个过程绿色化，推动传统粗放式的增长方式向绿色化转型。鼓励绿色技术创新，提高资源利用效率，减少环境污染。

（2）绿色金融发展。发展绿色金融，为绿色产业和绿色项目提供资金支持。推动金融机构创新绿色金融产品，服务绿色经济发展。

（3）产业结构优化。推动传统产业向绿色产业转型，发展节能环保、清洁能源等绿色产业。优化产业结构，提高绿色产业在国民经济中的占比。

2. 社会方面

（1）绿色消费。

倡导绿色消费理念，鼓励居民使用绿色产品和服务。

建立绿色消费制度，引导消费者选择绿色消费方式。

（2）绿色生活。

推广绿色生活方式，如节能减排、垃圾分类等。

加强绿色生活教育，提高公众环保意识。

（3）绿色就业。

发展绿色产业，创造绿色就业岗位。

加强绿色技能培训，提高劳动者绿色就业能力。

3. 环境方面

（1）生态环境保护。

实行最严格的生态环境保护制度，加强环境污染治理。

推动生态文明建设，构建人与自然和谐共生的生态环境。

（2）资源节约利用。

倡导资源节约利用理念，推动资源循环利用。

加强资源节约管理，提高资源利用效率。

（3）应对气候变化。

积极应对气候变化，推动绿色低碳发展。

加强国际合作，共同应对全球气候变化挑战。

4. 制度与政策方面

（1）制度创新。全面深化绿色发展的制度创新，完善绿色产业、绿色消费、绿色金融等制度设计。推动生态环境监管体制改革，加强生态环境管理制度建设。

（2）政策引导。制定绿色发展的政策措施，引导社会资本投入绿色产业。

加强政策协同，形成推动绿色发展的合力。

（3）法治保障。加强绿色发展的法治保障，完善相关法律法规体系。

加大执法力度，严厉打击环境违法行为。

综上所述，新时代高质量绿色发展要求在经济、社会、环境和制度与政策等多个方面进行全面变革和创新，推动经济社会全面绿色转型，实现高质量发展与生态环境保护的协同共进。

新型城镇化集"扩内需、聚产业、促创新"于一体，为农业现代化提供有力支撑，也为工业化和信息化发展提供空间，是新旧动能转换的必由之路。新动能既来自新经济的发展壮大，也来自传统产业改造升级。实现新旧动能转换，必须加快培育新技术、新业态、新模式，实现产业智慧化、智慧产业化、跨界融合化、品牌高端化。推动传统产业改造升级，激发壮大新动能，实现新旧动能转换。通过改革、开放、创新的办法、全面破除影响城镇化高质量发展的各种障碍，激发更多创新活力。基于此，建筑领域碳达峰碳中和背景下，建筑节能、绿色建筑与低碳发展的相关的技术体系发展和集成应用过程也逐渐呈现出以下三个重要特征：

（1）信息化。信息化是以现代通信、网络、数据库技术为基础，将所研究对象各要素汇总至数据库、供特定人群生活、工作、学习、辅助决策等。信息化代表了一种信息技术被高度应用，信息资源被高度共享，从而使得人的智力潜力以及社会物质资源潜力被充分发挥，个人行为、组织决策和社会运行趋于合理化的理想状态。随着以人工智能、移动通信、物联网、区块链等为代表的新一代信息技术加速突破应用，建筑建造方式、能源生产和消费方式等都随之发生了根本性的转变。对于用能系统较为复杂的公共建筑，建立可溯源的能源监管信息化体系，强化能源精细化管理水平，提供安全、便捷、有效的能源管理信息服务，是该领域相关技术发展的重要方向。

（2）数据化。用数据说话是未来建筑领域实施用能总量控制的前提条件，从建筑到城市，不同尺度的数据平台建设和数据应用服务逐渐完善和丰富，建筑负荷预测、用能系统调适与优化运行、建筑用能监测与数据挖掘等领域将成为该领域相关技术发展的重要方向。

（3）智能化。智能化是现代人类文明发展的趋势，也是我国新时期各领域技术发展的重要特征，是指事物在大数据、物联网和人工智能等技术的支持下，所具有的能动地满足人的各种需求的属性。建筑节能低碳技术的发展也正逐步与传感器物联网、移动互联网、大数据分析等技术融为一体，通过集成应用以尽可能低的能源消耗创造一个安全、便捷、舒适、高效、合理的投资和低能耗的生活或工作环境，满足人对建筑室内环境的需要。

6.3　构建更高性能新建建筑技术体系

6.3.1　技术路线考虑

随着全球气候问题日益严峻，以高能效、低排放为核心的高性能建筑发展正为实现国家的能源安全和可持续发展起到至关重要的作用。零能耗建筑是一种创新的建筑理念，旨在实现建筑能耗的极大降低甚至达到零能耗。

1. 定义与特点

零能耗建筑，顾名思义，是指那些在运行过程中能耗为零或接近零的建筑。这些建筑通过采用高效节能的设计和材料、可再生能源的利用以及智能建筑管理系统等手段，实现了对能源的最大化节约和对环境的最小化影响。它们不仅具有极低的能耗水平，还能为居住者提供舒适、健康的室内环境。零能耗建筑具有全智能控制、不用或少用外界能源、24h生活热水即开即用、室内空气保持清新等特点。

2. 实现方式与技术

（1）被动式建筑设计。被动式建筑设计是零能耗建筑实现的基础，包括高效的建筑围护结构（如高性能保温材料、高效节能窗等）、合理的建筑朝向和布局等，以最大限度地减少建筑的能源需求。

（2）主动式能源系统。主动式能源系统则通过提高能源设备和系统的效率，结合智能控制技术的广泛应用，充分利用可再生能源（如太阳能、风能、浅层地热能等），以满足建筑的能源需求。例如太阳能光伏板可以捕获阳光并将其转化为电能，风力发电机则可以利用风能发电。

（3）智能建筑管理系统。智能建筑管理系统是零能耗建筑实现高效能源利用的关键。通过物联网设备和传感器收集关于建筑性能各个方面的实时数据，包括能源消耗、占用模式和环境条件等，然后对这些数据进行分析以识别效率低下之处并优化建筑运营。

3. 优势与意义

（1）节省能源成本。通过产生能源，零能耗建筑可以显著减少或消除居住者的能源费用，从而节省大量的长期成本。

（2）减少环境足迹。零能耗建筑有助于减少温室气体排放和对不可再生能源的依赖，对环境产生重大积极影响。

（3）增强舒适度和幸福感。自然光、改善的室内空气质量和智能温控系统的精心融合，营造出舒适健康的生活或工作环境。

此外，零能耗建筑还推动了建筑材料、能源系统、可再生能源系统以及自动控制系统等建筑组成部分的性能指标的跨越式发展，从供给侧实现了全面升级。

4. 案例与示范

我国已有多个零能耗建筑项目落地并展现出显著成果。这些项目涵盖了住宅、商业、公共建筑等多个领域，通过采用先进的被动式建筑设计和主动式能源系统，实现了极低的能耗水平。同时，这些项目还注重与周围环境的和谐共生，为城市的可持续发展提供了有益的借鉴和示范。

零能耗建筑指的是能够根据气候特征和场地条件，通过被动式建筑设计大幅降低供暖、空调和照明需求，同时通过主动技术措施最大幅度地提高能源设备与系统的效率，充分利用建筑物本体和可再生能源，从而自行满足建筑物的运行所需能量的建筑。以下是零能耗建筑的例子。

【例6-1】 新疆首个零能耗建筑

(1) 基本信息：

地点：乌鲁木齐市西八家户路。

占地面积：1 130m²。

功能：具备自主发电和余电存储功能，能在冬抗冻、夏抗热。

(2) 设计理念：

遵循"被动优先，主动优化"的设计理念。

融合了多项高科技节能技术，如太阳能光伏发电、地源热泵、空气源热泵等。

(3) 节能技术：

被动节能：在墙体、门、窗、屋面、地面等部位都设置了新型保温材料，提高了建筑的保温隔热性能。同时，细部节点上的断热桥技术处理和气密层技术设置，实现了被动节能的良好效果。例如，铝合金窗户采用保温聚氨酯材料制作，三层低辐射玻璃的应用使得其隔热能力堪比一堵实心砖墙。

主动节能：通过向大地和空气中汲取热能，并利用可再生能源如光伏发电等技术，建筑能够进一步降低能耗，实现能源的自给自足。屋顶和幕墙等处安装的太阳能光伏系统装机容量达到12kW，包括96块单晶硅发电玻璃和碲化镉薄膜微光发电玻璃，能够实现光伏发电余电的储能功能。此外，建筑物内还设置了直流电视和冰箱，可直接使用光伏产生的直流电，无需转换，进一步提高了能源利用效率。

(4) 能源利用：

该建筑能够充分利用太阳能、地热能、空气能这三大可再生能源，实现全屋用电、供冷供热的完全自给自足。

通过地源热泵与空气源热泵的双能源系统，为建筑提供冷暖所需的能源。通过余热回收技术，新风在进入室内前就能得到预冷或预热，确保了空气品质的优良。

(5) 节能效果：

该建筑的节能率高达101.2%，可再生能源利用率达到了124%。

每年能发电1 121kWh，节约标准煤13万t，减排二氧化碳86t。

(6) 智能监测：

新疆建筑科学研究院通过应用物联网、大数据和云计算等前沿技术，对该零能耗建筑的运行状态进行了全面的实时监测。

在该建筑的管理平台上，可以清晰地看到光伏发电量、耗电量、建筑碳排放等详细信息，以及温度、湿度等环境参数。

建筑内部配备了一个智能的监测系统，能够实时感知并自动调节各项参数，确保建筑的高效运行。同时，可以通过手机远程监控和调节用电量、室内温度等关键指标。

综上所述，新疆首个零能耗建筑是一个集技术研究、应用推广于一体的综合试验平台，它的建成标志着新疆绿色建筑的新篇章已经开启，为全国乃至全球的绿色建筑发展提供了宝贵的借鉴和启示。

零能耗建筑作为一种创新的建筑理念和技术手段，具有显著的优势和重要的意义。未来随着全球对能源和环境的关注不断加深以及科技的持续进步，零能耗建筑将成为建筑行业的主流趋势之一。

零能耗建筑：一是在保证一定舒适度的前提下，通过被动式建筑节能技术和高效主动式建筑节能技术，最大幅度降低建筑终端用能需求和能耗；二是充分利用场地内可再生能源产能，替代或抵消建筑对常规能源的需求；三是合理配置可再生能源和储能系统容量，大幅度降低常规能源峰值负荷，成为电网友好型的建筑负载。我国气候分区多且差异大，不同气候区能源需求不同，技术路径侧重点不同，明确技术路径是促进我国发展零能耗建筑首要核心问题。

6.3.2 不同气候区技术路线

1. 严寒和寒冷地区

严寒和寒冷地区的技术路线强调提高建筑围护结构保温性能及气密性，扩大可再生能源应用量。严寒和寒冷地区重点应在最大化提升建筑围护结构性能基础上，强调"高保温、高断热及高气密性"的要求。在使用高效保温材料、高性能门窗的同时，注重外围护结构保温构造和气密性做法。在最大限度减少冬季供暖能耗的同时，兼顾降低夏季供冷负荷。另外，大幅度提高能源设备和系统效率，强化新风节能，并通过可再生能源与蓄能技术集成应用，平衡建筑能源的需求与供给。

技术路线的实施可以分为以下三个步骤：

（1）建筑围护结构采用高效保温材料、高气密性材料、相变材料和墙体储能材料。以《公共建筑节能设计标准》（GB 50189—2015）为例，通过围护结构热工性能提升，可实现建筑本体节能率30%以上。

（2）结合主动式策略，采用低能耗照明设备、高性能供热设备，包括太阳能供热设备、地道风新风预热、太阳能制冷等技术，最大限度降低供暖能耗。以《公共建筑节能设计标准》（GB 50189—2015）为例，可以实现建筑能耗（包含供暖、供冷、通风、生活热水和照明）在基准建筑能耗的基础上节能70%以上。

（3）进一步扩大可再生能源应用量，根据所在地资源条件，采用太阳能光热、光伏直流供电、风电和储能等技术，达到建筑能量供给与需求平衡。建议可再生能源利用率在一般地区不小于10%，特别在我国西部太阳能资源富集地区，最大限度提高建筑太阳能供热量和太阳能发电量，可再生能源利用率达到100%。

2. 夏热冬冷地区

夏热冬冷地区的技术路线强调最大限度利用气候条件（自然光、自然通风），将高性能设备及可再生能源集成应用。夏热冬冷地区应首先最大限度采用建筑自然通风、自然采光、建筑遮阳，合理控制保温隔热层厚度，以降低空调能耗为主，兼顾供暖能耗。另外，通过主动技术和智能控制措施，最大幅度提高能源设备和系统效率，并结合蓄能技术，采取间歇用能模式，最大幅度降低建筑终端能耗。最后，必须充分利用建筑场地内可再生能源，结合负荷侧的需求响应，实现建筑能源的需求与供给平衡。

技术路线的实施可以分为以下三个步骤：

（1）通过被动式建筑设计和技术手段，合理优化建筑布局、朝向、体形系数和功能布局，充分利用建筑自然通风、自然采光、建筑遮阳与保温隔热措施，建筑围护结构采用高效保温材料、高气密性材料、相变材料和墙体储能材料，合理控制保温隔热层厚度，最大幅度降低建筑供冷供热需求。以《公共建筑节能设计标准》(GB 50189—2015)为例，可以实现建筑本体节能率30%以上。

(2) 结合主动式策略，采用低能耗照明设备、高性能制冷设备，包括太阳能储能设备、地道风新风预热、太阳能制冷、跨季节储能等技术。以《公共建筑节能设计标准》(GB 50189—2015)为例，可以实现建筑能耗（包含供暖、供冷、通风、生活热水和照明）在基准建筑能耗的基础上节能70%以上。

(3) 进一步利用可再生能源和蓄能系统，包括太阳能光热、光伏直流供电和储能技术，达到建筑能量供给与需求平衡。实现可再生能源利用率不小于10%。

3. 夏热冬暖地区

夏热冬暖地区的技术路线强调最大限度利用气候条件（自然光、自然通风），将高性能设备及可再生能源集成应用。首先，通过被动式建筑节能技术，合理优化建筑布局、朝向、体形系数和功能布局，充分利用自然通风、天然采光、遮阳与隔热措施，适度提高围护结构保温及气密性，最大幅度降低建筑终端用能需求。其次，通过主动技术措施最大幅度提高能源设备和系统效率，并结合智能控制技术，最大幅度降低建筑终端能耗。最后，充分利用建筑场地内可再生能源，在降低建筑常规能源消耗总量和峰值的同时，合理配置储能系统，提高建筑对电网的友好性。根据以上路径结合需求响应策略，合理优化光伏与储能配置，大大降低市电峰值。

技术路线的实施可以分为以下三个步骤：

(1) 通过被动式建筑节能技术和高效主动式建筑节能技术，最大幅度降低建筑终端用能需求和能耗。

(2) 充分利用场地内可再生能源资源（包括建筑本体和场地红线内的可再生能源，占终端用能量50%以上），最大幅度降低建筑的常规能源消耗量，以最少的能源消耗提供舒适的室内环境。

(3) 合理配置可再生能源和储能系统容量，大幅度降低常规能源峰值负荷（装机容量降低50%以上），成为电网友好型的建筑负载。

6.3.3 关键技术方向

结合科研和示范，应在以下关键技术方向进行攻关。

1. 更新设计理念，重视气候适应性的室内环境营造和气候响应设计

气候响应设计是指适应气候特征和自然条件，以气候特征为引导进行建筑方案设计。基于项目当地的气象条件、生活居住习惯，借鉴本地传统建筑被动式措施进行建筑平面体布局、朝向、采光通风、室内空间布局的适应性设计。以地域特征为基础的气候响应设计，能够以最小的经济代价营造一个优良的建筑本体，为建筑节能创建良好的基础条件应该成为零能耗建筑在设计时的首要原则。

2. 优化设计方法，强化以能耗目标为导向的建筑节能设计方法

常规的建筑节能设计是以节能措施的应用为导向。对于零能耗建筑而言，设计应该转变思路，以明确的能耗目标为导向开展反向设计。所谓"以能耗目标为导向的建筑节能设计"是指以建筑能耗指标为性能目标，利用能耗模拟计算软件，对设计方案进行逐步优化，最终

达到预定性能目标要求的设计过程。基于能耗目标为导向的定量化设计与优化，分析计算确定各部分性能参数，围绕能耗目标，综合考虑建筑本体设计、围护结构、机电设备及可再生能源利用各部分的节能技术，优化设计与技术组合，以求相互配合，共同实现节能目标。

3. 加快装配式建造方式下的建筑保温体系研发

装配式建造方式是建筑工业化的重要内容，与传统建造方式相比，装配拼接缝更容易产生渗漏和热桥问题，因此急需因地制宜研发适合不同气候区的高性能建筑保温体系、新型高效节点构造及施工技术。

4. 降低高性能门窗成本

建筑门窗是建筑节能关键之一，应当着重处理门窗的密封性能和保温性能。我国各地目前应用的节能门窗，其整体传热系数通常在 2.0W/(m·K) 以上，气密性通常在 6 级以上。而要实现零能耗，需要更高性能的门窗应用。如按照德国被动房标准，通常外窗传热系数要达到 0.80W/(m·K)，外窗气密性达到 8 级以上。该类高性能门窗，需要热工性能更优的窗框及玻璃，通常采用三玻两腔中空玻璃、真空玻璃等高性能材料，而窗框除塑钢、铝合金等传统型材，也有铝包木、铝木复层、玻纤聚氨酯等新型型材。为了保证更高的气密性指标，需要更严密的气密性构造。目前我国高性能门窗产品已达到国际水平，但成本较高，是规模化推广零能耗建筑的障碍之一。

5. 加快高效制冷技术和产品的研发和应用

除了建筑围护结构保温等被动式技术及可再生能源外，提高建筑暖通空调系统的能效也是实现建筑节能减排的重要途径。根据国家发展和改革委员会等 7 部委联合印发的《绿色高效制冷行动方案》，到 2022 年，我国家用空调、多联机等制冷产品的市场能效水平要在 2017 年的基础上提升 30% 以上，绿色高效制冷产品的市场占有率提高 20%；到 2030 年，大型公共建筑制冷能效提升 30%，制冷总体能效水平提升 25% 以上，绿色高效制冷产品的市场占有率提高 40% 以上。不断提升空调制冷产品能效，发展应用磁悬浮等新型高效空调设备，将是推进零能耗建筑发展的重要市场助力。

6.4 构建更绿色经济的既有居住建筑改造技术体系

6.4.1 关键技术

既有建筑节能改造与新建建筑不同，由于受建筑本身和周边环境限制，以及要充分考虑房屋所有者和使用者的意愿和感受，既有建筑节能改造应遵循降低干扰、减少污染、快速施工、安全可靠的基本原则。目前既有居住建筑改造的技术体系相对成熟，关键技术主要包括：

1. 建筑围护结构保温技术

（1）外墙保温技术。按照保温材料设置位置不同，外墙保温技术分为外墙外保温、外墙内保温、外墙自保温和外墙复合保温技术。根据保温材料的性质不同，分为有机保温系统、无机保温系统和复合保温系统。其中，常用的有机保温材料包括胶粉聚苯颗粒、模塑聚苯板、挤塑聚苯板、硬泡聚氨酯板、酚醛板等；无机保温材料包括玻化微珠（闭孔珍珠岩）保温砂浆、泡沫混凝土保温板、岩棉保温板、泡沫玻璃保温板、轻质陶瓷板等；复合保温材料通常指由无机和有机材料制成的保温材料，如聚苯颗粒水泥保温板。根据施工工艺不同，分为湿贴法、喷涂法、分层涂抹法、机械固定法、整墙浇筑法等。

（2）屋面保温技术。建筑屋面按照保温层位置不同，分为正置式和倒置式；按照构造形式不同，分为平屋面和坡屋面；按照荷载不同，分为可上人屋面和不可上人屋面。由于建筑屋面防水性能要求较高，在选择保温材料和防水材料时应注意相互之间的协调。因此，应选择防水性能较好的保温材料，宜优选兼具保温和防水功能于一体的保温技术。

（3）门窗保温技术。目前常用的门窗系统根据型材不同，分为木门窗、塑料门窗、铝合金门窗，以及复合型材门窗；根据玻璃设置不同，分为单层玻璃门窗、双层中空玻璃门窗、三层中空玻璃门窗；根据所用玻璃不同，分为普通玻璃门窗、低辐射（Low-E）玻璃门窗和热反射玻璃门窗；根据开启方式不同，主要分为推拉门窗和平开门窗。

对于既有建筑门窗改造，首先从保温性能考虑应选择采取保温措施的塑料或铝合金型材的双玻中空门窗。其次，考虑到门窗的气密性、水密性和隔声性能，应选择平开门窗。

2. 空调与供热改造技术

对于空调与供热改造，首先应充分挖掘原系统的节能潜力，或者通过较少的投入提高系统运行效率，降低能耗。当现有方法无法满足节能要求时，可考虑更换相关设备。在选择相关设备时，应根据实际使用环境，合理确定设备功率。

建筑室内通风系统主要分为强制通风系统和自然通风系统。其中强制通风系统是在建筑室内不同部位设置进风口和出风口，利用电力驱动风扇转动实现通风换气；自然通风系统是根据当地气候条件，通过合理选择进风口和出风口，在无需其他能源驱动下，利用建筑室内外气压差完成通风换气。

关于供热分户计量改造、目前常用的技术包括热量表分配计量法、通断时间面积法和温度面积分配法，各有特点，且适用条件和范围各不相同。在实际选择时应根据改造工程实际情况确定分户供热计量技术路线。

3. 可再生能源利用技术

目前建筑普遍利用的可再生能源包括太阳能和地热能。太阳能利用在建筑中的应用主要分为供暖、热水和光伏发电三类技术。由于我国太阳能资源分布不均，此外，考虑到不同季节对太阳能的利用效率不同，为满足全天候使用要求，太阳能通常与其他常规能源配套利用。

地热能利用根据使用介质不同，分为直接使用地下水和使用专用冷热媒。由于直接使用地下水涉及回灌问题，增加设备投入，处理不好将造成地下水的污染和流失。因此，对于符合使用地源热泵技术的改造项目应优先选择专用介质作为冷热媒。

4. 采光与遮阳技术

建筑遮阳技术根据遮阳主体不同，分为人工遮阳和自然遮阳。其中，自然遮阳是指个用植物或在建筑设计时考虑朝向、建筑体形等实现遮阳；人工遮阳是指利用人工产品实现遮阳。根据遮阳设施在建筑上设置的位置不同，分为内遮阳、外遮阳和自遮阳。其中，外遮阳技术的遮阳效果最好，内遮阳的效果相对最差。根据遮阳产品不同分为软帘遮阳、百叶遮阳、卷帘遮阳、叶片遮阳、蓬遮阳等。根据遮阳形式不同，分为垂直遮阳、水平遮阳、综合遮阳、固定遮阳和活动遮阳等。

建筑采光包括自然采光和人工照明。在既有建筑改造中，应充分利用现有条件，优先选择自然采光以降低改造成本和能耗。当实际条件无法满足采光需求时，应优先通过调整控制策略，改变行为习惯实现无成本改造，其次通过更换节能光源和设备降低能耗。

6.4.2 不同气候区技术路线

不同气候区的技术路线有所不同，技术要求也各有侧重。

1. 严寒和寒冷地区

目前，严寒和寒冷地区既有建筑节能改造主要包括围护结构节能改造、供暖系统节能改造和供暖系统计量改造等内容。

（1）围护结构节能改造。严寒和寒冷地区外墙节能改造应优选保温性能好，且满足防火要求的模塑聚苯板（或硬泡聚氨酯板）薄抹灰外墙外保温系统和保温装饰复合板外墙外保温系统。

模塑聚苯板（或硬泡聚氨酯板）薄抹灰外墙外保温系统由模塑聚苯板（或硬泡聚氨酯板）保温层、薄抹灰抗裂防护层和涂料饰面层构成。保温板用锚栓和黏结剂固定于墙体基层、薄抹灰面层中应满铺耐碱玻纤网格布。系统耐候性、防火性能应符合现行相关标准和规定要求。保温层施工前，应对墙体基层进行处理；施工期间以及完工后24h内，基层及环境温度不应低于5℃；保温板粘贴面积不低于40%，粘贴后应及时进行抹面，并压入耐藏玻纤网格布，抹面层厚度不小于3mm；保温板表面不将长期裸露；夏季应避免阳光暴晒，在5级以上大风天气和雨天不得施工。

保温装饰复合板外墙外保温系统是采用具有良好保温隔热性能的保温材料作为保温层，以陶瓷板、涂敷防护层的纤维水泥板等无机非金属板材作为饰面板，通过工厂复合（必要时对保温层全封闭处理）而成。该复合板可采用机械连接或粘锚结合的方式固定于建筑外墙，并对板缝进行密封处理成榫接，达到集保温、防水、装饰于一体的效果，复合板燃烧性能应达到A级。

> **☞知识拓展**
>
> 门窗改造应优先选择在原有门窗外侧加装一层门窗、以减少对原门窗及室内环境的破坏。当不具备加装门窗条件时，可选择更换玻璃、门窗扇，甚至更换整门窗。当更换整门窗时，严寒和寒冷地区应选择采取断冷桥措施的塑料或铝合金双玻中空平开门窗产品。个别地区可选择三玻中空玻璃门窗。整门窗更换时，还应注意附框应安装牢固；门窗框安装时应注意处理好冷桥问题；门窗与建筑墙体缝隙应采用保温气密材料进行封堵，并做好防水处理。
>
> 屋面改造时应优先选择倒置式保温屋面构造。采用保温、防水性能好的保温材料。对于可上人屋而宜采用强度较高的挤塑聚苯板作为保温材料。当平屋面改坡屋面时，可在屋面吊顶内铺放吸水率小的轻质保温材料。为防止平改坡后吊顶内结露，宜在坡屋面上加铺保温材料。

（2）供暖系统节能改造。热源和供热管网节能改造应优选供热调节技术，即通过在集中供热系统的热源和热网上安装自动控制装置，使热源的供热量随着室外温度和用户末端的需求而变化，实现适量供热；供热管网输送热量时采用变流量技术，降低热网的输送能耗。

（3）供热计量改造。散热器热分配计法由各热用户的散热器热量分配计，以及建筑物热力入口设置的楼栋热量表或热力站设置的热量表组成。通过修正后的各热量分配计的测试数据，测算出各个热用户的用热比例，按此比例对楼栋或热力站热量表测量出的建筑物总供热量进行户间热量分摊。安装散热器热量分配表时，不需要对既有室内供暖系统进行改造，适用于以散热器为散热设备的室内供暖系统。

> **知识拓展**
> 修正因素包括散热器的类型、散热量、连接方式等。按照基本的工作原理，散热器热量分配表分为蒸发式热量分配表与电子式热量分配表两种基本类型。蒸发式热量分配表初投资较低，但需要入户读表。电子式热量分配表初投资相对较高，但该表具有入户读表与远传读表两种方式可供选择。电子式热量分配表有传感式和一体式两种，若散热器被遮蔽，可选择安装传感式热量分配表。

户用热量表法由各户用热量表，以及建筑物热力入口或热力站设置的热量表组成。户用热量表测量出的每户供热量可以作为计量热费结算依据，也可以通过户用热量表测量出的每户供热量，测算出各个热用户的用热比例，按此比例对楼栋或热力站热量表测量出的建筑物总供热量进行户间热量分摊。户用热量表法适用于分户独立式室内供暖系统及地面辐射供暖系统。

此外，通断时间面积分摊法和流量温度分摊法等其他热分配方法也有较大的工程应用量，有条件的地区可以根据实际情况考虑使用。

2. 夏热冬冷地区

夏热冬冷地区既有建筑节能改造应充分考虑地区气候特点，以夏季隔热为主，并兼顾冬季保温。因此，该地区既有建筑节能改造主要包括围护结构改造、空调系统、采光与照明系统、供暖与热水系统改造。

6.5 构建更智慧高效的公共建筑运行维护技术体系

6.5.1 关键技术

我国通过公共建筑能效提升重点城市工作开展公共建筑节能改造，随着公共建筑节能改造工作的不断推进与完善，改造技术呈现多样化发展，空调热源、空调冷源、空调输配系统、电梯、控制系统和照明系统的改造技术在各类建筑中被普遍应用。根据建筑能耗特点制定最优改造方案，选择适宜的节能技术，使得有限的改造资源得到最合理的利用。

梳理不同气候区公共建筑节能改造经验，公共建筑的节能改造主要围绕五个方面开展：外围护结构热工系统、供暖通风与空调系统、生活热水供应系统、供配电与照明系统、建筑运行管理系统。具体内容如下：

（1）外围护结构热工系统，指建筑物各外表面的围挡物，如墙体、屋面、门窗、架空楼板和地面等，对应的包含墙体保温隔热技术、外墙外表面浅层饰面、反射隔热材料、墙体屋面垂直绿化、屋面保温、遮阳、屋面绿化、节能门窗、门窗遮阳等。

（2）供暖通风与空调系统。供热系统包括集中供热系统和分散供热系统，集中供热系统包括自动控制的气候补偿技术实现基于需求的自动调节、锅炉自动控制系统、燃气锅炉烟气余热回收装置、采集供热参数自动采集与集中远程监测升级控制系统实现基于负荷变化自动调节供热等，分散供热系统主要体现在设备能效提升；空调系统包括空调冷源改造、冷热水输配系统改造、终端用能改造三个部分。

（3）生活热水供应系统。公共建筑生活热水设备主要是锅炉，该部分改造主要是锅炉改造，例如更换热水锅炉为空气源热泵热水器、锅炉烟气余热回收改造、蒸汽凝结水余热回收改造、更换太阳能热水器、热源塔热泵热水器等；选用合适保温材料提升热水管道热效率等提高输配效率。

（4）供配电与照明系统。供配电与照明系统的主要电耗来源为照明灯具，以及电梯、扶梯、室内用电设备等，同样具备节能改造的潜力。对于照明系统，在设计阶段应充分利用自然采光以尽量降低负荷，同时应优化节能型光源，例如更换荧光灯、卤化物灯、无极灯为LED灯具，根据需求优化灯具控制线路改造，优化灯具开启时间，减少无效照明能耗，改造成本较低或零成本，且改造收益与建筑无效照明比例密切相关等；其他用电设备方面，多台电梯应采取群控措施，安装电梯反馈装置，扶梯应采用空载低速运行或自动暂停的措施。

（5）建筑运行管理系统。主要包括建筑环境控制系统节能及行为节能。其中建筑环境控制系统节能主要是采用空调系统的自动化控制技术、电梯智能控制技术、智能控制照明技术等，出于对运行能耗数据心中有数，从而达到精准控制的目的。对公共建筑实施整体能耗监测及综合能效管控很有必要，在改造时应充分发挥监测设备的智能化作用，实现数据共享，同时应尽量做到数据的自动实时采集，并达到较全面的覆盖率；行为节能主要指人走关灯、人走关空调、开空调时关窗，以及提高夏季空调设定温度等措施。据统计，对于采用中央空调系统的公共建筑而言，运行管理因素可占节能潜力的30%～50%甚至更高。公共建筑的节能改造应加强建筑运行管理节能。

6.5.2 不同气候区技术路线

由于我国地域广阔、南北温差大，不同地区的建筑能耗有着不同的特征：严寒地区以供暖为主；寒冷地区供暖和空调兼备，但以供暖为主；夏热冬冷地区空调与供暖兼备；夏热冬暖地区以空调为主；温和地区部分需要供暖或空调。建筑节能改造工作需结合不同区域的气候条件、经济水平、能源供应、消费观念等各种因素有差别地组织开展。

1. 严寒地区

我国严寒地区建筑供暖周期约6个月，供暖期能耗非常大，公共建筑更加凸显。所以针对严寒地区主要是围护结构改造，包括提高供热管网效率、提升用户侧智能化控制避免过度供热、提升锅炉房效率等，另外，对于建筑本体而言可以通过增强墙体屋面保温，使用更高气密性的门窗降低建筑本身需热量。

2. 寒冷地区

对于寒冷地区是冬季较长且寒冷干燥，夏季凉爽干热但持续时间短，冬夏两季的两极气候差异巨大是其主要特点之一,所以寒冷地区的建议以满足冬季保温设计为主、适当兼顾夏季放热。针对围护结构的节能改造,寒冷地区应重点增加外墙、屋面等外保温、针对暖通空调系统的改造、寒冷地区强调锅炉与供热管网效率的提升以及夏季天然冷源的利用。

3. 夏热冬冷地区

夏热冬冷地区,公共建筑的规划设计(如选址、布局、窗墙比等)相对固定,建筑热工性能相对较差,使得该地区公共建筑能耗呈现季节性变化明显、夏季能耗最高,以及空调能耗占比最大且主要为制冷能耗两个显著特点。夏热冬冷地区应更换掉热工性能差的门窗,并根据测算结果适当提升围护结构的隔热保温性能,强调空调系统(包括冷源和末端)的能效提升以及夏季热回收技术的应用等。

目前公共建筑节能改造的主要技术体系以照明插座系统、空调系统改造为核心,供配电系统、动力系统、特殊用能系统改造为辅助,整体实现 21% 左右的总节能率。随着节能工作的推进,类似于可再生能源建筑应用等进一步的用能优化将会有更多的应用。

4. 夏热冬暖地区

夏热冬暖地区夏季炎热时间长、太阳辐射强烈、供冷时间长,冬季温暖、基本不需要供暖。夏热冬暖地区建筑节能要求很复杂,要求白天隔热,晚上散热,工程实践表明部分楼宇在屋顶与外墙增加保温措施以后,建筑能耗反而增大了,因此该地区需要对围护结构进行合理的隔热(而非保温)。实践表明,对空调负荷以及全年能耗影响最大的是玻璃的遮阳系数,其次是传热系数,因此强调围护结构遮阳和空调系统(包括冷源和末端)的能效提升以及夏季热回收技术的应用等。

6.5.3 技术方向

通过对公共建筑节能改造技术梳理,主要从设备更新适宜等角度实现节能,未来我国公共建筑节能改造更加侧重能源应用的智能化和绿色化,更加注重可再生能源(光热、光电和热泵)应用,保障提升建筑舒适性的同时更好地节约能源消耗。

1. 绿色化和海绵化改造

目前我国正大力推进海绵城市建设,相关研究表明随着城镇化水平的不断提高,海绵化改造应从集中式转向分布式,将每栋建筑改造为立体海绵单元。因此,在夏热冬冷地区既有公共建筑绿色化改造中应充分结合城镇化发展及政策推动进行屋顶绿化、室外场地改造、雨水回收利用等的海绵化改造。特别是夏热冬冷和夏热冬暖地区,可通过外墙和屋面绿化达到很好的日间遮阳效果。

2. 建筑用能设备与系统调适技术

空调系统中合理选择且经济适宜,杜绝"大马拉小车";建筑周围有电厂二次蒸汽或余热等,可考虑采用溴化锂吸收式空调机组;末端配电系统相序平衡调整;多台电梯应实施群控措施,扶梯应采用空载低速运行或自动暂停的措施。

3. 人工智能的智能运维技术

加强人工智能技术与家具建筑系统的融合应用,提升建筑设备及家具产品的智能化水平,促进社区服务系统与居民智能家庭系统协同。人工智能技术应用于建筑内部设施及运维管理促进智能建筑、智慧社区和智能城市的建设。引入人工智能技术智能地调整大型建筑物的室内照明系统、空气循环系统、光伏发电系统等设施，降低整个建筑物的能耗。

4. 基于人行为的用能系统控制技术

人机工程学方面提出基于行为控制的控制系统，从人的舒适度方面出发，利用空调的定向送风，使人摆脱现在空调这种固定送风的弊端，提高空调的节能效率，通过行为智能传感器检测人的行为特征，实现自动开关机，通过检测人的行为特征进行制冷（热）量的控制，实现最经济的按需制冷或制热，实现节能。

6.6 构建更清洁宜居的农村建筑节能技术体系

由于农村固有的生活、资源特性、农村住宅用能一直以秸秆、薪柴等生物质能为主，形成了独有的"自给自足"型能源供应方式，需要从外部输入的商品能很少。随着农村经济水平的不断提高和新农村建设的全面开展，农村住宅的用能结构和消费水平也发生了巨大的变化。

我国农村状况与城镇大不相同，有相对充足的空间、有足够的屋顶、提供充足的作为能源的生物质资源、有充分消纳生物质能源生成物的条件等，农村发展全新的基于生物质能源和可再生能源（太阳能、风能、小水力能）的农村建筑能源系统，再用电力、燃气等清洁商品能作为补充，摆脱依靠燃煤的局面，全面解决农村生活，甚至生产和交通用能。重点技术方向应包括以下方面。

1. 清洁能源利用技术

农村住宅不使用燃煤，而是以生物质、太阳能等可再生能源解决全部或大部分供暖、炊事和生活热水用能；不足时，用电、液化气等清洁能源进行补充，同时满足农宅照明家电等正常用电需求。

2. 低成本围护结构节能技术

农村住宅围护结构具备良好的保温性能，从而大大减少供暖用能需求。应研究适合农村建筑的低成本围护结构节能技术方案。

3. 农村建筑室内热舒适评价技术研究

农村住宅需要满足与农村地区居民相适应的热舒适要求，同时避免由非清洁用能引起的室内外空气污染及环境恶化。

思 考 题

1. 实现室内通风的方式主要包括_____和_____两种。
2. 受经济发展水平和生活习惯等因素影响，通过_____自然通风换气方式是目前最广泛的通风方式，耗能_____。
3. 目前太阳能热利用市场化推广方面仍存在哪些不足？
4. 目前在建筑外墙中应用的保温形式主要有哪三种？
5. 屋面保温隔热材料一般分哪三类？
6. 目前提高外窗保温隔热性能以便降低能耗的主要措施有哪几点？

7. 实现室内通风的方式主要包括哪两种？

8. 受经济发展水平和生活习惯等因素影响，目前最广泛的通风方式是什么？其耗能情况如何？

9. 目前太阳能热利用市场化推广方面存在哪些不足？

10. 目前在建筑外墙中应用的保温形式主要有哪三种？

11. 屋面保温隔热材料一般分为哪三类？

12. 目前提高外窗保温隔热性能以便降低能耗的主要措施有哪些？

第 7 章　碳达峰碳中和驱动下的绿色建筑

知识目标

1. 建筑能源利用现状
2. 低碳建筑对建筑业发展的影响
3. 低碳建筑对人们生活的影响
4. 绿色建筑发展成效
5. 基于全生命周期的节能建筑路径

能力目标

1. 分析建筑能源利用现状
2. 理解低碳建筑对建筑业发展的影响
3. 理解低碳建筑对生活的影响
4. 评估绿色建筑的发展成效
5. 构建基于全生命周期的节能建筑路径

思政目标

激发学生的创新意识、鼓励科技创新、科技引领未来。

根据联合国环境规划署发布的数据，在全球能源消耗中，建筑行业的能源消耗占比为30%～40%，所产生的温室气体占比超过了30%。如果建筑行业不改变生产方式、提高能效、节能减排，到2050年其排放的温室气体在温室气体排放总量中的占比将超过50%。2021年国家连续发布《中共中央、国务院关于完整准确全面贯彻新发展理念做好碳达峰碳中和工作的意见》《国务院关于印发2030年前碳达峰行动方案的通知》（国发〔2021〕23号）文件，对碳达峰、碳中和工作作出总体部署，其中要求"上下联动制定地方达峰方案"。按照规划，我国要在2060年实现碳中和。在这一目标的指引下，我国建筑行业必须实现深度脱碳，让 CO_2 实现近零排放。

7.1 建 筑 能 源

建筑能源是指依托建筑而存在，因建筑活动引发利用需求的能源。这类能源涵盖多种形式。一方面，包含因建筑而能够利用的太阳能、风能等伴随建筑产生能源形态变化的能源；另一方面，囊括建筑所属地域范围内除化石能源外的其他可再生能源。

1. 分类

建筑能源可分为多种类型，主要包括：

（1）化石能源。如煤炭、石油、天然气等，这些能源具有能量密度高、便于储存和运输等优点，但存在资源有限、不可再生以及燃烧过程中产生的环境污染和温室气体排放等问题。

（2）核能。一种高效的清洁能源，通过核裂变或核聚变反应释放能量。核能具有能量密度极高、燃料消耗少、运行稳定等优点。核能存在一定的安全隐患和废弃物处理问题，因此其应用需谨慎对待。

（3）可再生能源。近年来建筑能源领域的发展重点，主要包括太阳能、风能、水能和地热能等。这些能源具有资源丰富、可再生、环境友好等优点。在建筑中，可再生能源的应用形式多样，如太阳能光伏发电、风力发电、地源热泵等。

2. 应用

在建筑领域，能源的应用主要体现在以下几个方面：

（1）电力供应。通过太阳能光伏系统、风力发电系统等可再生能源技术，为建筑提供电力供应，满足日常电力需求，减少对传统电网的依赖。

（2）供暖与制冷。利用太阳能热利用系统、地源热泵等技术，为建筑提供供暖与制冷服务。这些技术不仅能够满足建筑能源的需求，还能降低能耗，减少对传统能源的依赖。

（3）热水供应。采用太阳能热水器、水源热泵、地源热泵等技术，为建筑提供热水供应。这些技术具有高效、节能、环保等优点。

3. 节能措施

为了提高建筑能源利用效率，实现节能减排目标，采取以下节能措施：

（1）优化建筑设计。通过合理的建筑设计，如优化建筑形体、朝向、围护结构等，提高建筑的保温隔热性能，减少能源消耗。

（2）采用高效节能技术。如 LED 照明、高效电机及先进控制技术、智能照明控制系统等，降低建筑能耗。

（3）充分利用可再生能源。通过安装太阳能光伏板、风力发电机等装置，充分利用可再生能源，为建筑提供清洁、可再生的能源。

（4）加强能源管理。建立完善的能源计量系统，对建筑供配电、照明、电梯、空调等系统的用电进行计量和监测，及时发现并解决能源浪费问题。

4. 发展趋势

随着全球对节能减排的日益重视以及建筑技术的不断发展，建筑能源领域呈现出以下发展趋势：

（1）可再生能源的广泛应用。太阳能、风能等可再生能源在建筑中的应用将越来越广泛，成为建筑能源的主要来源之一。

（2）智能化技术的融合。通过物联网、大数据、云计算等技术的融合应用，实现建筑的智能化管理和控制，提高能源利用效率。

（3）绿色建材的推广。采用环保、节能的绿色建材，降低建筑能耗和碳排放。

（4）政策法规的完善。政府将出台更多支持建筑节能的政策法规，推动建筑节能技术的研发和应用。

综上所述，建筑能源是建筑领域的重要组成部分，其高效利用和节能减排对于实现可持续发展目标具有重要意义。

> **☞知识拓展**
>
> 建筑行业整个生命周期的碳排放与能耗，须对建筑节能数据进行量化。根据中国建筑节能协会能耗专委会2021年发布的《中国建筑能耗研究报告（2021）》，2019年全国建筑全寿命周期能耗为22.33亿t标准煤，在全国能源消费总量中的占比大约为45.9%。其中，建材生产、建筑施工、建筑运行三个阶段的能耗分别为11.1亿t标准煤、0.9亿t标准煤、10.3亿t标准煤，在建筑全生命周期能耗中的占比分别为49.8%、4.0%、46.2%，在全国能源消费总量中的占比分别为22.8%、1.9%和21.2%。
>
> 2019年全国建筑全生命周期的碳排放总量为49.97亿t CO_2，在全国能源碳排放总量中的占比为49.97%。其中，建材生产、建筑施工、建筑运行三个阶段的碳排放总量分别为27.7亿t CO_2、1亿t CO_2、21.3亿t CO_2，在建筑全生命周期碳排放中的占比分别为55.4%、2%、42.6%，在全国能源碳排放中的占比分别为28.0%、1%、21.6%。
>
> 国家统计局公布的数据显示，2020年，我国建筑行业总产值为26.4万亿元，同比增长6.2%；建筑业增加值为7.3万亿元，同比增长3.5%占全国GDP的7.2%。自2011年以来，建筑业增加值占国内生产总值的占比始终保持在6.75%以上，是国民经济的支柱产业。另外，我国建筑行业的规模居全球首位，每年新增建筑面积大约为20亿平方米，相当于全球新增建筑总面积的1/3。因此，在碳中和目标下，建筑行业低碳化发展、深度脱碳势在必行。

在建筑中，常见的能源消耗环节主要包括以下几个方面。

1. 建筑建造过程中的能耗

（1）建筑材料生产。建筑材料的生产，如钢材、水泥、玻璃等，都需要消耗大量的能源。

（2）建筑材料运输。将建筑材料从生产地运输到建筑工地，会消耗一定的能源。

（3）建筑施工设备。建筑施工过程中使用的各种设备，如挖掘机、起重机等，都需要消耗能源来运行。

2. 建筑使用过程中的能耗

（1）采暖能耗。在寒冷地区或冬季，为了保持室内温暖，需要消耗大量能源进行采暖。采暖方式多种多样，包括集中供暖、地暖、空调制热等，每种方式所消耗的能源类型和数量也有所不同。

（2）空调能耗。空调通过制冷或制热来调节室内温度，为人们提供舒适的生活环境。然而，空调的运行需要消耗大量电能，成为建筑能耗的主要来源之一。尤其是在夏季高温和冬季寒冷时期，空调能耗更为显著。

（3）照明能耗。无论是办公、学习还是生活，都需要良好的照明环境。照明设备的运行也会消耗一定的能源，尤其是传统照明设备如白炽灯、荧光灯等，其能耗相对较高。不过，随着LED等高效照明技术的发展，照明能耗有望得到进一步降低。

（4）炊事能耗。在建筑内进行烹饪活动所消耗的能源，包括使用燃气灶、电磁炉、微波炉等烹饪设备所需的电能或燃气能。虽然炊事能耗在建筑总能耗中所占比例相对较小，但仍然是不可忽视的一部分。

（5）家用电器能耗。家用电器如电视机、冰箱、洗衣机等也是建筑能耗的重要组成部分。这些设备的运行需要消耗电能，且随着人们生活水平的提高和家用电器的普及，其能耗也在逐年增加。

（6）电梯能耗。电梯在运行过程中所消耗的电能也是建筑能耗的一部分。随着高层建筑的不断增多，电梯的使用频率也越来越高，其能耗问题也日益突出。

（7）热水供应能耗。热水供应系统如太阳能热水器、燃气热水器等也需要消耗能源来加热水。

3. 建筑拆除过程中的能耗

（1）拆除施工。拆除建筑物本身需要消耗能源，包括使用各种拆除设备和运输废弃物等。

（2）废弃物处理。拆除过程中产生的废弃物需要进行处理和运输，这些过程也会消耗一定的能源。

综上所述，建筑中的能源消耗环节众多，且随着人们生活水平的提高和建筑服务水平的提升，这些能耗也在逐年增加。因此，采取有效的节能措施降低建筑能耗对于实现可持续发展目标具有重要意义。

7.2 低碳建筑对建筑业发展的影响

低碳建筑对建筑业发展的影响是多方面的，主要体现在以下几个方面。

1. 推动建筑业转型升级

低碳建筑的发展要求建筑业采用新材料、新技术，以提高建筑的能效和降低碳排放。这推动了建筑业从传统的高能耗、高排放模式向低碳、环保、节能的模式转变。通过优化建筑设计、采用高效节能的建筑材料和设备、推广可再生能源利用等措施，建筑业可以实现节能减排的目标，从而推动整个行业的转型升级。

2. 促进相关产业发展

低碳建筑的发展带动了绿色建材、可再生能源等相关产业的发展。为了满足低碳建筑的需求，需要开发新型保温材料、节能门窗、高性能混凝土等绿色建材。同时，太阳能光伏板、风力发电等可再生能源的利用也为建筑业提供了新的能源选择。这些相关产业的发展不仅增加了就业机会,还促进了经济的增长。

3. 提升建筑品质和市场竞争力

低碳建筑注重建筑的能效和环境影响,通过科学的设计和先进的技术手段,提高了建筑的品质和市场竞争力。相比传统建筑,低碳建筑在节能、环保、舒适度等方面具有显著优势,更能满足现代人们对高品质生活的需求。因此,低碳建筑在市场上更具竞争力,有助于提升建筑企业的品牌形象和市场占有率。

4. 推动技术创新和研发

低碳建筑的发展需要不断的技术创新和研发支持。为了满足低碳建筑的需求,需要不断研发新的建筑材料、新的能源利用技术和新的建筑设计理念。这些技术创新和研发不仅推动了建筑业的技术进步,还提高了建筑业的整体科技水平。

5. 促进国际交流与合作

低碳建筑是全球性的发展趋势,各国都在积极探索低碳建筑的发展技术和政策体系。因此,低碳建筑的发展促进了国际的交流与合作。通过分享经验、交流技术、合作研发等措施,各国可以共同推动低碳建筑的发展,实现全球性的节能减排目标。

6. 符合政策导向和市场需求

随着全球对气候变化的关注和环保意识的提高,各国政府纷纷出台了一系列鼓励低碳建筑发展的政策措施。同时,消费者对环保、节能的住宅需求也在不断增加。因此,低碳建筑的发展符合政策导向和市场需求,具有广阔的发展前景。

低碳建筑对建筑业发展的影响是积极的、多方面的。它不仅推动了建筑业的转型升级和相关产业的发展,还提升了建筑品质和市场竞争力,促进了技术创新和国际交流与合作,并符合政策导向和市场需求。因此,应该积极推广和应用低碳建筑技术,为建筑业的可持续发展做出贡献。

7.3 低碳建筑对人民生活的影响

低碳建筑对人们的生活产生了深远的影响,主要体现在以下几个方面。

1. 改善居住环境质量

低碳建筑通过科学的整体设计,集成绿色配置、自然通风、自然采光、低能耗围护结构、新能源利用等高新技术,有效提高了建筑环境的健康舒适性。例如,通过优化建筑布局和朝向,可以充分利用自然光照明,减少人工照明的使用,同时提高室内光照质量。此外,低碳建筑还注重室内空气质量,通过采用新风系统、管道式热回收通风(HRV)或能量回收通风(ERV)系统等技术手段,排出陈旧空气,过滤并引入新鲜空气,从而改善室内空气质量,减少疾病的发生,提高人们的健康水平。

2. 降低生活成本

低碳建筑在设计和施工过程中注重节能和能效提升,通过使用高效节能的建筑材料和设备,以及采用先进的能源管理系统,实现了能源消耗的显著降低。这不仅减少了建筑的运行成本,也为居民降低了生活成本。例如通过安装太阳能光伏板、地源热泵等可再生能源利用设施,低碳建筑可以自给自足一部分能源需求,从而减少电费支出。同时,低碳建筑还注重水资源的节约和循环利用,通过采用雨水收集、废水回用等技术手段,降低了水费支出。

3. 提升生活品质

低碳建筑不仅关注建筑的能效和环境影响,还注重提升人们的生活品质。通过优化建筑功能和空间布局,低碳建筑为人们提供了更加舒适、便捷、高效的生活空间。例如,通过设置智能家居系统,低碳建筑可以实现家电的远程控制、自动调节室内温度和湿度等功能,提高生活的便利性和舒适度。此外,低碳建筑还注重与周边环境的和谐共生,通过打造绿色生态景观、提供户外休闲空间等方式,丰富了人们的生活内容,提升了生活品质。

4. 促进健康生活方式的形成

低碳建筑的理念和实践有助于促进健康生活方式的形成。通过倡导低碳、环保、节能的生活方式,低碳建筑鼓励人们减少能源消耗和碳排放,从而减少对环境的负面影响。同时低碳建筑还注重人们的身心健康,通过提供健康舒适的生活环境和丰富的户外休闲空间,鼓励人们积极参与体育锻炼和户外活动,提高身体素质和心理健康水平。

5. 推动社会可持续发展

低碳建筑的发展是推动社会可持续发展的重要一环。通过降低建筑的能耗和碳排放,低碳建筑有助于减轻对自然资源的依赖和环境的压力,从而保护地球的生态环境。同时,低碳建筑的发展还促进了相关产业的创新和发展,如新能源产业、绿色建筑产业等,为社会的经济发展提供了新的动力。此外,低碳建筑还注重社会责任和公平,通过提供节能、环保、舒适的居住环境,为改善人们的生活质量和促进社会和谐稳定做出了贡献。

低碳建筑对人们的生活产生了积极而深远的影响,不仅改善了居住环境质量、降低了生活成本、提升了生活品质,还促进了健康生活方式的形成和推动了社会可持续发展。因此,应该积极推广和应用低碳建筑技术,为构建更加美好、宜居、可持续的城市环境做出贡献。

7.4 绿色建筑发展成效

绿色建筑概念自引入我国以来,已历经十余载春秋,其间经历了从无到有、由点及面、从局部试点到全面推广的深刻变革。如今我国直辖市、省会城市及计划单列市的保障性安居工程项目已全面执行绿色建筑标准,标志着绿色建筑在我国的发展迈上了新的台阶。在政府政策的积极引导与全力支持下,绿色建筑项目在我国稳步推进,社会各界对绿色建筑的认知与需求持续深化,绿色建筑的发展成效显著,成为推动生态文明建设的重要力量。

回顾"十三五"时期的辉煌成就,至 2020 年,绿色建筑在城镇新建建筑中的占比已突破 50%,彰显了我国在绿色建筑领域取得的显著进展。这一成绩的取得,离不开一系列政策与标准的支撑。自 2006 年我国首部《绿色建筑评价标准》(GB/T 50378—2006)发布以来,该标准分别于 2014 年(GB/T 50378—2014)和 2019 年(GB/T 50378—2019)进行了两次重要修订,每一次修订都紧密结合时代需求,引领绿色建筑向更高水平发展。

2019 年版《绿色建筑评价标准》的出台,正值我国生态文明建设深入推进、建筑科技日新月异的关键时期。面对绿色建筑在发展中遇到的新问题,以及建筑行业涌现的新理念、新技术,如建筑工业化、海绵城市建设、建筑信息模型(BIM)应用、健康建筑等,该标准进行了全面升级,不仅涵盖了这些新兴领域,还积极响应党的十九大精神,坚持以人民为中心的发展思想，将增进民生福祉作为根本目的，体现在绿色建筑的标准制定中。

具体而言，2019年版《绿色建筑评价标准》在吸收建筑科技最新成果的基础上，拓展了绿色建筑的内涵，不仅提高了建筑的安全性、耐久性和节能性能要求，还新增了室内空气质量、水质、健身设施、环境宜居性、服务便捷性等人性化要求，旨在全面提升建筑的整体性能，满足人民日益增长的美好生活需要。

截至2024年，绿色建筑在我国的发展已步入快车道，成为推动建筑业转型升级、实现碳达峰碳中和目标的关键力量。在"十五五"期间，我国将继续深化绿色建筑发展理念，完善相关政策体系与标准规范，推动绿色建筑技术创新与产业升级，加强绿色建筑全寿命周期管理，促进绿色建筑与智慧城市、韧性城市等新型城市形态的深度融合。同时，将进一步扩大绿色建筑的社会影响力，提高公众参与度，形成全社会共同推动绿色建筑发展的良好氛围，为构建绿色低碳循环发展的经济体系、实现生态文明建设目标作出更大贡献。

7.5　全生命周期的节能建筑路径

全生命周期的节能建筑路径是一个系统工程，涵盖了建筑从策划、设计、施工、运营到拆除的全过程。

1. 前期策划与决策阶段

在建筑的前期策划与决策阶段，节能建筑的路径主要体现在对项目低碳绿色要求的明确上。这包括对项目宏观整体的把控，研判项目是否满足国家产业政策、行业发展规划、城市规划的要求，以及是否能合理配置和有效利用资源。此外，还需对项目的选址、主要污染物及治理、环境影响评价等内容进行初步判断，确保项目在前期阶段就具备节能减碳的潜力。

2. 设计阶段

在设计阶段，节能建筑的路径主要体现在具体设计工作的落实上。这包括：

（1）建筑布局与功能设计。根据建筑功能合理排布空间，提高空间的灵活性、可变性。对于公共建筑，应采取通用开放、自由分隔的使用空间设计；对于住宅建筑，宜考虑住宅全生命周期的适用性，预留局部功能空间改造的可能性。

（2）建筑材料选择。优先选择绿色环保的新型材料、可再生材料、可重复利用材料、本土材料，以减少对环境的破坏和污染，降低远途运输带来的交通污染。

（3）新能源利用。提高新能源的利用率，如太阳能光伏发电、地热资源制冷制热等，从而减少对传统能源的依赖。

（4）节能型设备选择。对于用水器具选择节水型产品，用电器具采用节能型电气设备及节能控制措施，空调通风等设备选用能效比高的节能设备。

（5）建筑设备智能化控制。如公共区域的照明系统采用分区、定时、感应等智能化节能方式控制，空调采取分区控制温度等节能措施。

3. 施工阶段

在施工阶段，节能建筑的路径主要体现在建筑材料的选择、生产和运输，以及施工组织的高效性上。

（1）建筑材料选择。尽量选择节能环保型材料，有条件时考虑废旧建材的二次利用。

(2) 建筑材料运输。选择合理的运输方式，减少运输过程中的碳排放。

(3) 施工组织。合理高效的施工组织能有效减少不必要的施工浪费，从而降低碳排放。

4. 运营阶段

在建筑运营阶段，节能建筑的路径主要体现在设备的运转、使用过程中的各类维护工作的开展，以及节能管理方法的采用上。

(1) 能耗监测系统。通过能耗监测系统了解建筑各类、各项，以及不同区域的能耗占比，从而提出改进措施。

(2) 灵活管理方法。采用灵活的管理方法，提高公众节能意识，减少能源消耗。

(3) 可再生能源利用。如太阳能热水系统、太阳能光伏系统等，进一步降低建筑的能耗。

5. 拆除与再利用阶段

在建筑拆除与再利用阶段，节能建筑的路径主要体现在建筑拆除工作的能耗控制，以及废旧材料处理过程中的能耗控制上。

(1) 资源化拆除。将废物直接作为原料进行利用，或者进行再生利用。

(2) 建筑再利用。通过改造延长建筑使用寿命，提高建筑的能源性能。

综上所述，全生命周期的节能建筑路径需要从前期策划与决策、设计、施工、运营到拆除的各个阶段都进行全方位的考虑和实施。只有这样才能实现建筑的低碳、环保和可持续发展。

7.5.1 前期策划与决策阶段

1. 投资机会研究

对项目进行宏观把控，评估其是否符合国家产业政策、行业发展规划和城市规划。

判断项目是否能合理配置和有效利用资源，特别是针对"两高"项目（高污染、高能耗）进行严格管控。

2. 项目建议书

在投资机会研究的基础上进行进一步的技术经济论证，对项目可行性进行初步判断。考虑选址的合理性，避开地质不良地段，减少地基处理成本。评估项目主要污染物及治理方案、环境影响评价等内容。

3. 可行性研究报告

重点关注节能减排方面，如场地处理时尽量借助自然地形，避免深挖高填在用地紧张的城市中，充分利用地下空间。根据场地朝向、主导风向、自然景观等条件，合理规划建筑布局，充分利用自然采光和通风。考虑新能源的利用，如太阳能、地热能等。

7.5.2 设计阶段

1. 初步设计

(1) 建筑平面布置。根据建筑功能合理排布，提高空间灵活性。对于公共建筑，采用通用开放、自由分隔的使用空间设计；对于住宅建筑，考虑全生命周期的适用性，预留局部功能空间改造的可能性。建筑立面效果合理控制窗墙比，确保自然采光的同时减小窗户面积。

外窗可开启面积适当增大,增强春秋两季的自然通风效果。

(2) 建筑材料选择。优先选择绿色环保的新型材料、可再生材料、可重复利用材料和本土材料。新能源利用:提高太阳能、地热能等新能源的利用率。水资源利用指在水资源不丰富地区,设置雨水收集系统,进行雨水储存回收利用。设备选择指选择节能型设备,如节水型用水器具、节能型电气设备及节能控制措施、高能效比的空调通风设备等。

2. 施工图设计

(1) 严格执行节能规范。遵循国家及地方的节能标准。

(2) 推广应用新技术、新工艺。采用新技术、新工艺以提高品质、效率和降低能耗。

(3) 数字化信息与计算的应用。利用建筑信息模型(BIM)技术进行碳排放计算分析,优化设计方案。

(4) 建筑设备智能化控制。如公共区域照明系统的智能化节能控制、空调系统的分区温度控制等。

综上所述,全生命周期节能建筑的前期策划与决策阶段主要关注项目的可行性、选址、节能减排方案等方面;而设计阶段则更加注重具体的节能设计措施、材料选择、新能源利用以及智能化控制等方面的应用。这些措施共同构成了全生命周期节能建筑的核心路径。

7.5.3 建造阶段

1. 建筑材料的选择与生产

(1) 优选节能环保材料。选择绿色环保的新型材料、可再生材料、可重复利用材料,以减少对环境的破坏和污染。优先考虑使用本地材料,以降低远途运输带来的交通污染。

(2) 低碳建材的开发与应用。开发新型低碳水泥品种和应用低碳胶凝性材料,减少水泥生产过程中的碳排放。使用高性能混凝土材料,如汉麻混凝土、高延性混凝土(HDC)和超高性能混凝土(UHPC),这些材料可以降低水泥使用量,提高耐久度,从而减少二氧化碳排放量。

2. 建筑材料的运输

优化运输方式:选择合理的运输路线和方式,减少运输过程中的碳排放。尽可能使用低碳排放的运输工具,如电动或混合动力车辆。优先选择距离项目所在地较近的建材生产地,以减少运输距离和碳排放。

3. 施工组织与管理

(1) 高效施工组织。制定合理高效的施工组织计划,减少不必要的施工浪费。优化施工流程,提高施工效率,从而降低碳排放。

(2) 绿色施工管理。实施绿色施工管理措施,如垃圾分类回收、节能用水、减少施工噪声等。推广使用环保型施工机械和设备,减少施工过程中的碳排放。

4. 装配式建筑的应用

装配式建筑是把建筑构件和配件在预制工厂中生产完成,然后运输到施工现场进行组装。相较于现场浇筑,装配式建筑具备减少材料使用、缩短工期和减少废弃物等优势。逐步提高钢结构等装配式建筑的比例,以适应绿色建筑的要求。

5. 新能源与智能化技术的应用

(1) 新能源利用。在施工现场利用太阳能、风能等可再生能源进行供电和供暖。使用新能源施工机械和设备，减少对传统能源的依赖。

（2）智能化技术应用。利用智能化技术进行施工监控和管理，提高施工效率和质量。推广使用智能建造技术，如 3D 打印建筑等，以减少施工过程中的碳排放。

全生命周期节能建筑建造阶段的具体路径涉及建筑材料的选择与生产、运输、施工组织与管理、装配式建筑的应用，以及新能源与智能化技术的应用等多个方面。这些措施共同构成了全生命周期节能建筑建造阶段的核心路径，有助于实现建筑的低碳、环保和可持续发展。

> **知识拓展**
>
> 建筑运行阶段指的是建筑使用阶段，倾向于使用能耗更少的节能设备或者建筑技术，实现建筑运行阶段的碳减排。建筑运行过程消耗的能量根据建筑系统而变化，建筑使用过程就是消耗能量的过程。建筑物消耗的能源中有 88% 是在使用和维护过程中消耗的。为了提高建筑运行过程中的能源利用效率，在建筑设计阶段可以采取的措施见表 7-1。

表 7-1　　　　　　　　　　建筑设计阶段的碳减排措施

减排措施	具体内容
支持多用途改进	可持续发展理念主张将房屋与交易区域、办公室和零售区域结合起来，支持多用途改进 让人们有机会在他们工作和购物的地方居住，这使得社区的形成不同于传统社区，24h 的活动潜力也极大地提高了安全性
将设计与公共交通相结合	以支持公共交通为前提设计可持续建筑。在日常生活中，成千上万的车辆进出会造成空气污染和交通阻塞，并且需要大量停车位
使用节能灯泡和节能设备	例如发光二极管（LED）是目前最节能、发展最快的照明技术之一。使用 LED 取代传统灯具，可以更好地达到节能效果
照明控制	照明要求针对建筑设计。白天，建筑对照明的需求主要取决于窗户的大小、窗户的位置以及建筑物的位置。节能建筑通过自动控制来减少照明需求，自动控制则取决于建筑物窗户的方向、日光的供应以及房间的使用

7.5.4 建筑运行阶段

1. 能源管理

（1）提高能源使用效率。采用高效节能的照明系统，如 LED 灯具，并根据实际需求进行智能控制，如分区、定时、感应等节能方式。使用高效节能的暖通空调设备，如采用电机驱动的蒸汽压缩循环冷水机组、水冷/风冷多联式空调机组等，并定期进行能效监测和优化。使用节能型电气设备，如节能插座、节能开关等，减少电能消耗。

（2）开发替代可再生能源。利用太阳能、风能、地热能等可再生能源进行供电、供暖和制冷。例如，安装太阳能光伏板、风力发电机和地源热泵等设备。优化可再生能源的使用效率，如通过光伏储能系统调节电能，避免弃光现象的发生。

2. 建筑围护结构设计

（1）优化建筑体形系数。通过合理的建筑设计，控制建筑的体形系数，以减少建筑外表面积与体积的比值，从而降低能耗。

（2）合理控制窗墙比。根据建筑的功能和气候条件，合理确定窗墙比，确保充分利用自然采光的同时，减少不必要的能耗。

（3）提高围护结构保温隔热性能。采用高性能的保温隔热材料，如岩棉、玻璃棉等，提高建筑围护结构的保温隔热性能。对建筑外墙、屋顶等部位进行保温隔热处理，减少能耗。

3. 智能化与数字化管理

（1）建立智能化管理系统。利用现代通信技术、信息技术、计算机网络技术等，建立智能化管理系统，实现对建筑能耗的实时监测和优化控制。通过智能化系统对建筑设备进行远程监控和调节，提高设备的使用效率。

（2）推广使用智能建筑技术。如智能照明系统、智能温控系统等，根据实际需求自动调节照明和温度，减少能耗。利用物联网技术，实现建筑内设备的互联互通，提高整体能效。

4. 行为引导与监管

（1）引导绿色出行。鼓励建筑使用者和访客采用绿色出行方式，如步行、骑行、公共交通等，减少碳排放。

（2）建立能耗监测与核算平台。设置能源监测与碳排放管理核算平台，方便对建筑能耗进行实时监测和核算。根据监测数据，制定针对性的节能措施，提高能效。

（3）加强监管与执法。建立健全建筑能耗监管机制，对能耗超标的建筑进行处罚和整改。使用节能标准和标识制度，引导建筑向更加节能、环保的方向发展。

综上所述，全生命周期节能建筑运行阶段的具体路径涉及能源管理、建筑围护结构设计、智能化与数字化管理，以及行为引导与监管等多个方面。这些措施共同构成了全生命周期节能建筑运行阶段的核心路径，有助于实现建筑的低碳、环保和可持续发展。

7.5.5 建筑拆除阶段

1. 拆卸准备

（1）评估与规划。对待拆除的建筑进行详细的评估，包括建筑的结构、材料、拆除难度等，制定科学的拆除方案。规划拆除过程中的资源回收和再利用方案，确保最大化地减少资源浪费。

（2）安全措施。确保拆除现场的安全，设置警示标志和隔离区域，防止人员误入。配备专业的拆除设备和人员，进行安全培训，确保拆除过程的安全进行。

2. 拆卸实施

（1）工业化拆卸。对于采用预制装配模式的建筑，采用工业化拆卸方式，即按照预制构件的装配顺序进行逆向拆卸。这种方式可以减少拆卸过程中的能耗和建筑垃圾的产生，同时提高拆卸效率。

（2）分类拆卸。根据建筑材料的类型，进行分类拆卸，如将钢材、木材、混凝土等分别进行拆卸和收集。有助于后续的资源回收和再利用，减少资源浪费。

3. 资源回收与再利用

（1）建筑废弃物回收。对拆卸过程中产生的建筑废弃物进行分类收集和处理。可回收的建筑材料，如钢材、木材等，进行再利用或送至回收站进行资源回收。

（2）建筑垃圾资源化。对于不可回收的建筑垃圾，进行资源化利用，如用作路基填料、低洼地区的填充料等。这有助于减少建筑垃圾对环境的污染，同时实现资源的再利用。

4. 拆除阶段的环境管理

（1）减少碳排放。在拆除过程中，采用低碳的拆除技术和方法，如使用电动或液压拆除设备代替传统的爆破拆除方法，减少碳排放。优化拆除流程，减少不必要的能耗和排放。

（2）控制扬尘和噪声采取有效的措施控制拆除过程中的扬尘和噪声污染，如设置防尘网和洒水降尘设施，使用低噪声的拆除设备等。

5. 拆除后的场地处理

（1）场地清理。拆除完成后，对场地进行彻底清理，确保无建筑废弃物残留。

（2）场地恢复。根据规划要求，对拆除后的场地进行恢复和整治，如进行绿化、铺设道路等，使其满足后续使用需求。

综上所述，全生命周期节能建筑拆除阶段的具体路径涉及拆卸准备、拆卸实施、资源回收与再利用、拆除阶段的环境管理，以及拆除后的场地处理等多个方面。这些措施共同构成了全生命周期节能建筑拆除阶段的核心路径，有助于实现建筑的可持续拆除和资源的高效利用。

> **☞知识拓展**
>
> 建筑拆除阶段实现碳中和目标途径主要是对建筑拆除后的资源进行回收利用，减少资源浪费，进而减少碳排放。建筑企业要实现碳中和，在建筑拆除阶段做好几点，见表 7-2。

表 7-2　　　　　　　　　建筑拆除阶段的碳中和举措

序号	具体措施
1	推动老旧小区改造，以修代建，防止大拆大建
2	制定清晰的碳中和路径，推动整个建筑行业有序实现碳中和目标
3	控制建筑规模，积极推进建筑电气化，转变建筑行业的发展模式，从粗放式发展转向集约式发展
4	建筑行业想要实现碳中和，必须使规划、设计、施工、运行、拆除等环节相互协作、共同推进

思 考 题

1. 建筑全生命周期有三个阶段会产生能耗，分别是＿＿＿＿阶段、＿＿＿＿阶段和＿＿＿＿阶段。
2. 在全球电力能耗中，水泵能耗占比大约为＿＿＿＿％。
3. 在空调系统中，＿＿＿＿的能耗极高。
4. 建筑行业的低碳化发展，对于实现"双碳"目标、促进经济社会绿色发展将产生积极的推动作用，主要表现在哪五个方面？
5. 磁悬浮离心式机组的优点有哪些？
6. 区域供冷系统的优缺点有哪些？
7. 分析建筑拆除阶段实现碳中和的路径。
8. 建筑全生命周期有五个阶段会产生能耗，分别是哪几个阶段？

实战篇

案 例 集

案 例 计 算 题 （一）

例题一：民居建筑年均能耗碳排放计算

一栋面积为 150m² 的民居建筑，采用传统砖混结构，年均能耗为 120kWh/m²。假设每千瓦时电力的碳排放因子为 0.5kg CO_2/kWh，计算该建筑每年的碳排放量。

解 计算过程：

年碳排放量＝建筑面积×年均能耗×电力碳排放因子
$\qquad\qquad$ ＝150×120×0.5
$\qquad\qquad$ ＝9 000（kg CO_2/年）

例题二：使用木材作为主要建筑材料的民居建筑碳排放计算。

某民居建筑使用木材作为主要建筑材料，建筑面积为 200m²，木材的碳储存量为 1.8 吨 CO_2/m³，假设使用量为 30m³。计算该建筑的碳排放量及其碳储存量。

解 计算过程：

碳排放量（由于木材生产过程中的碳排放数据未给出，此处仅考虑木材本身的碳储存量对整体碳排放的抵消作用，实际计算中需考虑更多因素）：

本例题未直接涉及木材生产过程中的碳排放，因此仅从碳储存量的角度考虑。

碳储存量：

碳储存量＝木材使用量×木材碳储存量
$\qquad\quad$ ＝30×1.8
$\qquad\quad$ ＝549（t CO_2）

> **注意**：这里的碳储存量表示的是该建筑通过使用木材所储存的 CO_2 量，它可以在一定程度上抵消建筑运营过程中的碳排放。

例题三：节能窗户对民居建筑碳排放的影响计算。

一栋新建的民居建筑采用了节能窗户，年均能耗降低至 80kWh/m²，建筑面积为

180m²。与未使用节能窗户的情况相比(假设原年均能耗为120kWh/m²),计算每年减少的碳排放量。假设电力碳排放因子为0.5kg CO_2/kWh。

解 计算过程:

原年均碳排放量:

原年均碳排放量=建筑面积×原年均能耗×电力碳排放因子

$$=180×120×0.5$$
$$=10\ 800\ (kg\ CO_2/年)$$

采用节能窗户后的年均碳排放量:

采用节能窗户后的年均碳排放量=建筑面积×新年均能耗×电力碳排放因子

$$=180×80×0.5$$
$$=7\ 200\ (kg\ CO_2/年)$$

每年减少的碳排放量:

每年减少的碳排放量=原年均碳排放量−采用节能窗户后的年均碳排放量

$$=10\ 800-7\ 200$$
$$=3\ 600\ (kg\ CO_2/年)$$

例题四:民居建筑天然气供暖碳排放计算。

一栋民居建筑的供暖系统使用天然气,年消耗量为1 500m³。假设天然气的碳排放因子为2.75kg CO_2/m³,计算该建筑每年的碳排放量。

解 计算过程:

年碳排放量=天然气年消耗量×天然气碳排放因子

$$=1\ 500×2.75$$
$$=4\ 125\ (kg\ CO_2/年)$$

例题五:住宅小区整体碳排放计算。

某住宅小区包含10栋民居,每栋的建筑面积为120m²,年均能耗为100kWh/m²。计算整个小区每年的碳排放量,假设电力的碳排放因子为0.4kg CO_2/kWh。

解 计算过程:

年碳排放量=小区总建筑面积×年均能耗×电力碳排放因子

$$=10×120×100×0.4$$
$$=48\ 000\ (kg\ CO_2/年)$$

例题六:太阳能光伏系统对民居建筑碳排放的减少量计算。

一栋民居建筑使用太阳能光伏系统,年发电量为3 000kWh。假设每千瓦时电力的碳排放因子为0.6kg CO_2/kWh,计算该建筑每年因使用太阳能发电而减少的碳排放量。

解 计算过程:

年减少的碳排放量=太阳能年发电量×电力碳排放因子

$$=3\ 000×0.6$$
$$=1\ 800\ (kg\ CO_2/年)$$

这些例题涵盖了建筑碳排放计算的不同方面,包括基于能耗的碳排放计算、使用可再生能源对碳排放的减少量计算,以及特定建筑材料(如木材)的碳储存量计算等。在实际应用中,建筑碳排放计算可能涉及更多复杂的因素和数据，需要根据具体情况进行详细的分析和计算。

案 例 计 算 题（二）

例题七：建筑设计阶段碳排放计算。

某住宅建筑项目，设计阶段涉及图纸绘制、模型制作等，假设此阶段消耗电力 10 000kWh，每千瓦时电力的碳排放因子为 0.5kg CO_2/kWh。计算该建筑在设计阶段的碳排放量。

解　计算过程：

设计阶段碳排放量＝设计阶段电力消耗量×电力碳排放因子
$$=10\ 000\times 0.5$$
$$=5\ 000\ (kg\ CO_2)$$

例题八：建筑施工阶段碳排放计算。

该住宅建筑项目，施工阶段使用混凝土 300m^3，钢材 50t，木材 20m^3。假设混凝土、钢材和木材的碳排放因子分别为 0.085kg CO_2/kg（以混凝土质量计，需转换为体积）、1.83kg CO_2/kg、1.0kg CO_2/kg（以干木材质量计）。此外，施工阶段还消耗电力 50 000kWh，电力碳排放因子 0.5kg CO_2/kWh。计算该建筑在施工阶段的碳排放量。（假设木材密度为 0.5t/m^3）。

解　计算过程：

建筑材料碳排放量：

混凝土碳排放量＝混凝土体积×混凝土密度×混凝土碳排放因子
$$=300m^3\times 2.4\times 0.085$$
$$=612\ (t\ CO_2)$$
$$=612\ 000\ (kg\ CO_2)$$

钢材碳排放量＝钢材质量×钢材碳排放因子
$$=50\times 1.83$$
$$=91.5\ (t\ CO_2)$$
$$=91\ 500\ (kg\ CO_2)$$

木材碳排放量＝木材体积×木材密度×木材碳排放因子
$$=20m^3\times 0.5\times 1.0$$
$$=10\ (t\ CO_2)$$
$$=10\ 000\ (kg\ CO_2)$$

建筑材料总碳排放量＝混凝土碳排放量＋钢材碳排放量＋木材碳排放量
$$=612\ 000+91\ 500+10\ 000$$
$$=713\ 500\ (kg\ CO_2)$$

施工阶段电力碳排放量：

施工阶段电力碳排放量＝施工阶段电力消耗量×电力碳排放因子
$$=50\ 000\times 0.5$$
$$=25\ 000\ (kg\ CO_2)$$

施工阶段总碳排放量：
施工阶段总碳排放量＝建筑材料总碳排放量＋施工阶段电力碳排放量
$$=713\,500+25\,000$$
$$=738\,500\ (kg\ CO_2)$$

例题九：建筑运营阶段碳排放计算。

该住宅建筑项目，建筑面积为 1 000m^2，年均能耗为 80kWh/m^2，包括供暖、空调、照明等。假设每千瓦时电力的碳排放因子为 0.5kg CO$_2$/kWh。计算该建筑在运营阶段的年碳排放量。

解 计算过程：
运营阶段年碳排放量＝建筑面积×年均能耗×电力碳排放因子
$$=1\,000\times80\times0.5$$
$$=40\,000\ (kg\ CO_2/年)$$

例题十：建筑拆除阶段碳排放计算。

该住宅建筑项目使用寿命结束后进行拆除，假设拆除过程中消耗电力 1 000kWh，产生建筑废弃物 500t，电力碳排放因子 0.5kg CO$_2$/kWh，废弃物处理过程中每吨产生碳排放 0.1kg CO$_2$/kg。计算该建筑在拆除阶段的碳排放量。

解 计算过程：
拆除过程电力碳排放量：
拆除过程电力碳排放量＝拆除过程电力消耗量×电力碳排放因子
$$=1\,000\times0.5$$
$$=500\ (kg\ CO_2)$$

废弃物处理碳排放量：
废弃物处理碳排放量＝废弃物质量×废弃物处理碳排放因子
$$=500\,000\times0.1$$
$$=50\,000\ (kg\ CO_2)$$

拆除阶段总碳排放量：
拆除阶段总碳排放量＝拆除过程电力碳排放量＋废弃物处理碳排放量
$$=500+50\,000$$
$$=50\,500\ (kg\ CO_2)$$

例题十一：建筑全生命周期碳排放汇总。

汇总上述四个阶段（设计、施工、运营、拆除）的碳排放量，计算该建筑全生命周期的总碳排放量。

解 计算过程：
全生命周期总碳排放量＝设计阶段碳排放量＋施工阶段总碳排放量＋运营阶段年碳排放量（假设运营 20 年）＋拆除阶段碳排放量
$$=5\,000+738\,500+40\,000\times20+50\,500$$
$$=5\,000+738\,500+800\,000+50\,500$$
$$=1\,604\,000\ (kg\ CO_2)$$

> **注意事项：**
>
> 碳排放因子：上述计算中使用的碳排放因子是假设值，实际计算中应根据最新的科学研究数据或官方发布的碳排放因子进行调整。
>
> 数据准确性：建筑碳排放计算涉及大量数据，数据的准确性和完整性对计算结果有重要影响。因此，在实际计算中应尽可能收集准确、全面的数据。
>
> 计算方法：建筑碳排放计算方法有多种，上述例题采用了基于能耗和材料的计算方法。在实际应用中，还可以根据具体情况采用其他计算方法，如生命周期评价法（LCA）等。
>
> 减碳措施：建筑碳排放计算的目的之一是为了制定有效的减碳措施。在计算过程中，应关注碳排放的主要来源，并针对性地提出减碳方案，如优化建筑设计、选用低碳材料和设备、提高能源利用效率等。

案 例 计 算 题 （三）

例题十二：某办公楼的建筑面积为 5 000 m²，全年运行期间的能源消耗数据如下：

电力消耗：150 万千瓦时（kWh）

天然气消耗：20 000 立方米（m³）

已知当地的碳排放因子为：

电力碳排放因子：0.8 千克二氧化碳/千瓦时（kg CO_2/kWh）

天然气碳排放因子：2.1 千克二氧化碳/立方米（kg CO_2/m³）

（1）请计算该办公楼全年运行阶段的碳排放量。

（2）假设该办公楼通过节能改造，将电力消耗降低 10%，天然气消耗降低 15%，计算改造后的碳排放量和碳减排量。

解 步骤如下：

（1）计算该办公楼全年运行阶段的碳排放量。

1）计算电力消耗的碳排放量：

电力碳排放量＝电力消耗×电力碳排放因子
$$=150×10^4×0.8=120\ 000\ (kg\ CO_2)$$

2）计算天然气消耗的碳排放量：

天然气碳排放量＝天然气消耗×天然气碳排放因子
$$=20\ 000×2.1=42\ 000\ (kg\ CO_2)$$

3）计算总碳排放量：

总碳排放量＝电力碳排放量＋天然气碳排放量＝120 000＋42 000＝162 000（kg CO_2）

该办公楼全年运行阶段的碳排放量为 162000 千克二氧化碳（kg CO_2），即 162 吨二氧化碳（t CO_2）。

（2）假设该办公楼通过节能改造，将电力消耗降低 10%，天然气消耗降低 15%，计算改造后的碳排放量和碳减排量。

1）改造后的能源消耗：

电力消耗：$150×(1-10\%)=135$（万 kWh）

天然气消耗：$20\,000×(1-15\%)=17\,000$（m³）

2）改造后的碳排放量：

电力碳排放量：$135×0.8=108\,000$（kg CO_2）

天然气碳排放量：$17\,000×2.1=35\,700$（kg CO_2）

总碳排放量：$108\,000+35\,700=143\,700$（kg CO_2）

3）碳减排量：

碳减排量＝原碳排放量－改造后碳排放量＝$162\,000-143\,700=18\,300$（kg CO_2）

通过节能改造，该办公楼每年可减少 18 300kg CO_2 排放，具有显著的碳经济和环境效益。

案 例 计 算 题（四）

例题十三：某新建写字楼，总建筑面积为 20 000m²。建筑采用了多种节能措施，包括高效保温材料、节能灯具等。已知该建筑每年的耗电量为 1 000 000 度，天然气使用量为 50 000 立方米。电力碳排放因子为 0.785kg CO_2/度，天然气碳排放因子为 2.16kg CO_2/立方米。同时，建筑通过安装太阳能板，每年可减少碳排放 100t。该建筑的碳减排成本为 50 万元，若碳交易价格为 50 元/t，试计算该建筑的年度碳排放量、碳减排量、碳减排收益以及碳减排净收益，并分析其碳经济可行性。

解　步骤如下：

年度碳排放量计算：

电力碳排放：$1\,000\,000×0.785=785\,000$（kg）$=785$（t）

天然气碳排放：$50\,000×2.16=108\,000$（kg）$=108$（t）

年度总碳排放量：$785+108=893$（t）

年度碳减排量计算：已知太阳能板每年可减少碳排放 100t，故年度碳减排量为 100t。

年度碳减排收益计算：碳减排收益＝碳减排量×碳交易价格，即

$100×50\,000=5\,000\,000$（元）$=500$（万元）

年度碳减排净收益计算：碳减排净收益＝碳减排收益－碳减排成本，即

$500-50=450$（万元）

由于该建筑的年度碳减排净收益为 450 万元，大于 0，从碳经济角度来看，该建筑采取的节能及减排措施是可行的，不仅实现了一定的碳减排量，还能带来可观的经济收益。

例题十四：某办公楼项目在建设和运营阶段的碳排放数据如下：

(1) 建设阶段碳排放。

建筑材料生产：5 000t CO_2。

建筑施工过程：2 000t CO_2。

建筑拆除与废弃物处理：1 000t CO_2。

(2) 运营阶段碳排放。

年电力消耗：800MWh，电力碳排放因子为 0.5t CO_2/MWh。

年天然气消耗：5 000GJ，天然气碳排放因子为 0.06t CO_2/GJ。

建筑寿命：50 年。
(3) 碳减排措施。
采用节能设备，减少年电力消耗 20%。
使用可再生能源（太阳能），替代 30% 的年电力消耗。
改进建筑设计，减少建筑材料用量 10%。
问题：
(1) 计算建设阶段和运营阶段的总碳排放量。
(2) 分析碳减排措施实施后的碳排放减少量。
(3) 如果碳交易市场价格为 100 元/t CO_2，计算碳减排措施带来的经济收益。
(4) 讨论该建筑项目在碳经济中的潜在改进方向。
解　步骤如下：
(1) 计算建设阶段和运营阶段的总碳排放量。
1) 建设阶段碳排放：建设阶段碳排放＝5 000＋2 000＋1 000＝8 000（t CO_2）
2) 运营阶段碳排放：
年电力消耗碳排放：800×0.5＝400（t CO_2）
年天然气消耗碳排放：5 000×0.06＝300（t CO_2）
年总碳排放：400＋300＝700（t CO_2）
50 年运营阶段总碳排放：700×50＝35 000（t CO_2）
项目总碳排放：8 000＋35 000＝43 000（t CO_2）
(2) 分析碳减排措施实施后的碳排放减少量。
1) 节能设备减少电力消耗 20%：
减少的年电力消耗：
800×20%＝160（MWh）
减少的年碳排放：160×0.5＝80（t CO_2）
2) 使用可再生能源替代 30% 电力消耗：
替代的年电力消耗：800×30%＝240（MWh）
减少的年碳排放：
240×0.5＝120（t CO_2）
3) 改进建筑设计减少建筑材料用量 10%：
减少的建筑材料生产碳排放：
5 000×10%＝500（t CO_2）
总碳减排量：
运营阶段年碳减排：80＋120＝200（t CO_2）
50 年运营阶段总碳减排：200×50＝10 000（t CO_2）
建设阶段碳减排：500（t CO_2）
项目总碳减排：10 000＋500＝10 500（t CO_2）
(3) 计算碳减排措施带来的经济收益。
碳交易市场价格为 100 元/t CO_2。

总碳减排量为 10 500t CO_2。

经济收益：10 500×100＝1 050 000（元）

（4）讨论潜在改进方向

1）进一步推广可再生能源：提高太阳能、风能等清洁能源的使用比例。

2）优化建筑设计：采用低碳建筑材料，减少隐含碳排放。

3）提高能效：引入智能建筑管理系统，优化能源使用效率。

4）碳捕获与储存（CCS）：探索在建筑中应用碳捕获技术。

5）参与碳交易市场：通过碳交易获取额外收益，支持碳减排项目。

通过以上计算与分析，可以看出碳减排措施在建筑项目中的重要性，不仅能够减少碳排放，还能带来显著的经济效益。

案 例 计 算 题（五）

例题十五：某城市计划建设一座绿色商业综合体，目标是实现低碳排放和高效能源利用。以下是项目的基本信息和数据：

（1）项目基本信息。

建筑面积：50 000m^2。

建筑寿命：50 年

建设阶段碳排放：20 000t CO_2

运营阶段年能源消耗：

电力：2 000MWh，电力碳排放因子为 0.5t CO_2/MWh

天然气：12 000GJ，天然气碳排放因子为 0.06t CO_2/GJ

（2）碳减排措施。

节能设备：减少年电力消耗 20％。

可再生能源：安装太阳能光伏系统，满足 25％的年电力需求。

绿色建筑材料：使用低碳建材，减少建设阶段碳排放 10％。

（3）碳交易市场。

碳交易价格为 100 元/t CO_2。

问题：

（1）计算未实施碳减排措施时，项目在建设和运营阶段的总碳排放量。

（2）分析实施碳减排措施后，项目的碳排放减少量。

（3）计算碳减排措施带来的碳经济收益。

（4）讨论该项目的碳减排潜力及改进方向。

解　步骤如下：

（1）计算未实施碳减排措施时的总碳排放量。

建设阶段碳排放：

建设阶段碳排放＝20 000（t CO_2）

运营阶段碳排放：

年电力消耗碳排放：$2\,000 \times 0.5 = 1\,000$（t CO_2）
年天然气消耗碳排放：$12\,000 \times 0.06 = 720$（t CO_2）
年总碳排放：$1\,000 + 720 = 1\,720$（t CO_2）
50年运营阶段总碳排放：$1\,720 \times 50 = 86\,000$（t CO_2）
项目总碳排放：$20\,000 + 86\,000 = 106\,000$（t CO_2）

（2）分析实施碳减排措施后的碳排放减少量。

1）节能设备减少电力消耗20%：

减少的年电力消耗：

$2\,000 \times 20\% = 400$（MWh）

减少的年碳排放：

$400 \times 0.5 = 200$（t CO_2）

2）可再生能源替代25%电力消耗：

替代的年电力消耗：$2\,000 \times 25\% = 5\,009$（MWh）

减少的年碳排放：$500 \times 0.5 = 250$（t CO_2）

3）绿色建筑材料减少建设阶段碳排放10%：

减少的建设阶段碳排放：$20\,000 \times 10\% = 2\,000$（t CO_2）

总碳减排量：

运营阶段年碳减排：

$200 + 250 = 450$（t CO_2）

50年运营阶段总碳减排：

$450 \times 50 = 22\,500$（t CO_2）

建设阶段碳减排：$2\,000$（t CO_2）

项目总碳减排：

$22\,500 + 2\,000 = 24\,500$（t CO_2）

（3）计算碳减排措施带来的碳经济收益。

碳交易价格为100元/t CO_2。

总碳减排量为24 500t CO_2。

碳经济收益：$24\,500 \times 100 = 2\,450\,000$（元）

（4）讨论碳减排潜力及改进方向。

1）提高可再生能源比例：增加太阳能光伏系统的装机容量，或引入风能等其他可再生能源。

2）优化建筑设计：采用被动式建筑设计，减少能源需求。

3）推广绿色建材：进一步使用低碳或零碳建筑材料，减少隐含碳排放。

4）引入碳捕获技术：在建筑中试点碳捕获与储存（CCS）技术。

5）参与碳交易市场：通过碳交易获取更多收益，支持碳减排项目。

6）智能化管理：引入智能建筑管理系统，实时监控和优化能源使用。

> **结论**
> 通过实施碳减排措施，该项目在50年内可减少碳排放24 500t，并带来245万元的碳经济收益。未来可以通过进一步优化设计、提高可再生能源比例和引入新技术，实现更高的碳减排以下是一个关于建筑节能减排的案例分析题，结合了碳排放计算、节能减排措施的经济效益分析以及碳交易市场的应用。通过这个案例，可以帮助理解建筑节能减排的实际应用及其经济价值。

例题十六：某商业建筑，其年度用电量为1 000 000千瓦时（kWh），天然气消耗量为500 000立方米（m^3）。假设该地区的电力主要来源于燃煤发电，其碳排放因子为0.8kg CO_2/kWh；天然气的碳排放因子为20kg CO_2/m^3。此外，该建筑还通过安装太阳能光伏板进行发电，年度发电量为200 000kWh，用于抵消部分电力消耗。

计算该建筑的年度碳排放量（不包括太阳能发电的抵消部分）。
假设碳交易市场的价格为50元/t CO_2，计算该建筑因碳排放而产生的年度经济成本。
计算太阳能光伏板减少的碳排放量及其对应的经济收益。

解 步骤如下：
计算年度碳排放量：
电力碳排放量＝年度用电量×电力碳排放因子
电力碳排放量＝1 000 000×0.8＝800 000（kg CO_2）
天然气碳排放量＝天然气消耗量×天然气碳排放因子
天然气碳排放量＝500 000×20＝10 000 000（kg CO_2）
总碳排放量（不包括太阳能发电的抵消部分）＝800 000＋10 000 000
　　　　　　　　　　　　　　　　　　　＝10 800 000（kg CO_2）
　　　　　　　　　　　　　　　　　　　＝10 800（t CO_2）
计算年度经济成本：
经济成本＝总碳排放量×碳交易市场价格
经济成本＝10 800×50＝540 000（元）
计算太阳能光伏板减少的碳排放量及其对应的经济收益：
太阳能光伏板减少的碳排放量＝太阳能发电量×电力碳排放因子
太阳能光伏板减少的碳排放量＝200 000×0.8
　　　　　　　　　　　　　＝160 000（kg CO_2）
　　　　　　　　　　　　　＝160（t CO_2）
经济收益＝太阳能光伏板减少的碳排放量×碳交易市场价格
经济收益＝160×50＝8 000（元）

> **结论**
> 该建筑的年度碳排放量为10 800t CO_2，不包括太阳能发电的抵消部分。因此，其因碳排放而产生的年度经济成本为540 000元。通过安装太阳能光伏板，该建筑减少了160t CO_2的排放，并获得了8 000元的经济收益。这些计算展示了建筑碳经济的重要性，以及

通过节能和可再生能源利用来减少碳排放和降低经济成本的可能性。

案 例 计 算 题（六）

例题十七：某建筑企业需要计算其新建项目的碳排放和碳成本。项目包括建筑材料的生产、运输和施工。建筑材料的生产碳排放为1 000t CO_2，运输碳排放为200t CO_2，施工碳排放为300t CO_2。假设碳排放的经济成本为每t CO_2 150元。计算项目的总碳排放量和总碳成本。

解题步骤：

（1）建筑材料生产碳排放：直接给出为1 000t CO_2。

（2）建筑材料运输碳排放：直接给出为200t CO_2。

（3）施工碳排放：直接给出为300t CO_2。

（4）总碳排放量：将三个阶段的碳排放量相加，即1 000＋200＋300＝1 500（t CO_2）。

（5）总碳成本：总碳排放量乘以每吨 CO_2 的经济成本，即1 500×150＝225 000（元）。

答案：项目的总碳排放量为1 500t CO_2，总碳成本为225 000元。

例题十八：某建筑企业正在评估其项目的碳排放和碳成本。项目包括三个阶段：设计、施工和运营。设计阶段的碳排放为400t CO_2，施工阶段的碳排放为1 200t CO_2，运营阶段的碳排放为每年150t CO_2。项目预计运营25年。假设碳排放的经济成本为每t CO_2 120元。计算项目的总碳排放量和总碳成本。

解 步骤如下：

（1）设计阶段碳排放：直接给出为400t CO_2。

（2）施工阶段碳排放：直接给出为1 200t CO_2。

（3）运营阶段碳排放：每年150t CO_2，运营25年，因此总碳排放为150×25＝3 750（t CO_2）。

（4）总碳排放量：将三个阶段的碳排放量相加，即400＋1 200＋3 750＝5 350（t CO_2）。

（5）总碳成本：总碳排放量乘以每吨 CO_2 的经济成本，即5 350×120＝642 000（元）。

答案：项目的总碳排放量为5 350吨 CO_2，总碳成本为642 000元。

例题十九：某建筑企业计划建造一个住宅项目，该项目在施工阶段需要消耗以下能源和材料：

水泥：200t，生产水泥的碳排放因子为0.85kg CO_2/kg；

钢材：100t，生产钢材的碳排放因子为1.8kg CO_2/kg；

混凝土：15 00m³，混凝土的碳排放因子为0.12kg CO_2/kg，混凝土密度为2.4t/m³。

此外，该项目施工现场有部分光伏发电设施，年发电量为10 000kWh，当地光伏电池表面的年太阳辐射照度为1 200kWh/m²，光伏电池的转换效率为18％，光伏系统的损失效率为15％，光伏系统光伏面板净面积为100m²。

请计算该项目施工阶段的碳排放总量以及光伏发电系统带来的碳减排量，并求出最终的净碳排放量。

解 步骤如下：

(1) 计算各能源和材料的碳排放量。

柴油：首先将柴油体积转换为质量，5 000 升柴油的质量为 5 000×0.837＝4 185 （kg），其碳排放量为 4 185×2.68＝11 222.8 （kg CO_2）。

水泥：200t 水泥的碳排放量为 200×1 000×0.85＝170 000 （kg CO_2）。

钢材：100t 钢材的碳排放量为 100×1 000×1.8＝180 000 （kg CO_2）。

混凝土：1 500 m^3 混凝土的质量为 1 500×2.4＝3 600 （t），其碳排放量为 3 600×1 000×0.12＝432 000 （kg CO_2）。

(2) 计算光伏发电系统的碳减排量。

光伏系统的理论发电量为 1 200×100×18％＝21 600 （kWh）

考虑损失效率后的实际发电量为 21 600×(1－15％)＝18 360 （kWh）

假设当地电网的碳排放因子为 0.8kg CO_2/kWh（需根据实际情况确定），则光伏发电系统带来的碳减排量为

18 360×0.8＝14 688 （kg CO_2）

(3) 计算净碳排放量。该项目施工阶段的碳排放总量为

11 222.8＋170 000＋180 000＋432 000＝793 222.8 （kg CO_2）。

减去光伏发电系统的碳减排量，最终的净碳排放量为

793 222.8－14 688＝778 534.8 （kg CO_2）。

答案：该项目施工阶段的净碳排放量为 778 534.8kg CO_2。

案 例 计 算 题（七）

例题二十：假设某国在 2020 年的碳排放总量为 10 亿 t CO_2。该国政府设定了到 2030 年将碳排放量减少到 6 亿 t 的目标。为了实现这一目标，政府计划通过以下两种措施来减少碳排放：

(1) 提高能源效率：预计通过提高能源效率，每年可以减少 1％ 的碳排放量。

(2) 发展可再生能源：预计通过发展可再生能源，每年可以减少 2％ 的碳排放量。

假设该国的 GDP 年增长率为 3％，且碳排放强度（即每单位 GDP 的碳排放量）每年下降 1.5％。

问题：到 2030 年，该国能否实现将碳排放量减少到 6 亿 t 的目标？如果不能，还需要采取哪些额外的措施？

解　步骤如下：

(1) 首先，理解题目中给出的信息：

初始碳排放量：2020 年为 10 亿 t CO_2。

目标碳排放量：2030 年为 6 亿 t CO_2。

减排措施：

提高能源效率：每年减少 1％ 的碳排放。

发展可再生能源：每年减少 2％ 的碳排放。

经济因素：

GDP 年增长率：3%。

碳排放强度每年下降 1.5%。

目标是计算到 2030 年，该国的碳排放量是否会降至 6 亿 t，如果不能，还需要采取哪些额外措施。

（2）确定计算方法。

为了计算 2030 年的碳排放量，我们需要考虑以下几个因素：

1）GDP 增长：GDP 每年增长 3%，意味着经济活动增加，可能导致碳排放增加。

2）碳排放强度下降：每单位 GDP 的碳排放量每年下降 1.5%，意味着随着技术进步和效率提高，单位产出的碳排放减少。

3）减排措施：提高能源效率和发展可再生能源分别每年减少 1% 和 2% 的碳排放。

将这些因素综合起来，计算每年的碳排放量，并最终得出 2030 年的碳排放量。

（3）建立数学模型。

为了简化计算，可以使用以下公式来计算每年的碳排放量：

碳排放量＝碳排放量×(1＋GDP 增长率－碳排放强度下降率－减排措施总效果)

其中，减排措施总效果为每年减少 1%＋2%＝3%。

因此，公式可以简化为：

碳排放量＝碳排放量×(1＋0.03－0.015－0.03)＝碳排放量×(1－0.015)

这意味着，每年的碳排放量将减少 1.5%。

（4）计算 2030 年的碳排放量。

从 2020 年到 2030 年共有 10 年。可以逐年计算碳排放量，或者使用复利公式直接计算 10 年后的碳排放量。

使用复利公式：

碳排放量（2030）＝碳排放量(2020)×(1－0.015)^{10}

代入数值：

碳排放量（2030）＝10×0.985^{10}

$\qquad\qquad$ ＝10×0.849 9

$\qquad\qquad$ ＝8.499（亿 t）

因此：碳排放量（2030）＝10×0.859＝8.499（亿 t）

（5）比较目标与实际排放量。

目标碳排放量为 6 亿 t，而根据计算，2030 年的实际碳排放量约为 8.59 亿 t。因此，该国无法实现将碳排放量减少到 6 亿 t 的目标。

（6）确定额外减排需求。

为了实现 6 亿 t 的目标，需要计算还需要减少多少碳排放量。

需要减少的碳排放量＝8.499－6＝2.499（亿 t）

这意味着，到 2030 年，还需要额外减少 2.499 亿 t 的碳排放量。

（7）探讨额外减排措施。

为了实现额外的 2.499 亿 t 减排目标，可以考虑以下措施：

① 加强能源效率措施：进一步提高能源效率，每年减少更多的碳排放。

② 扩大可再生能源比例：增加可再生能源的使用比例，减少化石燃料的依赖。
③ 碳捕获与储存（CCS）：采用碳捕获与储存技术，直接从大气中移除 CO_2。
④ 植树造林：通过植树造林增加碳汇，吸收大气中的 CO_2。
⑤ 政策激励：实施碳税或碳交易制度，激励企业和个人减少碳排放。

（8）计算额外减排措施的效果。

假设通过加强能源效率和发展可再生能源，每年可以额外减少 0.5% 的碳排放量。那么，新的减排措施总效果为每年减少 3.5%。

重新计算 2030 年的碳排放量：

$$
\begin{aligned}
碳排放量（2030）&= 10 \times (1-0.035)^{10} \\
&= 10 \times 0.965^{10} \\
&= 10 \times 0.632\,5 \\
&= 6.325（亿\,t）
\end{aligned}
$$

因此，碳排放量（2030）= $10 \times 0.632\,5 = 6.325$（亿 t）

虽然有所改善，但仍未达到 6 亿 t 的目标。因此，需要进一步增加减排措施的效果。

（9）进一步增加减排措施。

假设通过实施碳捕获与储存和植树造林等措施，每年可以额外减少 1% 的碳排放量。那么，新的减排措施总效果为每年减少 4.5%。

重新计算 2030 年的碳排放量：

$$
\begin{aligned}
碳排放量（2030）&= 10 \times (1-0.045)^{10} \\
&= 10 \times 0.955^{10} \\
&= 10 \times 0.589\,9 \\
&= 5.899（亿\,t）
\end{aligned}
$$

因此，碳排放量（2030）= $10 \times 0.589\,9 = 5.899$（亿 t）

这已经非常接近 6 亿 t 的目标，可以认为基本实现。

结论

通过上述计算和分析，可以得出以下结论：

（1）初始措施不足：仅通过提高能源效率和发展可再生能源，每年减少 3% 的碳排放量，到 2030 年碳排放量将降至约 8.59 亿 t，无法实现 6 亿 t 的目标。

（2）需要额外措施：为了实现 6 亿 t 的目标，需要进一步增加减排措施，使每年的碳排放量减少至少 5%。

（3）综合措施有效：通过加强能源效率、扩大可再生能源、实施碳捕获与储存、植树造林，以及政策激励等综合措施，可以实现每年减少 4.5% 的碳排放量，从而在 2030 年将碳排放量降至约 5.899 亿吨，基本实现目标。

因此，该国需要采取更加积极和多样化的减排措施，以确保在 2030 年实现将碳排放量减少到 6 亿 t 的目标。

习 题 集

一、单选题

1. 建筑运行碳排放核算中，以下不属于数据收集范围的是（ ）。
   A. 建筑物能源消耗数据　　　　　　B. 建筑设备信息
   C. 建筑物的外观设计数据　　　　　D. 维护管理记录
2. 在核算燃烧设施的碳排放量时，通常采用的计算方法是（ ）。
   A. 物料衡算法　　B. 排放因子法　　C. 烟气实测法　　D. 其他
3. 清洁替代是指在能源开发上，以太阳能、（ ）、水能等清洁能源代替化石能源，实现以清洁能源为主导，推动能源可持续发展。
   A. 煤炭　　　　　B. 风能　　　　　C. 气　　　　　　D. 石油
4. 建筑生命周期碳排放计算中，以下阶段通常涉及最大的不确定性的是（ ）。
   A. 产品使用　　　B. 生产过程　　　C. 原材料获取　　D. 废弃处理
5. 一吨甲烷气体转换为二氧化碳当量的数量是（ ）。
   A. 25　　　　　　B. 298　　　　　C. 12 200　　　　D. 14 800
6. 碳经济中，"碳中和证书"通常是由（ ）颁发的。
   A. 政府环保部门　B. 第三方认证机构　C. 企业自行颁发　D. 国际气候组织
7. 以下（ ）是碳经济中推动"绿色出行"的主要措施之一。
   A. 增加私家车使用　　　　　　　　B. 推广电动汽车和公共交通
   C. 鼓励长途飞行　　　　　　　　　D. 扩大高速公路建设
8. 碳交易市场中，"碳配额"是指（ ）。
   A. 企业可以随意排放的碳排放量　　B. 政府分配给企业的碳排放限额
   C. 企业通过交易获得的额外碳排放权　D. 企业因减排而获得的奖励金额
9. 以下（ ）不是碳经济中的"绿色建筑"特征。
   A. 使用节能材料　　　　　　　　　B. 优化建筑设计以减少能耗
   C. 大量使用化石能源供暖　　　　　D. 利用可再生能源如太阳能
10. 碳经济中的"碳审计"主要目的是（ ）。
    A. 评估企业的财务状况　　　　　　B. 量化和评估企业的碳排放情况

C. 检查企业的生产流程 D. 预测企业的未来发展趋势

11. 在碳经济时代，以下（ ）可能成为企业新的"绿色资产"。
   A. 大量的化石燃料储备 B. 先进的碳排放监测设备
   C. 积累的碳信用额度 D. 传统的高能耗生产线

12. 碳经济中，"碳足迹追踪器"最可能是一种（ ）的技术或工具。
   A. 一种用于追踪个人行踪的 GPS 设备
   B. 一种能够实时监测企业碳排放量的软件系统
   C. 一种用于测量产品生命周期中碳排放量的物理设备
   D. 一种帮助企业隐藏碳排放量的技术

13. 以下（ ）是碳经济中"绿色金融"的一个典型应用。
   A. 为高能耗企业提供低息贷款 B. 为可再生能源项目提供资金支持
   C. 为化石燃料开采项目提供保险服务 D. 为传统制造业提供税收优惠

14. 在碳交易市场中，"碳补偿项目"通常指的是（ ）。
   A. 企业为超额排放支付的罚款项目
   B. 政府为鼓励减排而设立的奖励项目
   C. 企业通过投资植树造林等项目来抵消自身碳排放的行为
   D. 企业为提高自身能源效率而进行的技术改造项目

15. 碳经济中，"碳中和城市"的建设目标是（ ）。
   A. 城市内所有活动产生的碳排放量完全为零
   B. 城市内所有建筑都使用可再生能源
   C. 城市通过一系列措施实现碳排放与碳吸收的平衡
   D. 城市内禁止所有化石燃料的使用

16. 在碳经济未来，以下（ ）可能成为比黄金更抢手的"绿色货币"。
   A. 石油储备量 B. 碳信用额度
   C. 稀有金属矿产 D. 传统货币（如美元、欧元）

17. 碳经济中，"碳税炸弹"指的是（ ）。
   A. 政府突然对高碳排放行业征收高额碳税 B. 一种能够炸毁高碳排放设施的武器
   C. 碳排放量突然激增导致的环境危机 D. 碳交易市场中价格剧烈波动的现象

18. 以下（ ）是碳经济中"绿色革命"的核心目标。
   A. 完全消除人类活动对环境的所有影响
   B. 通过技术革新实现经济增长与碳排放的彻底脱钩
   C. 让所有人都过上低碳生活，无论贫富
   D. 禁止所有化石燃料的使用，立即转向可再生能源

19. 碳交易市场中，"碳黑市"可能带来（ ）。
   A. 碳排放量得到有效控制 B. 碳价格稳定上涨，促进减排
   C. 碳排放权被非法交易，市场混乱 D. 企业纷纷加入碳交易市场，市场繁荣

20. 在碳经济时代，以下（ ）可能成为企业竞争的新战场。
   A. 石油和天然气的开采权 B. 碳排放权的获取和交易

C. 传统制造业的市场份额　　　　　　D. 互联网技术的创新和应用

21. 在建筑碳经济未来，以下（　　）可能成为决定建筑价值的"新标尺"。

A. 建筑的地理位置　　　　　　　　　B. 建筑的碳足迹和能效等级

C. 建筑的外观设计和豪华程度　　　　D. 建筑的建造速度和成本

22. 建筑碳经济中，"零碳建筑"的终极目标是（　　）。

A. 建筑在使用过程中不产生任何碳排放

B. 建筑在建造过程中不使用任何化石燃料

C. 建筑在其全生命周期内实现碳排放与碳吸收的完全平衡

D. 建筑仅通过自然通风和采光来满足所有需求

23. 以下（　　）建筑碳经济措施可能引发建筑行业的"绿色革命"。

A. 强制所有新建建筑达到最高能效标准

B. 鼓励建筑使用可再生能源和绿色建材

C. 实施建筑碳排放交易制度，让建筑"碳排放权"可买卖

D. 以上都是

24. 建筑碳经济中，"碳汇建筑"是指（　　）。

A. 建筑本身能够吸收并储存大量二氧化碳

B. 建筑周围种植了大量能够吸收二氧化碳的植物

C. 建筑通过节能设计减少了碳排放，相当于创造了碳汇

D. 建筑使用了能够固碳的新型建材

25. 在建筑碳经济时代，以下（　　）可能成为建筑设计师的新挑战。

A. 如何设计更美观的建筑外观

B. 如何在建筑中融入更多艺术元素

C. 如何在保证建筑功能的同时实现碳减排和能效提升

D. 如何降低建筑的建造成本

26. 在建筑碳经济的未来，以下（　　）可能成为建筑界的"绿色奥斯卡"。

A. 最节能建筑设计奖　　　　　　　　B. 最佳碳汇建筑创新奖

C. 建筑碳排放减少量最大奖　　　　　D. 绿色建材使用比例最高奖

27. 建筑碳经济中，"碳中性建筑"实现碳平衡的方式不包括（　　）。

A. 通过建筑绿化吸收二氧化碳

B. 使用碳捕捉技术储存建筑排放的碳

C. 依靠建筑周边的森林来抵消碳排放

D. 增加建筑内的碳排放量以提高室内温度

28. 以下（　　）建筑碳经济策略可能让建筑成为"城市中的绿色肺"。

A. 在建筑顶部种植大量植被，形成空中花园

B. 使用高效节能的建筑材料，减少碳排放

C. 在建筑外墙安装太阳能板，利用可再生能源

D. 设计建筑时考虑自然通风和采光，减少能源消耗

29. 建筑碳经济中，"碳足迹追踪建筑"是指（　　）。

A. 能够实时监测建筑碳排放量的智能建筑

B. 建筑在建造和使用过程中留下的碳足迹标记

C. 一种用于追踪建筑碳排放量的物理设备

D. 建筑设计师为减少碳足迹而设计的特殊建筑

30. 在建筑碳经济时代，以下（　　）可能成为建筑设计师的"绿色魔法棒"。

A. 高效节能的建筑材料

B. 创新的碳捕捉和储存技术

C. 智能化的建筑管理系统

D. 以上都是，建筑设计师将拥有多种"绿色魔法棒"

31. 在建筑碳经济中，实现"净零碳排放建筑"的关键在于（　　）方面的技术创新。

A. 建筑材料的低碳化与循环利用技术

B. 建筑能源系统的智能化与高效化

C. 建筑设计的被动式节能策略

D. 以上都是，且需要综合运用多项技术创新

32. 建筑碳经济中，"碳补偿建筑设计"理念的核心是（　　）。

A. 通过建筑设计减少碳排放量，以补偿其他无法避免的碳排放

B. 在建筑设计中融入碳汇元素，如绿化屋顶和墙体

C. 通过建筑设计提高建筑的能效，从而减少运营阶段的碳排放

D. 在建筑生命周期结束时，通过植树造林等方式补偿其碳排放

33. 以下（　　）是建筑碳经济中"绿色建筑认证"体系可能带来的深远影响。

A. 推动建筑行业向低碳、环保方向转型　　B. 提高建筑的建造成本和运营成本

C. 限制建筑设计的创新性和多样性　　D. 降低建筑的市场竞争力和投资价值

34. 在建筑碳经济时代，建筑设计师（　　）平衡"美观性"与"碳减排"之间的关系。

A. 牺牲美观性以追求最大的碳减排效果

B. 忽视碳减排要求，只追求建筑的美观性

C. 通过创新设计策略，实现美观性与碳减排的双赢

D. 无法平衡，美观性与碳减排总是相互矛盾的

35. 建筑碳经济中，"建筑碳排放生命周期评估"的重要性体现在（　　）。

A. 它只是学术研究的工具，对实际建筑设计没有指导意义

B. 它能帮助建筑设计师了解建筑在全生命周期中的碳排放情况

C. 它只能评估建筑建造阶段的碳排放，无法涵盖运营和拆除阶段

D. 它主要关注建筑的能效，而忽视了对建筑材料的选择

36. 在建筑碳经济中，以下（　　）技术或策略对于实现建筑"碳中和"目标最为关键。

A. 使用高效节能的建筑材料和设备

B. 实施建筑能源管理系统智能化升级

C. 采用碳捕捉和储存技术减少建筑排放

D. 综合运用以上技术，并结合可再生能源利用

37. 建筑碳经济中，政府通过（　　）政策手段促进低碳建筑的发展。

A. 提供税收减免和补贴鼓励低碳建筑建设
B. 制定严格的建筑能效标准，强制执行
C. 建立绿色建筑认证体系，提高市场认可度
D. 以上都是，政府需综合运用多种政策手段

38. 在建筑设计中，体现碳经济理念以实现"绿色设计"的是（　　）。
A. 优先选择低碳、可再生的建筑材料
B. 注重建筑的被动式设计，减少能源需求
C. 考虑建筑的全生命周期碳排放，包括拆除和废弃物处理
D. 以上都是，绿色设计需综合考虑多个方面

39. 在建筑碳经济市场中，以下（　　）因素最可能影响低碳建筑的市场需求。
A. 政府政策的支持和引导力度
B. 低碳建筑的技术成熟度和成本
C. 消费者对环保和可持续发展的认知程度
D. 以上都是，市场需求受多种因素共同影响

40. 展望未来，建筑碳经济将影响建筑行业的未来发展趋势的因素有（　　）。
A. 推动建筑行业向低碳、环保方向转型
B. 促进建筑技术的创新和升级
C. 提高建筑的能效和环保性能，降低运营成本
D. 以上都是，建筑碳经济将深刻改变建筑行业的未来

41. 在建筑碳经济中，以下（　　）措施对于减少建筑运营阶段的碳排放最为有效。
A. 使用高效节能的照明设备　　　　B. 增加建筑外墙的保温层厚度
C. 实施建筑能源管理系统智能化改造　　D. 优先选用本地生产的建筑材料

42. 某城市计划推出一系列政策以促进低碳建筑的发展，以下（　　）政策可能最为有效。
A. 对高碳排放建筑征收高额碳税
B. 提供低碳建筑建设的财政补贴
C. 限制高碳排放建筑材料的使用
D. 强制要求所有新建建筑达到零碳排放标准

43. 在推动建筑碳经济发展过程中，以下（　　）挑战最为严峻。
A. 技术创新的不足　　　　　　　　B. 公众环保意识的提升
C. 建筑行业内部的利益冲突　　　　D. 政府政策的持续支持

44. 在建筑碳经济中，以下（　　）措施对于降低建筑全生命周期碳排放最为有效。
A. 使用高效节能的照明设备　　　　B. 增加建筑外墙的保温层厚度
C. 实施建筑能源管理系统智能化改造　　D. 优先选用低碳环保的建筑材料

45. 绿色建筑认证体系在建筑碳经济中扮演了（　　）角色。
A. 增加了建筑的建设成本　　　　　B. 限制了建筑的创新发展
C. 推动了建筑行业的低碳转型　　　D. 降低了建筑的市场竞争力

46. 以下（　　）技术不是直接用于减少建筑运营阶段碳排放的。
A. 太阳能光伏发电技术　　　　　　B. 地源热泵技术

151

C. 雨水收集和中水回用技术　　　　　D. 高效节能的空调系统

47. 建筑碳经济中的"碳足迹"通常指的是（　　）。
   A. 建筑在全生命周期中产生的所有温室气体排放总量
   B. 建筑在运营阶段产生的二氧化碳排放总量
   C. 建筑在建造过程中产生的碳排放总量
   D. 建筑所使用的建筑材料在生产过程中的碳排放总量

48. 在建筑碳经济中，碳排放量的核算通常不包括以下（　　）。
   A. 建筑材料生产阶段　　　　　　　　B. 建筑拆除与废弃物处理阶段
   C. 建筑周边交通出行阶段　　　　　　D. 建筑运营阶段

49. 以下（　　）政策不是直接针对建筑碳减排的。
   A. 对高碳排放建筑征收碳税　　　　　B. 推广绿色建筑评价标准
   C. 实施建筑能效标识制度　　　　　　D. 提高城市绿地覆盖率

50. 在建筑碳经济中，以下（　　）技术属于被动式节能技术。
   A. 太阳能光伏发电　　　　　　　　　B. 地源热泵系统
   C. 高效节能玻璃　　　　　　　　　　D. 建筑能源管理系统

51. 以下（　　）不是绿色建筑评价中常用的指标。
   A. 能源效率　　　　　　　　　　　　B. 水资源利用效率
   C. 室内环境质量　　　　　　　　　　D. 建筑外观美观度

52. 在建筑碳经济中，以下（　　）措施有助于实现建筑废弃物的资源化利用。
   A. 提高建筑材料的耐久性　　　　　　B. 推广建筑废弃物的分类收集
   C. 加强建筑废弃物的填埋管理　　　　D. 减少建筑废弃物的产生量

53. 以下（　　）不是绿色建筑评价体系的核心要素。
   A. 能源效率　　　　　　　　　　　　B. 水资源利用效率
   C. 室内环境质量　　　　　　　　　　D. 建筑外观的豪华程度

54. 建筑碳足迹通常不包括以下（　　）碳排放。
   A. 建筑材料生产阶段　　　　　　　　B. 建筑建造阶段
   C. 建筑拆除与废弃物处理阶段　　　　D. 建筑使用者个人交通出行阶段

55. 以下（　　）技术属于被动式节能技术，有助于减少建筑能耗。
   A. 太阳能光伏发电　　　　　　　　　B. 地源热泵系统
   C. 高效节能玻璃　　　　　　　　　　D. 建筑能源管理系统

56. 在推动建筑碳减排的过程中，以下（　　）措施不属于政府可以采取的措施。
   A. 制定严格的建筑能效标准　　　　　B. 提供低碳建筑建设的财政补贴
   C. 加强建筑碳排放的监管和执法　　　D. 鼓励建筑使用者购买高能耗的家用电器

57. 以下（　　）"绿色"设计策略最能体现建筑碳经济的核心理念。
   A. 使用可再生能源为建筑供电
   B. 设计建筑时考虑其自然通风和采光能力
   C. 选择昂贵但低碳的建筑材料以彰显环保形象
   D. 在建筑周边大量种植非本地树种以增加绿化

58. 建筑碳足迹的"隐形"部分往往被忽视，以下（　　）属于这类"隐形"碳排放。
A. 建筑运营阶段的电力消耗
B. 建筑材料生产过程中的碳排放
C. 建筑使用者日常通勤的碳排放（若未计入建筑运营）
D. 建筑拆除后废弃物的处理碳排放

59. 以下（　　）技术或策略是建筑碳经济中的"新兴之星"，具有巨大潜力。
A. 传统砖混结构建筑　　　　　　　　B. 智能建筑管理系统与物联网技术的结合
C. 使用化石燃料作为建筑主要能源　　D. 大量使用玻璃幕墙以提高建筑现代感

60. 在建筑碳经济中，以下（　　）措施对于实现建筑全生命周期的碳减排最为关键。
A. 提高建筑物的设计美观度
B. 优化建筑材料的选择，使用低碳、环保材料
C. 加强建筑运营阶段的能耗管理
D. 制定严格的建筑碳排放标准

61. 下列（　　）不属于建筑碳足迹的主要组成部分。
A. 建筑材料生产阶段的碳排放　　　　B. 建筑施工阶段的碳排放
C. 建筑运营阶段的碳排放　　　　　　D. 建筑拆除后废弃物的填埋量

62. 《巴黎协定》中提出的全球温控目标是将全球平均气温升幅控制在（　　）。
A. 1℃以内　　　B. 1.5~2℃　　　C. 2℃以内　　　D. 2~3℃

63. 建筑碳经济中，"碳泄露"通常指的是（　　）。
A. 建筑物在使用过程中产生的碳排放　B. 建筑材料在生产过程中产生的碳排放
C. 减排措施实施后，其他领域碳排放的增加　D. 建筑物拆除后废弃物的碳排放

64. 下列（　　）政策对于推动建筑碳减排具有重要意义。
A. 提高建筑行业的税收　　　　　　　B. 放宽建筑行业的市场准入条件
C. 制定严格的建筑碳排放标准和监管政策　D. 降低建筑材料的进口关税

65. 在建筑碳经济中，以下（　　）措施对于提高建筑物的能源利用效率最为有效。
A. 增加建筑物的使用面积　　　　　　B. 提高建筑物的保温隔热性能
C. 使用更昂贵的建筑材料　　　　　　D. 增加建筑物的装饰性元素

66. 建筑碳经济中的"碳足迹核算"主要关注建筑物的（　　）。
A. 造价成本　　　B. 美观度　　　C. 全生命周期碳排放　D. 使用寿命

67. 下列（　　）不属于建筑碳经济中的低碳建材。
A. 再生混凝土　　B. 竹材　　　C. 高性能钢材　　　D. 传统水泥

68. 建筑碳经济中，"碳交易"的主要目的是（　　）。
A. 提高建筑物的美观度　　　　　　　B. 降低建筑材料的成本
C. 促进碳排放权的合理分配和有效管理　D. 增加建筑企业的利润

69. 下列（　　）措施对于实现建筑行业的低碳转型最为关键。
A. 提高建筑设计师的薪酬水平
B. 加强建筑行业的市场监管和执法力度
C. 制定和完善建筑碳经济的相关政策法规

153

D. 推广使用新型建筑材料和技术（但缺乏政策法规支持）

70. 在建筑碳经济中，以下（　　）不属于低碳建筑的设计原则。
A. 最大化利用自然光和自然通风　　B. 使用高性能的隔热材料
C. 追求建筑物的外观新颖独特　　　D. 优化建筑物的能源系统

71. 建筑碳经济中，"碳标签"的主要作用是（　　）。
A. 提高建筑物的美观度　　　　　　B. 表明建筑物的碳排放量信息
C. 降低建筑物的造价成本　　　　　D. 增加建筑物的使用功能

72. 在建筑碳经济中，碳定价机制的主要作用是（　　）。
A. 提高建筑物的美观度　　　　　　B. 降低建筑材料的成本
C. 激励建筑企业减少碳排放　　　　D. 增加建筑企业的利润

73. 下列（　　）技术属于建筑碳经济中的前沿技术。
A. 传统燃煤锅炉技术　　　　　　　B. 高效节能的空调系统
C. 碳捕捉与储存技术　　　　　　　D. 绿色建筑智能化管理系统

74. 建筑碳经济中，"绿色建筑"的核心特征是（　　）。
A. 建筑物的外观新颖独特
B. 建筑物的功能完善多样
C. 建筑物的全生命周期符合环保、节能、低碳的要求
D. 建筑物的造价低廉

75. 碳中和目标通常指的是在（　　）内实现净零碳排放。
A. 短期内，如几年内　　　　　　　B. 中期内，如几十年内
C. 长期内，如本世纪末或下世纪初　D. 没有具体的时间要求

76. 以下（　　）是碳经济中"碳捕捉与储存（CCS）"技术的目的。
A. 增加碳排放　　　　　　　　　　B. 减少碳排放
C. 将碳转化为有用产品　　　　　　D. 提高能源使用效率

77. 碳交易市场中的"碳信用额"是指（　　）。
A. 企业可以购买的碳排放权　　　　B. 企业因减排而获得的奖励
C. 企业可以出售的碳排放权　　　　D. 企业因超排而需要支付的罚款

二、多选题

1. 建筑碳排放核算的基础数据包括（　　）。
A. 天然气的年消耗量　B. 水的年使用量　C. 车辆的数量　D. 人员的数量

2. CCER项目开发过程中，论证额外性并同时确立基准线的过程包括（　　）。
A. 投资分析　　　B. 障碍分析　　　C. 敏感性分析　　　D. 普遍性分析

3. 在推动建筑碳减排的过程中，政府可以采取（　　）有效措施。
A. 制定严格的建筑能效标准　　　　B. 提供低碳建筑建设的财政补贴
C. 加强建筑碳排放的监管和执法　　D. 推广低碳建筑技术和产品

4. 在建筑碳经济中，建筑碳排放的核算通常包括（　　）阶段。
A. 建筑材料生产阶段　　　　　　　B. 建筑建造阶段
C. 建筑运营阶段　　　　　　　　　D. 建筑拆除与废弃物处理阶段

5. 在建筑碳经济背景下，绿色建筑认证对于建筑行业的重要性体现在（   ）方面。
   A. 提高建筑的市场竞争力   B. 推动建筑技术的创新与发展
   C. 增加建筑的建设成本   D. 提升公众对环保建筑的认知度
6. "双碳"目标对我国经济社会发展的重要意义包括（   ）。
   A. 推动经济结构转型升级   B. 促进绿色低碳循环发展
   C. 增加对化石能源的依赖   D. 提升国际形象和影响力
7. 实现"双碳"目标需要采取（   ）措施。
   A. 发展绿色能源   B. 提高能源利用效率
   C. 鼓励浪费行为   D. 加强环境保护和生态修复
8. 以下（   ）"绿色"设计策略最能体现建筑碳经济的核心理念。
   A. 使用可再生能源为建筑供电
   B. 设计建筑时考虑其自然通风和采光能力
   C. 选择昂贵但低碳的建筑材料以彰显环保形象
   D. 在建筑周边大量种植非本地树种以增加绿化

三、判断题

1. 建筑碳足迹只包括建筑运营阶段的碳排放。　　　　　　　　　　　　　　　（   ）
2. 绿色建筑认证体系对推动建筑行业的低碳转型没有实质性作用。　　　　　　（   ）
3. 被动式节能技术主要依靠建筑本身的构造和材料特性来减少能耗。　　　　　（   ）
4. 政府可以通过制定严格的建筑能效标准来直接降低建筑的建设成本。　　　　（   ）
5. 低碳建筑在设计时无需考虑建筑的成本效益。　　　　　　　　　　　　　　（   ）
6. 使用高效节能的照明设备是减少建筑运营阶段碳排放的唯一有效措施。　　　（   ）
7. 建筑废弃物的资源化利用是实现建筑碳减排的重要途径之一。　　　　　　　（   ）
8. 碳交易只能在建筑行业内部进行。　　　　　　　　　　　　　　　　　　　（   ）
9. 绿色建筑评价中只关注建筑的能源效率，而不考虑其他环境性能。　　　　　（   ）
10. 在推动建筑碳减排的过程中，政府、企业和公众都应承担相应的责任。　　（   ）
11. 按照一定的程序和计算方法对碳排放进行量化的活动称为碳排放核算。　　（   ）
12. 企业燃烧煤、石油、天然气等燃料产生的碳排放属于直接排放。　　　　　（   ）
13. 二氧化碳当量是指在辐射强度上与某种温室气体质量相当的二氧化碳的量。
    温室气体二氧化碳当量等于给定气体的质量乘以它的全球变暖潜势值。　　（   ）
14. 建筑碳经济只关注建筑本身的碳排放，不考虑与建筑相关的产业链碳排放。（   ）
15. 所有绿色建筑都是低碳建筑，但并非所有低碳建筑都是绿色建筑。　　　　（   ）
16. 建筑碳交易是实现建筑碳减排的"银弹"，能够立即解决所有问题。　　　（   ）

四、简述题

1. 请简述建筑运行碳排放核算系统的主要功能模块及其作用。
2. 如果企业使用生物质燃料，是否需要核算其 CO_2 排放？为什么？
3. 说明政府在推动建筑碳减排过程中可以采取的措施。
4. 探讨建筑碳经济中"循环经济"理念的应用与挑战，并提出解决方案。
5. 简述建筑碳经济中"碳中和"的概念，并说明实现碳中和建筑的主要路径。

6. 阐述建筑碳经济中"碳足迹管理"的概念及其在建筑碳减排中的应用策略。

五、案例计算分析题

1. 计算题

（1）某建筑物全年电力消耗为 120 万 kWh，燃气消耗为 30 万 m^3，当地电力碳排放因子为 0.3kg CO_2/kWh，燃气碳排放因子为 2.75kg CO_2/m^3，计算该建筑物运行阶段的碳排放量。

（2）某建筑项目使用了水泥 1 000t、钢材 500t，水泥生产碳排放因子为 0.8kg CO_2/kg，运输碳排放因子为 0.1kg CO_2/kg；钢材生产碳排放因子为 1.8kg CO_2/kg，运输碳排放因子为 0.2kg CO_2/kg，计算该项目建筑材料生产及运输阶段的碳排放量。

（3）某建筑单位面积 CO_2 排放量为 14kg CO_2/m^2，建筑面积为 5 000m^2，计算该建筑建造阶段的碳排放量。

（4）某建筑物内温度需要一直保持在 18～26℃，1 月份平均温度为 -1℃，需要制热，空调制热性能系数 COP 为 3.5，消耗一度电相当于 0.28kg 碳排放，假设该月需要制热的天数为 31 天，计算该月通过空调制热的碳排放量。

（5）某建筑企业正在评估其项目的碳排放和碳成本。项目包括三个阶段：设计、施工和运营。设计阶段的碳排放为 500t CO_2，施工阶段的碳排放为 1 500t CO_2，运营阶段的碳排放为每年 200t CO_2。项目预计运营 30 年。假设碳排放的经济成本为每 t CO_2 100 元。计算项目的总碳排放量和总碳成本。

2. 案例分析题

某商业建筑项目的碳排放数据如下：

（1）项目基本信息。

建筑面积：30 000m^2。

建筑寿命：50 年。

建设阶段碳排放：15 000t CO_2。

运营阶段年能源消耗：

电力：1 500MWh，电力碳排放因子为 0.5t CO_2/MWh。

天然气：10 000GJ，天然气碳排放因子为 0.06t CO_2/GJ。

（2）碳减排措施。

节能设备：减少年电力消耗 25%。

可再生能源：安装太阳能光伏系统，满足 30% 的年电力需求。

绿色建筑材料：使用低碳建材，减少建设阶段碳排放 15%。

（3）碳交易市场。

碳交易价格为 120 元/t CO_2。

问题：

1）计算未实施碳减排措施时，项目在建设和运营阶段的总碳排放量。

2）分析实施碳减排措施后，项目的碳排放减少量。

3）计算碳减排措施带来的碳经济收益。

4）讨论该项目的碳减排潜力及改进方向。

模 拟 题

模 拟 题 一

一、单选题（每题2分，共20分）

1. 碳核算中，以下不属于温室气体的是（　　）。
 A. 二氧化碳（CO_2）　B. 甲烷（CH_4）　C. 氧气（O_2）　D. 氟利昂（CFCs）
2. 在计算企业碳排放时，以下不属于直接排放源的是（　　）。
 A. 锅炉燃烧天然气　　　　　　　　　B. 汽车尾气排放
 C. 购买电力的碳排放　　　　　　　　D. 工业生产过程中的化学反应排放
3. 碳核算中，全球变暖潜势（GWP）用于衡量温室气体的（　　）。
 A. 毒性　　　　　　　　　　　　　　B. 持续时间
 C. 对全球变暖的贡献　　　　　　　　D. 排放量
4. 以下（　　）方法是常用的碳排放核算方法。
 A. 物料衡算法　　B. 实验室测量法　　C. 问卷调查法　　D. 观察法
5. 碳核算中，以下不属于间接排放的是（　　）。
 A. 购买蒸汽的碳排放　　　　　　　　B. 购买电力的碳排放
 C. 企业员工通勤的碳排放　　　　　　D. 企业运输货物的碳排放
6. 以下哪项不是低碳经济的实现途径（　　）。
 A. 发展清洁能源　　B. 提高能源利用效率　C. 恢复植被　　D. 加大石油开采量
7. 低碳经济最早见诸政府文件是在（　　）的能源白皮书中。
 A.《中国能源可持续发展白皮书》
 B.《英国能源白皮书：我们能源的未来——创建低碳经济》
 C.《美国清洁能源安全白皮书》
 D.《欧盟气候变化白皮书》
8. 建筑碳经济中，以下（　　）措施可以有效降低碳排放。
 A. 使用低碳水泥　　　　　　　　　　B. 增加建筑的玻璃面积

C. 使用传统燃油锅炉　　　　　　　　　　D. 减少建筑的保温层厚度

9. 建筑碳经济中，以下（　　）系统可以有效降低建筑运行阶段的碳排放。

A. 智能照明系统　　B. 传统空调系统　　C. 燃油锅炉　　D. 普通照明系统

10. 碳核算中，以下不属于数据收集的主要来源的是（　　）。

A. 企业能源消耗记录　　　　　　　　　B. 生产设备运行数据

C. 员工个人健康记录　　　　　　　　　D. 购买能源的发票

二、多选题（每题 2 分，共 20 分）

1. 碳核算中，温室气体的核算范围通常包括（　　）。

A. 直接排放　　　　　　　　　　　　　B. 间接排放

C. 企业内部活动排放　　　　　　　　　D. 企业外部活动排放

2. 以下（　　）是碳核算中常用的数据收集方法。

A. 企业内部记录　　B. 第三方监测　　C. 员工访谈　　D. 现场测量

3. 在碳核算中，以下（　　）因素会影响碳排放量的计算。

A. 能源消耗量　　B. 能源类型　　C. 生产工艺　　D. 企业规模

4. 以下（　　）是碳核算中常用的核算标准。

A. ISO 14064　　B. GHG Protocol　　C. GB/T 32151　　D. ISO 9001

5. 在碳核算中，以下（　　）是常见的温室气体。

A. 二氧化碳（CO_2）　　B. 甲烷（CH_4）　　C. 一氧化二氮（N_2O）　　D. 氟利昂（CFCs）

6. 以下（　　）是碳核算中需要考虑的间接排放源。

A. 购买电力的碳排放　　　　　　　　　B. 购买蒸汽的碳排放

C. 企业运输活动的碳排放　　　　　　　D. 企业员工通勤的碳排放

7. 在碳核算中，以下（　　）是核算边界确定的依据。

A. 企业的组织边界　　B. 企业的地理边界　　C. 企业的财务边界　　D. 企业的活动范围

8. 以下（　　）是碳核算中常用的核算方法。

A. 物料衡算法　　B. 排放因子法　　C. 实测法　　D. 估算法

9. 在碳核算中，以下（　　）是需要进行数据质量控制的环节。

A. 数据收集　　B. 数据整理　　C. 数据分析　　D. 数据报告

10. 以下（　　）是碳核算中需要考虑的不确定性因素。

A. 数据准确性　　　　　　　　　　　　B. 核算方法的选择

C. 排放因子的不确定性　　　　　　　　D. 企业活动的变化

三、判断题（每题 1 分，共 10 分）

1. 碳核算中，二氧化碳当量是指某种温室气体的排放量乘以其全球变暖潜势（GWP）。

（　　）

2. 企业购买的电力产生的碳排放属于直接排放。（　　）

3. 碳核算中，核算边界可以随意确定，不需要考虑企业的实际活动范围。（　　）

4. 碳足迹只与个人行为有关，与组织或产品无关。（　　）

5. 碳核算中，数据质量控制是确保核算结果准确性的关键环节。（　　）

6. 低碳经济就是完全放弃高碳能源的使用。（　　）

7. 低碳经济是经济发展和环境保护的双赢选择。（   ）
8. 发展碳经济会阻碍经济增长。（   ）
9. 碳核算中，企业运输活动的碳排放属于间接排放。（   ）
10. 碳核算中，企业购买的原材料生产过程排放属于直接排放。（   ）

四、简答题（每题5分，共20分）

1. 请简述碳核算的基本步骤。
2. 请结合实际案例，说明如何确定碳核算边界。
3. 分析建筑碳经济对可持续发展的影响，并阐述建筑行业在实现可持续发展目标中的作用。
4. 阐述建筑碳经济中"碳足迹管理"的概念及其在建筑碳减排中的应用策略。

五、计算分析题（每题10分，共20分）

1. 某建筑物全年电力消耗为120万 kWh，燃气消耗为30万 m^3，当地电力碳排放因子为 0.3kg CO_2/kWh，燃气碳排放因子为 2.75kg CO_2/m^3，计算该建筑物运行阶段的碳排放量。

2. 建筑材料生产及运输阶段碳排放计算。
某建筑项目使用了水泥 1 000t，钢材 500t，水泥生产碳排放因子为 0.8kg CO_2/kg，运输碳排放因子为 0.1kg CO_2/kg；钢材生产碳排放因子为 1.8kg CO_2/kg，运输碳排放因子为 0.2kg CO_2/kg，计算该项目建筑材料生产及运输阶段的碳排放量。

六、案例分析题（每题10分，共10分）

案例分析：某城市计划建设一批低碳建筑，要求在设计、施工和运行阶段均采用低碳技术。请结合具体案例，分析如何实现这一目标。

模 拟 题 二

一、选择题（每题2分，共40分）

1. 低碳经济的核心是（   ）。
   A. 经济增长　　　B. 能源消费　　　C. 环境保护　　　D. 资源节约
2. 低碳经济的主要特征是（   ）。
   A. 高碳、高污染　B. 低碳、低污染　C. 低碳、高污染　D. 高碳、低污染
3. 以下哪项不属于低碳经济的产业（   ）。
   A. 太阳能产业　　B. 风能产业　　　C. 石油产业　　　D. 水能产业
4. 低碳经济的目的是（   ）。
   A. 提高国家经济水平　B. 改善人类生存环境　C. 提高人民生活质量　D. 以上都是
5. 碳核算中，以下不属于温室气体排放源的是（   ）。
   A. 工业生产过程　B. 农业活动　　　C. 自然呼吸　　　D. 建筑物能源消耗
6. 在碳核算中，以下不属于碳排放核算范围的是（   ）。
   A. 企业内部设备运行　　　　　B. 企业员工的个人生活排放
   C. 企业购买的原材料生产过程排放　　　D. 企业运输活动

7. 以下不属于低碳能源系统的是（　　）。
   A. 风能　　　　　　B. 太阳能　　　　　　C. 煤炭　　　　　　D. 地热能
8. 低碳经济的起点是（　　）。
   A. 发展清洁能源　　　　　　　　　　B. 统计碳源和碳足迹
   C. 提高能源利用效率　　　　　　　　D. 减少碳排放
9. 以下不属于低碳技术的是（　　）。
   A. 清洁煤技术（IGCC）　　　　　　　B. 二氧化碳捕捉及储存技术（CCS）
   C. 传统燃油汽车技术　　　　　　　　D. 太阳能光伏发电技术
10. 低碳经济强调的是（　　）。
    A. 高能耗、高污染　B. 低能耗、低污染　C. 高能耗、低污染　D. 低能耗、高污染
11. 建筑碳经济的核心目标是（　　）。
    A. 提高建筑的经济效益　　　　　　　B. 降低建筑的碳排放
    C. 增加建筑的使用寿命　　　　　　　D. 提升建筑的美观度
12. 建筑生命周期碳排放包括以下（　　）阶段。
    A. 建筑设计　　　　B. 建筑施工　　　　C. 建筑运行　　　　D. 建筑拆除
13. 以下（　　）技术不属于低碳建筑技术。
    A. 太阳能光伏发电　B. 地源热泵　　　　C. 传统燃煤锅炉　　D. 高效能保温材料
14. 建筑碳经济中，碳排放因子用于（　　）。
    A. 计算建筑的碳排放量　　　　　　　B. 确定建筑的能源消耗
    C. 评估建筑的经济效益　　　　　　　D. 测量建筑的使用寿命
15. 以下（　　）展示了低碳建筑的成功实践。
    A. 保利大都汇项目　　　　　　　　　B. 深圳建科大楼
    C. 东莞圣融生态幼儿园　　　　　　　D. 零碳旋转屋
16. 建筑碳经济中，以下（　　）材料的碳排放量较高。
    A. 木材　　　　　　B. 钢材　　　　　　C. 玻璃　　　　　　D. 混凝土
17. 下列（　　）措施对于实现建筑行业的低碳转型最为关键。
    A. 提高建筑设计师的薪酬水平
    B. 加强建筑行业的市场监管和执法力度
    C. 制定和完善建筑碳经济的相关政策法规
    D. 推广使用新型建筑材料和技术（但缺乏政策法规支持）
18. 在建筑碳经济中，以下（　　）不属于低碳建筑的设计原则。
    A. 最大化利用自然光和自然通风　　　B. 使用高性能的隔热材料
    C. 追求建筑物的外观新颖独特　　　　D. 优化建筑物的能源系统
19. 建筑碳经济中，以下（　　）技术可以用于建筑的碳中和。
    A. 碳捕获与储存（CCS）　　　　　　 B. 传统燃煤技术
    C. 高能耗设备　　　　　　　　　　　D. 无任何措施
20. 建筑碳经济中，以下（　　）设计原则有助于降低碳排放。
    A. 被动优先，主动优化　　　　　　　B. 高能耗设计

C. 无保温措施　　　　　　　　　　　　D. 无任何措施

二、判断题（每题1分，共10分）
1. 建筑碳经济的目标是实现建筑的零碳排放。（　　）
2. 建筑碳经济中，碳排放因子是固定的，不会因地区和时间而变化。（　　）
3. 低碳建筑技术的应用可以显著降低建筑的碳排放。（　　）
4. 建筑碳经济中，智能照明系统可以有效降低建筑运行阶段的碳排放。（　　）
5. 碳税和碳排放权交易是两种相互替代的碳减排政策工具。（　　）
6. 碳核算中，企业员工的个人生活排放不需要纳入核算范围。（　　）
7. 碳交易市场是政府通过行政手段控制碳排放的工具。（　　）
8. 低碳经济意味着减少二氧化碳的排放。（　　）
9. 发展低碳经济会降低国家经济水平。（　　）
10. 低碳经济主要是针对工业领域的节能减排。（　　）

三、简答题（每题5分，共15分）
1. 简述建筑碳经济的主要目标。
2. 请列举三种低碳建筑技术及其应用效果。
3. 如何通过建筑设计降低建筑的碳排放？

四、论述题（每题5分，共10分）
1. 论述建筑碳经济对实现"双碳"目标的重要性。
2. 分析某低碳建筑项目的成功经验及其对其他项目的启示。

五、案例分析题（每题10分，共20分）
1. 某建筑物全年电力消耗为120万 kWh，燃气消耗为30万 m³，当地电力碳排放因子为 0.3 kg CO_2/kWh，燃气碳排放因子为 2.75 kg CO_2/m³，计算该建筑物运行阶段的碳排放量。
2. 某建筑项目使用了水泥 1 000t、钢材 500t，水泥生产碳排放因子为 0.8 kg CO_2/kg，运输碳排放因子为 0.1 kg CO_2/kg；钢材生产碳排放因子为 1.8 kg CO_2/kg，运输碳排放因子为 0.2 kg CO_2/kg，计算该项目建筑材料生产及运输阶段的碳排放量。

六、综合应用题（每题10分，共20分）
1. 结合我国实际情况，提出三条推动建筑碳经济发展的政策建议。
2. 针对当前我国建筑行业碳排放现状，分析如何通过技术创新实现低碳目标。

模 拟 题 三

一、选择题（每题2分，共40分）
1. 在建筑碳经济中，碳定价机制的主要作用是（　　）。
A. 提高建筑物的美观度　　　　　　　B. 降低建筑材料的成本
C. 激励建筑企业减少碳排放　　　　　D. 增加建筑企业的利润
2. 下列（　　）技术属于建筑碳经济中的前沿技术。
A. 传统燃煤锅炉技术　　　　　　　　B. 高效节能的空调系统

C. 碳捕捉与储存技术 D. 绿色建筑智能化管理系统

3. 建筑碳经济中，"绿色建筑"的核心特征是（　　）。

　A. 建筑物的外观新颖独特

　B. 建筑物的功能完善多样

　C. 建筑物的全生命周期符合环保、节能、低碳的要求

　D. 建筑物的造价低廉

4. 建筑碳经济中，"碳泄漏"通常指的是（　　）。

　A. 建筑物在使用过程中产生的碳排放

　B. 建筑材料在生产过程中产生的碳排放

　C. 减排措施实施后，其他领域碳排放的增加

　D. 建筑物拆除后废弃物的碳排放

5. 下列（　　）政策对于推动建筑碳减排具有重要意义。

　A. 提高建筑行业的税收 B. 放宽建筑行业的市场准入条件

　C. 制定严格的建筑碳排放标准和监管政策 D. 降低建筑材料的进口关税

6. 在建筑碳经济中，以下（　　）措施对于提高建筑物的能源利用效率最为有效。

　A. 增加建筑物的使用面积 B. 提高建筑物的保温隔热性能

　C. 使用更昂贵的建筑材料 D. 增加建筑物的装饰性元素

7. 建筑碳经济中的"碳足迹核算"主要关注建筑物的（　　）。

　A. 造价成本　　B. 美观度　　C. 全生命周期碳排放　D. 使用寿命

8. 下列（　　）不属于建筑碳经济中的低碳建材。

　A. 再生混凝土　　B. 竹材　　C. 高性能钢材　　D. 传统水泥

9. 建筑碳经济中，"碳标签"的主要作用是（　　）。

　A. 提高建筑物的美观度 B. 表明建筑物的碳排放量信息

　C. 降低建筑物的造价成本 D. 增加建筑物的使用功能

10. 建筑碳经济中，"碳交易"的主要目的是（　　）。

　A. 提高建筑物的美观度 B. 降低建筑材料的成本

　C. 促进碳排放权的合理分配和有效管理 D. 增加建筑企业的利润

11. 关于"双碳"目标的描述，下列正确的是（　　）。

　A. "双碳"目标是指减少所有温室气体的排放

　B. "双碳"目标仅适用于工业领域

　C. "双碳"目标是指碳达峰和碳中和

　D. "双碳"目标是一个短期目标

12. 碳经济主要是指（　　）经济形态。

　A. 高碳经济　　B. 低碳经济　　C. 无碳经济　　D. 碳中和经济

13. 以下（　　）不是发展碳经济的主要目的。

　A. 减少温室气体排放 B. 提高能源利用效率

　C. 促进经济增长 D. 增加化石能源使用

14. 碳交易市场的核心机制是（　　）。

A. 政府定价　　　　　B. 市场竞争　　　　　C. 碳排放权交易　　　　D. 碳排放税

15. 以下（　　）行为有助于推动碳经济的发展。
A. 大量使用化石燃料　　　　　　　　B. 发展可再生能源
C. 增加工业废弃物排放　　　　　　　D. 忽视能源效率提升

16. 碳足迹是指（　　）。
A. 一个人或组织活动产生的碳排放总量　　B. 一个国家或地区碳排放的总量
C. 一种碳交易产品的市场价格　　　　　　D. 碳排放的监测技术

17. 碳中和是指（　　）。
A. 完全消除碳排放　　　　　　　　　　B. 通过植树造林等方式抵消碳排放
C. 减少碳排放至零　　　　　　　　　　D. 降低碳排放强度

18. 以下（　　）是碳经济中的"碳汇"概念。
A. 碳排放的源头　　　　　　　　　　　B. 碳排放的储存地
C. 吸收并储存二氧化碳的森林、海洋等　　D. 碳排放的交易市场

19. 碳标签是指（　　）。
A. 产品上的碳排放量标识　　　　　　　B. 产品的碳足迹认证
C. 企业的碳排放报告　　　　　　　　　D. 碳交易市场的交易凭证

20. 以下（　　）不是碳减排的主要措施。
A. 提高能源效率　　B. 发展可再生能源　　C. 增加化石燃料使用　　D. 推广低碳技术

21. 碳金融市场主要包括（　　）内容。
A. 碳排放权交易　　　　　　　　　　　B. 碳期货、碳期权等衍生品交易
C. 碳基金投资　　　　　　　　　　　　D. 以上都是

22. 以下哪种气体的全球变暖潜势最高？（　　）。
A. 二氧化碳（CO_2）　　　　　　　　B. 甲烷（CH_4）
C. 氟利昂（CFCs）　　　　　　　　　　D. 一氧化二氮（N_2O）

23. 在碳核算中，以下不属于核算边界确定的因素的是（　　）。
A. 企业的组织边界　　B. 企业的地理边界　　C. 企业的财务边界　　D. 企业的员工数量

二、判断题（每题1分，共10分）

1. 碳经济只关注二氧化碳的排放。　　　　　　　　　　　　　　　　　　　　（　　）
2. 碳交易市场可以自动实现碳排放的减少。　　　　　　　　　　　　　　　　（　　）
3. 碳核算中，核算方法的选择对核算结果没有影响。　　　　　　　　　　　　（　　）
4. 碳核算中，数据收集的准确性直接影响核算结果的可靠性。　　　　　　　　（　　）
5. 碳核算中，间接排放的核算通常比直接排放的核算更复杂。　　　　　　　　（　　）
6. 碳经济就是减少碳排放的经济。　　　　　　　　　　　　　　　　　　　　（　　）
7. 碳足迹只包括直接碳排放。　　　　　　　　　　　　　　　　　　　　　　（　　）
8. 发展碳经济会限制经济发展。　　　　　　　　　　　　　　　　　　　　　（　　）
9. 建筑碳经济中，使用低碳水泥可以减少建筑材料阶段的碳排放。　　　　　　（　　）
10. 碳税是一种直接控制碳排放的政策工具。　　　　　　　　　　　　　　　（　　）

三、简述题（每题 5 分，共 20 分）

1. 分析建筑碳经济对全球气候变化的影响，并阐述建筑行业在应对气候变化中的责任和作用。

2. 阐述建筑碳经济中"碳金融"的概念及其在建筑碳减排中的应用。

3. 分析建筑碳经济对可持续发展的影响，并阐述建筑行业在实现可持续发展目标中的作用。

4. 阐述建筑碳经济中"碳足迹管理"的概念及其在建筑碳减排中的应用策略。

四、案例分析题（每题 10 分，共 20 分）

1. 某建筑单位面积 CO_2 排放量为 14kg CO_2/m^2，建筑面积为 5 000m^2，计算该建筑建造阶段的碳排放量。

2. 某建筑物内温度需要一直保持在 18～26℃，1 月份平均温度为 -1℃，需要制热，空调制热性能系数 COP 为 3.5，消耗一度电相当于 0.28kg 碳排放，假设该月需要制热的天数为 31 天，计算该月通过空调制热的碳排放量。

参 考 文 献

[1] 袁志刚. 碳达峰碳中和国家战略行动路线图. 北京：中国经济出版社，2021.
[2] 杨建初，刘亚迪，刘玉莉. 碳达峰碳中和知识解读. 北京：中信出版集团，2021.
[3] 孙耀华. 资源禀赋约束下碳强度减排目标实现机制研究. 中国社会科学出版社，2020.
[4] 汪军. 碳中和时代. 北京：电子工业出版社，2022.
[5] 徐华清，郑爽，朱松丽，等. "十二五"我国温室气体排放控制综合研究. 北京：中国经济出版社，2014.
[6] 张燕龙. 碳达峰与碳中和实施指南. 北京：化学工业出版社，2021.
[7] 董文福. 重点行业二氧化碳排放统计方法研究. 北京：中国环境出版社，2014.
[8] 赵立祥. 碳减排路径及模式选择研究. 北京：北京工业大学出版社，2015.
[9] 王少剑. 城市化过程与CO_2排放的作用机理及效应研究. 广州：中山大学出版社，2020.
[10] 肖钢，常乐. CO_2减排技术. 武汉：武汉大学出版社，2015.
[11] 杨沫，陈凯. 区域碳排放的驱动要素、政策效果及减排路径研究. 北京：中国财政经济出版社，2020.
[12] 郭焱，陈丽然. 行业碳减排成本核算方法与案例. 天津：天津大学出版社，2014.
[13] 董梅. 碳减排目标实现与政策模拟. 北京：社会科学文献出版社，2021.
[14] 赵荣钦，刘英. 区域碳收支核算的理论与实证研究. 北京：科学出版社，2015.
[15] 韩国庆. 统一碳市场交易机制构建研究. 厦门：厦门大学出版社，2020.
[16] 魏庆琦，雷晓玲，肖伟. 碳交易市场设计与构建. 成都：西南交通大学出版社，2014.
[17] 明廷臻，王发洲. 碳中和技术. 北京：中国电力出版社，2023.
[18] 中金公司研究部，中金研究院. 碳中和经济学. 北京：中信出版集团，2022.
[19] 中国长期低碳发展战略与转型路径研究课题组，清华大学气候变化与可持续性发展研究院. 读懂碳中和中国2020—2050年低碳发展行动路线图. 北京：中信出版社，2022.